商业模式创新

冉净斐 马 刚 程永帅 张 省 编著

西南交通大学出版社
·成都·

图书在版编目（CIP）数据

商业模式创新 / 冉净斐等编著. -- 成都 : 西南交通大学出版社, 2025. 1. -- ISBN 978-7-5774-0186-7

Ⅰ. F71

中国国家版本馆 CIP 数据核字第 20245RY284 号

Shangye Moshi Chuangxin
商业模式创新

冉净斐　马　刚	**编著**	策划编辑／郭发仔
程永帅　张　省		责任编辑／秦　薇
		封面设计／墨创文化

西南交通大学出版社出版发行
（四川省成都市金牛区二环路北一段 111 号西南交通大学创新大厦 21 楼　610031）
营销部电话：028-87600564　028-87600533
网址：https://www.xnjdcbs.com
印刷：郫县犀浦印刷厂

成品尺寸　185 mm×260 mm
印张　14.25　字数　304 千
版次　2025 年 1 月第 1 版　印次　2025 年 1 月第 1 次

书号　ISBN 978-7-5774-0186-7
定价　48.00 元

课件咨询电话：028-81435775
图书如有印装质量问题　本社负责退换
版权所有　盗版必究　举报电话：028-87600562

本书编委会

主　编　冉净斐
副主编　马　刚　程永帅　张　省
编　委　王建军　张海燕　高运杰　赵孟桥

前　言

　　随着社会主义市场经济的不断发展，企业经营的环境也日益复杂和多变。面对不断变换的经济环境和科技环境，企业要想在市场中脱颖而出，除了必须制定一个好的发展战略和经营计划外，还需要采用科学合理的商业模式，才能在市场竞争中获取优势，取得客户信任，以长远发展。因此，企业必须根据外部环境的变化和内部企业的优势，探寻竞争对手的经营方式，了解和把握消费者需求，设计合适自己特点的商业模式。只有把商业模式设计好了，企业的发展才能建立在坚实可靠的基础上。

　　数字经济时代的到来使商业模式创新更加复杂。云计算、互联网、大数据和人工智能的发展，使商业模式创新必须跟上时代的步伐，结合先进的互联网技术，借助大数据的作用，创新商业模式，发展新质生产力。数字经济对商业模式创新既是机遇，也是挑战。企业进行商业模式创新的时候，必须关注数字经济对社会发展、消费者心理和市场竞争的影响，还有对企业战略规划、流程再造、生产运作、市场营销的作用，创新设计出符合信息时代、数字经济背景下的商业模式。

　　商业模式创新需要研究数字经济背景下企业如何进行商业模式设计，为此必须科学分析大数据、物联网、云计算、人工智能的涵义及其特点，研究大数据、物联网、云计算、人工智能对商业模式创新的影响，分析大数据、物联网、云计算、人工智能背景下商业模式创新的内容和路径。同时，链式发展也成为现代企业发展的一个主要方向。因此，产业链、供应链、价值链对商业模式创新的影响也不容忽视。所以，必须研究产业链思维下商业模式创新的方式和内容，探究供应链管理和商业模式创新的关系，分析供应链管理背景下商业模式创新的路径；研究价值链和商业模式创新的逻辑机理，分析价值链思维逻辑框架下商业模式创新的实践新路。

　　本书的框架结构如下：第一章概述，主要研究商业模式创新的内涵和特征，理清商业模式创新的研究对象和创新原则，对商业模式创新成功的方法进行分析；第二章分析产业链、供应链、价值链和商业模式创新，研究产业链、供应链、价值链的思维模式和商业模式创新的关系，并对价值链思维、供应链思维与商业模式创新进行行业分析；第三章研究高新技术和商业模式创新，主要研究大数据与商业模式创新、云计算和商业模式创新、物联网和商业模式创新、人工智能和商业模式创新的内在逻辑，分析数字技术对商业模式创新的影响；第四章研究基于消费者视角的商业模式创新，主要研究利润转移模式下的商业模式创新、市场定位和商业模式创新、长尾理论和商业模式创新；第五章研究渠道视角下的商业模式创新，探讨平台型互联网+商业模式、互联网+跨界商业模式；第六章研究资源视角下的商业模式创新，主要分析稀缺资源型商业模式、资源整合型商业模式创新、标准、知识产权与商业模式的关系；第七章研究知识视角下的商业模式创新，主要包括经验曲线与商业模式创新、客户知识视角下的商业模式创新、经营知识视角下的商业模式创新、产品知识视角下的商业模式创新；第八章研究产品视角下的商业模式创新，主要包括产品差异化商业模式创新、产品品牌商业模式创新、核心零部件产品与整体产品商业模式、产品区域领先与售后利润商业模式；第九章研究商业模式创新中的政府治理，主要包括商业模式创新的边界、商业模式创新的政府规制等内容。

本书主要特点如下：一是对商业模式创新的背景进行了深入分析。研究商业模式创新，就必须深入分析商业模式创新的基本前提。数字经济和数字技术是目前商业模式创新的重要时代特色，任何商业模式创新必须要考虑和数字经济、数字技术的结合。因此，本书对大数据、物联网、人工智能的大数据和商业模式创新的逻辑机理进行了深入分析。二是从产业链和价值链以及创新链的关系来研究商业模式创新。经济一体化要求商业模式创新必须考虑链条上的企业发展，而不是仅仅考虑单个企业的商业模式创新。三是从商业模式的构成要素角度研究商业模式创新，主要从消费者、渠道、资源、产品和知识等角度研究商业模式创新的主要方式和内容。四是重视案例在商业模式创新学习中的运用。每一章均有一个典型案例来说明商业模式创新的内容，从而加深读者对商业模式创新的理解，提高本书的实践性和应用性。

在本书编写过程中，作者参考了国内外众多专家学者关于商业模式创新的研究成果，在此表示诚挚的谢意。本书编写分工如下：冉净斐负责编制提纲和总纂；程永帅编写第一章、第二章、第三章；王建军、高运杰、张海燕编写第四章和第五章；马刚编写第六章、第七章、第九章；张省和赵梦桥编写第八章。

本书可作为经济管理大类如工商管理、物流管理、财务管理、市场营销、经济学、国际经济与贸易等专业本科生用教材，还可以作为 MBA 和工商管理类学术研究生的教材，还可以作为经管类学生的课外读物。由于编者水平有限，书中难免有不足之处，敬请同行专家批评指正。

编 者

2024 年 6 月

目 录

第一章 商业模式创新概述 ··· 001
第一节 商业模式概述 ·· 002
第二节 商业模式的创新原则及意义 ······························ 005
第三节 商业模式创新成功的方法 ································· 008

第二章 价值链、产业链、供应链与商业模式创新 ········ 016
第一节 价值链的涵义及其分析方法 ····························· 017
第二节 产业链的涵义及其分析方法 ····························· 020
第三节 供应链的涵义及其分析方法 ····························· 022

第三章 高新技术与商业模式创新 ································· 025
第一节 大数据与商业模式创新 ···································· 026
第二节 云计算与商业模式创新 ···································· 031
第三节 物联网与商业模式创新 ···································· 036
第四节 虚拟现实技术（VR）、人工智能（AI）与商业模式创新 ······ 038

第四章 基于消费者视角的商业模式创新 ······················ 047
第一节 利润转移模式下的商业模式创新 ······················· 048
第二节 市场定位与商业模式创新 ································· 056
第三节 长尾理论与商业模式创新 ································· 061
第四节 市场话语权（市场标准）与商业模式创新 ··········· 069

第五章 渠道视角下的商业模式创新 ····························· 080
第一节 平台型互联网+商业模式 ·································· 082
第二节 渠道商业模式创新的案例研究 ·························· 090

第六章 资源视角下的商业模式创新 101

第一节 稀缺资源型商业模式 103
第二节 资源整合型商业模式创新 109
第三节 标准、知识产权与商业模式 122

第七章 知识视角下的商业模式创新 131

第一节 经验曲线与商业模式创新 132
第二节 客户知识视角下的商业模式创新 136
第三节 经营知识视角下的商业模式创新 143
第四节 产品知识视角下的商业模式创新 148

第八章 产品视角下的商业模式创新 156

第一节 产品视角下的商业模式创新概述 157
第二节 电商农产品商业模式创新 162
第三节 文创产品商业模式创新 169
第四节 数字产品商业模式创新 176
第五节 快消品商业模式创新 184

第九章 商业模式创新中的政府治理 192

第一节 商业模式创新的边界 193
第二节 商业模式创新的政府规制 201

参考文献 212

第一章

商业模式创新概述

\ 商业模式创新

> 一、目的与要求
> 1. 理解商业模式的内涵与特征；
> 2. 掌握商业模式的研究对象；
> 3. 理解商业模式的创新原则；
> 4. 掌握商业模式创新成功的方法。
>
> 二、教学内容
> 1. 商业模式概述；
> 2. 商业模式的创新原则及意义；
> 3. 商业模式创新成功的方法。

▶ 第一节　商业模式概述

一、商业模式的内涵及特征

商业模式的内涵是"整体解决方案"，即企业为了实现客户价值的最大化和企业利润的最大化，把能使企业有效运行的各种要素整合起来，形成完整、高效、具有独特竞争力的运营系统，并通过提供产品和服务而使该系统持续实现盈利目标的"整体解决方案"（司春林，商业模式创新）。

原磊（2007）认为，商业模式就是企业的价值创造逻辑，而这种价值创造逻辑包括顾客价值创造逻辑、伙伴价值创造逻辑和企业价值创造逻辑。魏江、刘洋、应瑛（2012）从企业"内部过程""外部交易"和"系统整合"三个视角总结出商业模式的内涵特征。商业模式涉及一系列运营活动，核心内容是客户价值主张、价值创造、价值获取，描述的是构成要素之间的一个架构。

马霞（2016）指出商业模式有以下特征：① 整体性。商业模式的组成部分把企业的各个价值模块连接起来，使之相互促进，共同作用形成一个良性循环系统。② 独特性。独具特色的商业模式具有较好的营利结果，能实现企业内外部的双赢。③ 可更新性。适时调整商业模式来应对生命周期以及外部竞争格局的变化。

方志远（2014）提出，商业模式是一种包含了一系列要素及其关系的概念性工具，用以阐明某个特定实体的商业逻辑。它描述了公司所能为客户提供的价值以及公司的内部结构、合作伙伴网络和关系资本等用以实现创造、推销和交付这一价值并产生可持续营利收入的要素。郭斌、王真（2022）总结了商业模式的特征：外部独特性为客户提供独特价值，难以模仿性使企业在竞争中脱颖而出；可拓展性最大限度地激发企业的内在潜力，有利于企业行稳致远。

总之，商业模式是企业为了实现客户价值的最大化和企业利润的最大化，把能使企业有效运行的各种要素整合起来，形成完整、高效、具有独特竞争力的运营系统，并通过提供产品和服务而使该系统持续实现盈利目标的整体解决方案。

二、商业模式的主要类型

孙英辉（2003）结合地勘企业的实际情况，指出采用的商业模式大体分为两类：① "市场导向型"商业模式，依托技术、人才、土地等资源，了解市场需求—寻找相应客户—提供产品及服务—获取经营收入。② "生产导向型"商业模式，依托矿山、技术、人才等资源，积极组织生产—努力降低成本—及时提供产品—获取经营收入。

李鸿磊（2016）总结了不同类型商业模式。① 经营管理类商业模式，通过企业具体的经营管理活动，满足客户需求，获取利润。② 战略定位类商业模式。从企业战略定位、竞争优势、产品差异化等视角，结合传统的战略管理理论对商业模式进行界定。③ 交易结构类商业模式，以产业价值链理论为基础，通过提炼构成商业模式的关键要素，以要素之间的相互关系和利益相关者之间的交易方式、交易结构为研究对象，探索商业模式的运行机理和效率。④ 价值创造类商业模式。企业基于自身拥有的关键资源和能力，通过对所在产业价值链某环节的增减、整合和创新，从而实现价值的创造、传递、获取和分配。

王园森、刘芹（2018）指出，在数字化背景下，企业主要存在三种商业模式类型。① 整合型商业模式，采用整合型商业模式的创新者有时会利用技术摆脱传统的层级决策模式，从而做出更好的反映市场需求的决策，并能够实时适应市场需求的变化。② 合作型商业模式，企业提供资源、转化资源的能力有限，核心企业担任了合作者的角色，他不仅需要满足客户的需求，还需要发现合作者。③ 交易型商业模式，核心企业充当着促进双方交易的角色，利用正反馈网络外部性效应使其逐渐发展壮大，在使其财富最大化的同时，也会给合作参与者创造大量价值。

《发现利润区》的作者斯莱沃斯基（2010）从利润创造、组织文化和战略控制三个方面归纳出22种企业盈利模型。吴志华（2015）从商业模式的价值系统、核心能力和利润战略三个角度，结合日益典型且明显的供应链整合趋势要求，将商业模式梳理为17种类型，见表1-1。

表 1-1 商业模式类型

分类标准	商业模式	核心内涵	典型企业
价值系统	微笑曲线模式	占据高利润的研发和品牌两端,生产环节外包	耐克、宏基
	乘数效应模式	利用品牌资产实现多层次、重复盈利	迪士尼
	目标群体模式	拥有庞大的细分用户群体,采用立体收入模式	腾讯、阿里巴巴
核心能力	行业标准模式	成为行业或细分领域的标准制定者、发言人	英特尔、微软
	解决方案模式	为客户设计满意的解决方案,售后利润丰厚	通用电气、IBM
	厂家直销模式	砍掉分销环节,直接沟通用户,个性化定制	戴尔
	连锁经营模式	渠道为王,不断拓展网络,控制销售终端	国美、7-11
	产品创新模式	研发投入高,引领产业潮流,产品时尚热销	3M、索尼
	独特渠道模式	差异化的精确定位,高价值的受众群体网络	分众传媒
利润战略	隐性收入模式	表面主营业务打造人气品牌,利润隐藏其内	麦当劳
	成本控制模式	强有力的成本控制,出色实施成本领先战略	格兰仕
	动态定价模式	与客户利益捆绑,指数状的成长速度	Google、百度
供应链整合	核心企业供应链整合模式	核心企业依托其核心竞争力进行供应链整合	苹果、李宁、杉杉
	非核心企业供应链整合模式	利用其制造所处的中间位置与先进设施进行供应链主要环节的辅助服务	联泰
	线上供应链平台服务模式	主要是利用其先进的电子商务与支付手段进行平台性的供应链服务	阿里
	O2O供应链平台服务模式	主要是通过O2O结合的网络平台承接各种外包服务	怡亚通
	产银平台模式	主要是通过五大平台的搭建,为广大中小企业提供由外转内的跨供应链整合服务	广泰源

资料来源:方志远,《商业模式创新战略》,清华大学出版社 2014 年版。

三、商业模式的主要框架

(一)商业模式的研究对象

Amit 与 C.Zott(2001)指出,商业模式的研究对象应当是企业所在的网络,是与企业经营有直接关系的系统,即从企业原材料供应为起点到消费者完成消费为终点所涉及的所有相关者组成的系统,而不是单独的企业。魏江、刘洋、应瑛(2012)认为商业模式的主要框架包括客户价值主张、价值创造、价值获取等子过程。

1. 以价值创造为研究重点的商业模式框架

Afuah 和 Tucci（2003）的研究以价值为中心，并考虑参与者的价值创造。他们所描述的商业模式包括如下组成部分：顾客价值、范围、定价、收入来源、相关活动、执行、能力、持续性。Mahadevan（2000）也曾指出，商业模式包括 3 个关键的组成部分：价值——识别业务伙伴和买主的价值主张；收入——商业模式中需要包括用以确保产生收入的规划；后勤——致力于与公司的供应链设计相关的多方面事项。

2. 以网络为中心的商业模式框架

Papakiriakopoulos 和 Poulymenakou（2001）提出了一种以网络为中心，关注参与者和关系的商业模式框架。他们认为商业模式包括 4 个主要的组成部分：协调事项——定义对各种活动的相互依赖的管理；整合竞争——描述与其他公司的关系；顾客价值——使公司的商业模式与市场和顾客的需要相联系；核心能力——面对市场机遇，公司如何利用资源。

3. 以市场为基点的商业模式框架

Hamel（2000）认为商业模式是一个实际应用中的概念，并定义了商业模式的 4 个主要组成部分，包括核心战略、战略资源、价值网络、客户界面。Linder 和 Cantrell（2000）提出了一种描述商业模式的全面的方法。他们认为商业模式包括以下多个组成部分：定价模式、收入模式、渠道模式、商业过程模式、网络商业模式、组织模式和价值主张。

Petrovic 和 Kittl（2001）将商业模式划分为 7 种子模式，包括价值模式，资源模式，产品模式，客户关系模式，收入模式，资本模式，市场模式。

齐严（2011）认为，根据要素的性质与作用的不同，可以将商业模式划分为界面层与核心层两部分。核心层主要涉及企业内部产品价值形成过程的各个方面，包括价值主张与价值形成逻辑、资源组合与运作流程要素。界面层涉及企业与外部组织之间的交换与互动关系，由企业与外部环境交换产品和资源的各种相关活动与要素构成。

柯昌文（2019）在基于动态能力的商业模式概念框架构建一文中提出的商业模式框架的主要内容是基于动态能力理论，以价值创造为基本逻辑，形成"动态能力—业务流程—价值主张—竞争力—利润"的因果链。

第二节　商业模式的创新原则及意义

一、商业模式的创新原则

方志远（2014）在《商业模式创新战略》一书中总结了商业模式的九大创新原则。具体如下：

\ 商业模式创新

（一）客户价值最大化

分析和把握顾客需求，并寻求产品在市场中的最佳定位，满足客户的最大需求，使客户价值最大化，是设计商业模式的一项首要工作。

（二）战略管理优化

在商业模式创新中，需要企业战略的方向和决策指导。战略管理优化是企业在制定长期战略和贯彻战略活动中，把商业模式的创新落实到具体的战略实施行动方案中去。

（三）市场定位准确

企业的商业模式要明确企业的市场在哪里，顾客在哪里，进行市场定位，包括企业在整个行业和整个价值链中的定位，其中包含产品或品牌定位、市场定位及目标消费群定位。

（四）营销策略创新

管理大师彼得·德鲁克说过这样一句话："企业的目标就是为了创造客户，因此企业只有两个基本的功能，就是营销和创新。"在市场营销上，商业模式的创新，就是根据营销环境的变化情况，并结合企业自身的资源条件和经营实力，寻求营销要素在某一方面或某一系列的突破或创新的过程。

（五）组织管理效能

商业模式的创新形式贯穿于企业经营的整个价值链过程之中，也就是说，在企业经营管理的每一个价值链环节上的创新可能变成一种成功的商业模式。

（六）资源整合配置

商业模式创新就是要整合优化资源配置。资源整合是优化配置的决策，是根据企业的发展战略和市场需求对有关的资源进行重新配置，以凸显企业的核心竞争力，并寻求资源配置与客户需求的最佳结合点，目的是通过企业内部安排和管理运作协调以及企业外部竞争环境的制约机制来促使资源的整合优化，增强企业的竞争优势，提高资源利用水平。

（七）持续盈利发展准则

企业能否持续盈利，是判断其商业模式是否成功的唯一标准。盈利是经济型组织运营的最大目标，同时，还必须通过盈利达到企业的可持续性发展，成为永续经营的百年企业。

（八）资本运作效率

资本运作模式的打造对企业有着特殊的意义，资本运作是企业运营的最高层次。谁能操作资本，谁就赢得了企业发展的先机，也就掌握了市场的主动权。成功的资本运作，可以给企业带来事半功倍的收益。

（九）成本严格控制

如何以最低成本来换取最大利润，这是企业运营时必须考虑的。降低成本和控制成本，能够大大增强企业的盈利能力，不容忽视。

二、商业模式的意义

（一）商业模式对创业者的意义

商业模式有助于提高创业者的创业成功率。初创企业利用商业模式创新，可以站在一个不同的新的高度来认识创业的问题，更加系统全面地对创业活动过程进行思考，以有效避免企业匆忙创业造成的失误，从而提高创业成功率。

秦志华、王永海从商业模式的企业价值测评功能表述了其对用户企业发展的意义。商业模式的企业估值功能，为创业者和投资者测评企业价值提供了共同依据，促成了双方在投融资方面的合作共赢。

（二）商业模式对企业管理的战略意义

玛戈丽特在《管理是什么》一书中描述，商业模式就是一个企业如何赚钱的故事。商业模式关注企业战略系统的搭建，因而能较好地帮助企业明确目标，找好战略方向，从而能保证企业在竞争激烈的环境中稳固、快速、健康地成长。

（三）商业模式创新对企业经营方式转变的意义

企业的成功与失败，关键就在于商业模式及执行力方面。商业模式决定企业转型的成败，在明确的战略目标与有效的执行之间，作为企业战略优化核心的商业模式的创新至关重要。

张敬伟、王迎军（2011）通过案例提出商业模式的理论和实践意义。原西南航空公司通过构建以"无虚饰服务"为基本特征的商业模式，形成核心竞争力和可持续竞争优势，凭借平淡无奇的资源实现了"无中生有"，创造了商界的传奇故事。商业模式强化了实践中盈利模式设计的重要性，能够帮助企业全面、系统地思考价值创造与获取问题，其分类研究能够为企业提供更多的战略选择。

孙赫（2016）认为，商业模式是企业实现市场营销的重要因素，同时也是推动国

\ 商业模式创新

家经济实力的重要力量，为市场营销带来了勃勃生机。随着当前市场营销的科技化趋势发展，能够切实看到企业中市场营销的价值体现，这源于商业模式的不断创新与发展。

陈丽娇（2023）探讨了商业模式在企业竞争战略中的重要意义。商业模式属于实现企业竞争战略目标的内部措施，通过商业模式创新不仅能够创建适合企业发展的特色化商业模式，而且对于企业绩效的提升也发挥着重要作用，对于建立企业在市场竞争中的优势具有重要意义。

▶ 第三节　商业模式创新成功的方法

一、市场观察法

（一）市场观察法的定义

菲利普·科特勒（Philip Kotler）作为现代市场营销学的奠基人之一，在其著作中多次提及并深入探讨了市场观察法的重要性。他强调了通过观察消费者行为和市场动态来制定营销策略的关键性。

阿尔文·托夫勒（Alvin Toffler）对于市场趋势的观察和预测有着独到的见解。他的研究中经常使用市场观察法来捕捉市场变化的信号，并据此提出前瞻性观点。

凯文·莱恩·凯勒（Kevin Lane Keller）在品牌管理和市场营销领域有着卓越的贡献。他通过市场观察法来研究消费者对品牌的认知和情感反应，进一步揭示了品牌价值的形成机制。

迈克尔·波特（Michael Porter）主要以竞争战略和产业结构分析闻名，他强调了对市场环境的深入观察和理解对于制定有效战略的重要性。

齐美尔（George Simmel）是社会学的先驱之一，他对于市场和社会互动的观察和理解，为市场观察法提供了社会学视角的理论基础。

约翰·奈斯比特（John Naisbitt）以其对趋势的敏锐洞察而著称，他的研究经常基于对市场现象的深入观察，从中提炼出对未来发展的预测。

这些学者通过各自的研究和实践，不断丰富、完善了市场观察法的理论框架和应用方法，为市场研究提供了宝贵的指导和启示。市场观察法是一种特定的市场调查方法，指的是观察者根据研究目的，有组织、有计划地运用自身的感觉器官或借助科学的观察工具，直接搜集当时正在发生的、处在自然状态下的市场现象有关资料的方法。市场观察法是一种重要的市场调查工具，能够帮助企业了解市场动态、消费者需求以及竞争对手的情况，为企业的决策提供有力的数据支持。

（二）市场观察法的特点

（1）明确的目的性：市场观察法是为科学研究市场服务，根据市场调查人员的明确目的和现实需要，有计划地收集市场营销方面的数据资料。

（2）系统性和全面性：观察法要求观察者根据市场调查的目的，制订详细的计划和观察内容，并设计出细致可行的观察方案。观察过程需要全面、系统地进行，以确保收集到的数据资料具有完整性和准确性。

（3）科学性和客观性：观察法要求使用科学的方法和工具进行观察，同时观察的结果必须是客观的，它所观察的是当时正在发生的、处在自然状态下的市场现象。

（三）市场观察法的应用

星巴克（Starbucks）在进入新市场或推出新产品时，通过市场观察法来了解消费者的饮品偏好、消费习惯以及购买动机。例如，在中国市场，星巴克观察到消费者对本土文化和口味的偏好，于是推出了符合中国消费者口味的饮品和食品，如抹茶拿铁、月饼等，成功打开了中国市场。

可口可乐（Coca-Cola）通过市场观察法发现消费者对健康饮品的关注日益增加，于是推出了低糖或无糖的饮料系列，满足了消费者的需求并增加了市场份额。

爱彼迎（Airbnb）通过市场观察法，发现旅行者越来越倾向于体验当地文化，住在本地人家里。因此，该公司推出了共享住宿服务，并一度成为全球最大的住宿预订平台之一。

特斯拉（Tesla）通过市场观察法了解到消费者对环保和可再生能源的关注，于是推出了电动汽车，引领了清洁能源的革命，成为全球领先的电动汽车制造商。

华为为了深入了解智能手机市场的消费者需求和市场动态，采用了市场观察法。公司派遣专业的市场观察团队到各大城市的手机销售店、电子产品展览会和线上论坛等地进行观察。他们记录了消费者对手机外观、性能、价格、品牌等方面的偏好和关注点，同时观察了竞争对手的产品特点和市场策略。通过这些观察数据，华为得出了消费者对于智能手机的需求趋势，及时调整产品策略，满足消费者的多样化需求，为产品设计和市场推广提供了有力支持，从而在全球手机市场取得显著地位。

美团外卖通过市场观察法来了解消费者的用餐习惯、外卖需求以及竞争对手的情况。美团的市场观察团队会在不同的时间段和地点观察消费者的外卖下单情况，记录下单时间、订单数量、菜品偏好等信息。同时，他们还会观察竞争对手的外卖平台，了解其产品特点、优惠活动以及服务质量等方面的情况。通过这些观察数据，美团能够准确把握市场需求和竞争态势，不断优化服务质量和用户体验，巩固了市场地位，为外卖业务的拓展和优化提供了重要依据。

腾讯在游戏市场广泛运用市场观察法。为了了解玩家的游戏喜好、消费习惯以及市场趋势，腾讯的游戏开发团队会定期观察玩家的游戏行为、社交互动以及付费情况。

\ 商业模式创新

他们通过收集和分析玩家的游戏数据，了解哪些游戏类型受欢迎、哪些游戏功能受欢迎以及玩家的付费能力和意愿。基于这些观察结果，腾讯能够针对性地开发新的游戏产品或优化现有游戏的功能和运营策略，从而提升用户体验和增加收益。在推出新应用或服务时，如微信、小程序等，都会运用市场观察法来评估市场需求和潜在用户群体。通过观察用户行为和反馈，腾讯不断优化产品功能和用户体验，成功吸引了大量用户。

这些企业都通过市场观察法获取了宝贵的市场信息，为他们的产品开发和市场策略制定提供了有力支持。市场观察法已经成为企业在市场竞争中取得优势的重要工具之一。同时，这些企业也在不断地完善和创新市场观察法，以适应不断变化的市场环境。

（四）市场观察法对企业的意义

（1）深入理解市场需求：市场观察法能够帮助企业深入了解消费者的需求、偏好以及购买行为。通过观察消费者的购买决策过程、使用习惯和反馈，企业可以获取一手的市场信息，为产品开发、优化和定位提供有力的依据。

（2）把握市场趋势和变化：市场是不断变化的，新的消费趋势、技术发展和竞争对手动态都可能对企业的经营产生影响。通过市场观察法，企业能够及时捕捉到市场的细微变化，预测未来市场的发展方向，从而调整自己的战略和计划，抢占市场先机。

（3）发现商业机会和潜在市场：市场观察法可以帮助企业发现潜在的商业机会和新兴市场。通过观察市场的空白点、消费者未被满足的需求以及竞争对手的疏忽，企业可以找到新的增长点，拓展业务范围，提升市场份额。

（4）提升竞争力：通过市场观察法，企业可以了解竞争对手的产品特点、市场策略以及优缺点，从而制定更具竞争力的市场策略。同时，企业也可以借鉴竞争对手的成功经验，改进自身的产品和服务，提升竞争力。

（5）优化营销策略：市场观察法可以为企业提供关于消费者行为、购买习惯和反馈的宝贵信息，有助于企业制定更精准的营销策略。通过了解消费者的需求和偏好，企业可以针对性地开展宣传推广活动，提高营销效果。

（五）市场观察法的局限性

（1）人力和物力投入较大：市场观察活动通常需要大量的人力、物力投入。对于一些较大规模或较为复杂的市场现象，需要进行长时间的观察和记录，这可能会增加企业的成本负担。

（2）受时空限制：市场观察法明显受到时间和空间的限制。在时间上，观察活动只能针对某一特定时间段进行，难以覆盖全时段的市场动态。在空间上，观察活动通常只能针对某些特定地点进行，难以全面反映整个市场的状况。

（3）观察的主观性：观察者的个人经验、知识背景和观察角度都可能影响观察结果的客观性。不同观察者可能对同一市场现象有不同的解读，这可能导致观察结果的偏差。

（4）对某些现象的局限性：有些市场现象可能不适合用观察法进行研究。例如，一些涉及个人隐私或敏感信息的市场现象，通过观察法可能无法获取准确的数据。此外，一些复杂的心理过程或决策机制也难以通过观察法直接揭示。

（5）干扰被观察者：观察活动本身可能对被观察者产生干扰，使其不能处于自然状态。这可能导致被观察者的行为发生变化，影响观察结果的准确性。

（6）难以重复验证：市场观察法通常难以对同一现象进行重复观察，以验证观察结果的稳定性和可靠性。这可能导致观察结果具有一定的偶然性和不确定性。

二、产业观察法

（一）产业观察法的定义

波特（Michael Porter）在研究产业竞争和产业结构时，强调了产业观察的重要性。他认为，通过对产业的深入观察和分析，可以理解产业内的竞争关系、企业行为以及市场结构，进而为企业战略制定提供有力支持。

阿吉里斯（Chris Argyris）提出的组织学习理论认为，组织需要通过观察外部环境和内部运作，不断调整和优化自身。这一理论在产业观察法的应用中，强调了企业对外部产业环境的敏锐感知和学习能力。

科特勒（Philip Kotler）在研究市场营销策略和市场趋势时，强调了产业观察的重要性。通过深入观察和分析产业内的消费者行为、竞争对手策略以及市场变化，企业可以制定更有效的市场营销策略。

以上学者从不同的研究领域阐释了产业观察法及其应用，为企业提供了宝贵的理论支持和实践经验。这些研究不仅拓宽了产业观察法的理论体系，也为企业发展提供了有益的实践指导。

总之，产业观察法是一种针对特定产业进行深入研究和观察的方法，旨在了解该产业的市场现状、竞争格局、发展趋势等。这种方法通常涉及对产业内的企业、政策、技术、市场需求等多个方面的综合分析。能够帮助企业深入了解产业现状和未来发展趋势，为企业的战略规划和决策提供有力支持。

（二）产业观察法的特点

（1）系统性：产业观察法要求对产业的各个方面进行全面的研究和分析，包括产业的历史、现状和未来发展趋势等，以形成一个完整的产业画像。

（2）针对性：产业观察法通常针对特定的产业或行业进行研究，以深入了解该产业的市场结构、竞争格局、技术发展等关键要素。

\ 商业模式创新

（3）数据驱动：产业观察法需要大量的数据支持，包括市场数据、企业财务数据、政策数据等，通过对这些数据的分析，可以揭示产业的运行规律和未来发展趋势。

（4）实用性：产业观察法的最终目的是为企业的战略决策提供支持，因此其分析结果需要具有实用性和可操作性，能够帮助企业制定出更加科学合理的战略规划。

（三）产业观察法的应用

产业观察法主要关注以下几个观察维度：

（1）产业环境：包括宏观经济环境、政策环境、技术环境等。

（2）产业结构：分析产业的供应链、价值链、市场结构等，以揭示产业内部的竞争格局和潜在优势。

（3）竞争态势：观察和分析主要竞争对手的战略行为、市场份额、产品特点等，以评估企业的竞争地位和风险。

（4）发展趋势：预测产业的未来发展方向和趋势，为企业战略制定提供前瞻性指导。产业观察法的最终目的是为企业战略制定提供决策支持。通过对产业的深入观察和分析，企业可以更加清晰地了解自身的市场定位、竞争优势和潜在机会，从而制订出更加科学、有效的战略方案。

比如，特斯拉运用产业观察法，通过调查问卷、社交媒体等方式收集消费者反馈，了解消费者对电动汽车的需求和期望，及时把握市场动态和消费者需求，进一步预测行业趋势，从而做出相应的战略调整和产品创新，保持持久的竞争优势并实现可持续发展。

而谷歌使用产业观察法来追踪和分析新兴技术趋势，如人工智能、量子计算等。通过深入了解这些技术的发展状况、市场接受度以及潜在应用，谷歌能够及时调整其研发方向和产品线，确保在竞争激烈的市场中保持领先地位。

宝洁通过产业观察法密切关注消费者需求、购买行为以及市场趋势的变化。例如，通过对消费者购物习惯的观察，宝洁发现线上购物的增长趋势，并因此加大了对电商平台的投入，拓展了线上销售渠道。

摩根大通运用产业观察法分析全球金融市场的动态，包括利率变化、政策调整以及新兴金融科技的发展。通过对这些因素的深入观察和分析，摩根大通能够为客户提供更精准的金融产品和服务，同时优化自身的投资组合和风险管理策略。

作为全球最大的零售商之一，沃尔玛利用产业观察法来洞察消费者的购物习惯、偏好以及竞争对手的市场策略。通过观察消费者的购物行为、流量数据以及竞争对手的价格策略，沃尔玛能够优化商品陈列、调整价格策略，提高销售额和客户满意度。

宝马通过产业观察法密切关注新能源汽车、自动驾驶等技术的发展趋势。同时，宝马还观察竞争对手的产品特点、市场定位以及消费者需求的变化，以制定符合市场需求的汽车产品策略。

阿里巴巴、腾讯等互联网企业通过产业观察法来洞察互联网行业的发展趋势，包括新兴技术的兴起、用户行为的变化，以及政策对产业的影响等。他们可能通过收集和分析行业报告、专业研究、用户数据等，制定自己的战略规划和明确产品方向。

华为、格力等制造业企业更加关注产业链的上下游动态，包括原材料供应、技术革新、竞争对手的产品策略等。通过产业观察法，他们可以预测市场供需变化，调整生产计划和采购策略，以确保自身的竞争优势。

中国银行、平安保险等金融服务企业运用产业观察法来评估不同行业的风险和机遇，为投资决策提供依据。他们会关注各行业的发展趋势、政策环境、市场竞争等因素，以确定哪些行业或企业具有投资价值。

上述企业之所以使用产业观察法，是因为它能够提供深入、全面的产业信息，帮助企业识别市场机会，评估潜在风险，并制订出更具针对性和前瞻性的战略方案。通过灵活运用产业观察法，这些企业能够在竞争激烈的市场中保持领先地位，实现可持续发展。

（四）产业观察法对企业的意义

（1）有助于企业深入了解产业环境。通过对产业的整体状况、发展趋势、政策环境等进行系统分析，企业可以获取关于市场需求、竞争格局、技术创新等方面的宝贵信息。这些信息有助于企业把握市场脉搏，为制定战略决策提供有力支持。

（2）有助于企业识别市场机会和潜在风险。通过对产业链上下游、竞争对手、消费者行为等的深入观察，企业可以发现新兴市场的兴起、消费者需求的变化以及竞争对手的动态等关键信息。这些信息可以帮助企业发现市场空白和增长点，同时避免潜在的市场风险。

（3）有助于企业优化资源配置。通过对产业趋势的预测和判断，企业可以更加精准地把握市场变化，从而调整自身的资源配置策略。例如，企业可以根据市场需求的变化调整产品线、优化生产流程或加强研发投入等，以提高资源利用效率和企业竞争力。

（4）有助于提升企业的战略洞察力。通过对产业的深入分析，企业可以更好地理解产业的发展规律和未来趋势，从而制定出更具前瞻性和针对性的战略方案。这种战略洞察力有助于企业在复杂多变的市场环境中保持领先地位，实现可持续发展。

（五）产业观察法的局限性

需要投入大量的时间和资源。深入观察和分析产业环境、竞争对手以及消费者行为等需要长时间的积累和持续的努力。一方面，容易受到主观因素的影响。观察者的个人经验、偏见和解读能力都可能对观察结果产生影响，不同的观察者可能对同一现象有不同的理解和解释，这可能导致观察结果的差异和不确定性。因此，企业在应用产业观察法时需要保持客观公正的态度，并结合其他方法和数据进行综合判断。

\ 商业模式创新

另一方面,对于一些新兴行业或快速变化的市场,产业观察法可能难以及时捕捉和反映最新的动态和趋势。同时,观察结果也可能受到样本选择和观察时间的限制,无法全面反映整个产业的真实情况。在应用产业观察法时,企业需要谨慎评估其适用范围和局限性,并结合其他方法和工具进行综合分析。

总之,企业需要派遣专业的团队进行实地调研、收集数据,并进行深入的分析和解读。这对一些资源有限的企业来说,产业观察法创新商业模式可能是一个挑战。

三、结构观察法

(一)结构观察法的定义

结构观察法是一种系统的观察方法,通常用于社会科学和心理学等领域的研究。这种方法要求观察者事先确定观察样本和观察项目,并设计、记录观察结果的指标。结构观察法在观察前要提出假设,并制定一个标准化的手段,即观察范围的清单,以指导观察过程。

(二)结构观察法的特点

结构观察法具有以下四个方面的特点:

(1)计划性。结构观察法要求观察者事先制订详细的观察计划,包括观察的目的、观察对象、观察时间、观察地点、观察项目、记录方法等,这样可以确保观察过程的有序性和系统性。

(2)标准化。结构观察法要求观察者使用标准化的手段进行观察,如制定观察清单或表格,以便系统地记录观察结果。这种方法有助于提高观察的可靠性和准确性。

(3)客观性。结构观察法强调观察者保持客观和中立的态度,尽量减少主观偏见对观察结果的影响。观察者需要按照事先制订的计划和标准进行观察,确保观察结果的客观性。

(4)适用性。结构观察法适用于对特定行为、事件或现象进行系统的、重复的观察。

通过结构观察法,研究者可以更加全面、客观地了解观察对象的特征和发展趋势,为科学研究提供有力的数据支持。这种方法可以帮助研究者深入了解观察对象的特征、规律和发展趋势。

(三)结构观察法的运用

比亚迪、特斯拉、丰田等汽车制造企业采用结构观察法观察生产线上的工人操作、设备运行状态以及车辆组装过程,以发现潜在问题并进行改进,提高生产效率和质量。

苹果、三星、华为等电子产品制造企业通过结构观察法观察生产线上员工组装电子产品的过程，以及设备的自动化程度，以优化生产流程，减少人为错误，并提高产品质量。

可口可乐、雀巢、伊利等食品饮料制造企业观察生产线上食品或饮料的生产过程，包括原料处理、加工、包装等环节，以确保产品符合卫生标准和质量要求。

河南省本土企业卫龙食品有限公司运用结构观察法，通过精准把握消费者需求，优化产品设计和生产流程，制定有效的营销策略以及持续创新和改进，成功提升了企业的市场竞争力，获得了显著的商业成功。具体步骤如下：

（1）精准把握消费者需求。卫龙企业通过对消费者的购买行为、食用习惯、产品偏好等进行结构化的观察，深入了解消费者的真实需求。这种观察不仅限于传统的销售场所，还扩展到线上平台、社交媒体等多个渠道，确保企业能够全方位地掌握消费者动态。通过结构观察法，卫龙企业成功捕捉到了消费者对健康、美味、便捷等方面的需求，从而针对性地推出了符合市场需求的产品。

（2）优化产品设计和生产流程：卫龙企业运用结构观察法，对产品的生产过程、包装设计、口感体验等进行了细致的观察和分析。通过观察生产线上员工的操作过程、设备的运行状态以及产品的产出质量，企业能够发现生产过程中的瓶颈，及时进行改进和优化。同时，对包装设计和口感体验的观察也有助于企业不断改进产品，提升消费者的购买体验。

（3）制定有效的营销策略：卫龙企业通过观察消费者的购买行为、品牌认知、价格敏感度等，结合市场竞争格局，制定了精准的营销策略。例如，针对不同的消费者群体，企业推出了不同的产品组合和价格策略；在营销活动中，企业也根据观察结果选择了合适的宣传渠道和推广方式，确保了营销活动的针对性和有效性。

（4）持续创新和改进：卫龙企业运用结构观察法，不仅关注当前的市场动态和消费者需求，还对未来趋势进行预测和分析。通过持续的观察和研究，企业能够及时发现市场变化和消费者需求的变化，从而进行产品创新和流程改进。这种持续创新和改进的精神，使卫龙企业能够在激烈的市场竞争中保持领先地位。

第二章

价值链、产业链、供应链与商业模式创新

第二章　价值链、产业链、供应链与商业模式创新 \

一、目的与要求
1. 理解价值链、产业链和供应链的内涵与特征；
2. 掌握价值链分析方法；
3. 掌握产业链分析方法；
4. 掌握供应链分析方法。

二、教学内容
1. 价值链、产业链、供应链的内涵；
2. 价值链、产业链、供应链的特征；
3. 价值链、产业链、供应链的分析方法。

第一节　价值链的涵义及其分析方法

一、价值链的涵义

价值链分析是由美国哈佛商学院教授迈克尔·波特提出来的，是一种寻求确定企业竞争优势的工具，即运用系统性方法来考察企业各项活动和相互关系，从而找寻具有竞争优势的资源。

价值链思想认为企业的价值增加过程，按照经济和技术的相对独立性，可以分为既相互独立又相互联系的多个价值活动，这些价值活动形成一个独特的价值链。价值活动是企业所从事的物质上和技术上的各项活动，不同企业的价值活动划分与构成不同，价值链也不同。

对制造业来说，价值链的基本活动包括内部后勤、外部后勤、市场营销、服务；辅助活动包括企业基础设施（企业运营中各种保证措施的总称）、人力资源管理、技术开发、采购。每一活动都包括直接创造价值的活动、间接创造价值的活动、质量保证活动三部分。企业内部某一个活动是否创造价值，看它是否提供了后续活动所需要的东西，是否降低了后续活动的成本，是否改善了后续活动的质量。

二、价值链分析方法

价值链分析法由波特首先提出，它将基本的原材料到最终用户之间的价值链分解成与战略相关的活动，以便理解成本的性质和差异产生的原因，是确定竞争对手成本

\ 商业模式创新

的工具，也是 SCM 制定本公司竞争策略的基础。可以从内部、纵向和横向三个角度展开分析。

（一）内部价值链分析

内部价值链分析是企业进行价值链分析的起点。企业内部可分解为许多单元价值链，商品在企业内部价值链上的转移完成了价值的逐步积累与转移。每个单元链上都要消耗成本并产生价值，而且它们有着广泛的联系，如生产作业和内部后勤的联系、质量控制与售后服务的联系、基本生产与维修活动的联系等。深入分析这些联系可减少那些不增加价值的作业，并通过协调和最优化两种策略的融洽配合，提高运作效率，降低成本，同时也为纵向和横向价值链分析奠定基础。

（二）外部价值链分析

外部价值链分析是一种对企业外部环境中与价值链相关活动进行深入研究的方法。这种方法旨在帮助企业了解其在整个产业价值链中的位置，识别潜在的合作伙伴和竞争对手，以及发现优化和增值的机会。

（三）纵向价值链分析

纵向价值链是反映企业与供应商、销售商之间的相互依存关系，为企业增强其竞争优势提供了机会。企业通过分析上游企业的产品或服务特点及其与本企业价值链的其他连接点，共同降低成本，提高这些相关企业的整体竞争优势。

如果从更广阔的视野进行纵向价值链分析，就是产业结构的分析，这对企业进入某一市场时如何选择入口及占有哪些部分，以及在现有市场中外包、并购、整合等策略的制定都有极其重大的指导作用。

（四）横向价值链分析

横向价值链分析是企业确定竞争对手成本的基本工具，也是公司进行战略定位的基础。比如通过对企业自身各经营环节的成本测算，不同成本额的公司可采用不同的竞争方式，面对成本较高但实力雄厚的竞争对手，可采用低成本策略，扬长避短，争取成本优势，使得规模小、资金实力相对较弱的小公司在主干公司的压力下能够求得生存与发展；而相对于成本较低的竞争对手，可运用差异性战略，注重提高质量，以优质服务吸引顾客，而非盲目地进行价格战，使自身在面临价格低廉的小公司挑战时，仍能立于不败之地，保持自己的竞争优势。

三、价值链的特征

查先进（2012）关于价值链的特征从以下四个方面进行分析总结：① 企业价值

链是一种将企业分解成许多与战略性相关的价值活动的工具。价值活动是企业所从事的物质和技术上界限分明的各项活动,价值链是由各个相对独立的价值活动组成的。② 企业价值链具有内部联系性。虽然企业的价值活动有基本活动和辅助活动之分,但这些活动并非相互独立,而是相互影响、相互作用而构成综合系统。价值活动之间的联系是某一价值活动进行的方式和成本与另一活动之间的关系,竞争优势则来源于这些联系。③ 企业价值链不仅存在于企业内部价值活动中,还延伸到更广泛的企业外部。横向上,企业价值链是产业价值链的组成部分;纵向上,供应商价值链、客户价值链对企业价值链有重要影响。④ 企业价值链具有动态性,不同企业具有不同的价值链。企业价值链是各自资源、能力、战略的体现,是竞争优势的来源。不同行业、地域、时间、规模的企业具有不同的价值链,而且同一企业在不同时期也具有不同的价值链。价值链动态变化反映了企业竞争优势不断变化。

四、价值链分析的原理

运用价值链分析法开展竞争情报研究就是将竞争情报研究有针对性地渗透到价值链的各个环节,分析各环节的运作情况并搜集、分析有价值的情报,确定具有竞争优势的关键环节。然后对战略环节的竞争情报进行研究,以辅助企业的战略管理,而对一般环节的情报研究则用于企业日常运作管理。价值链分析包括企业内部价值链分析和企业外部价值链分析。

(一)企业内部价值链分析

企业内部价值链分析就是了解本企业内部价值链的构成要素(单元价值链),确定对成本与增值是否有影响的基本价值链,以发现并消除容易带来高成本和不增值的环节(构成要素),从战略上调整和重构成本相对更低的、优化的企业内部价值链。可从以下方面优化企业内部价值链:适时生产系统、零库存、全面质量管理或零缺陷管理、"外包"有些活动或流程、提高劳动生产率、引进节约成本的技术、简化产品设计、精简高成本活动的营运流程等。

(二)企业外部价值链分析

企业外部价值链是指与企业具有紧密联系的外部企业或组织的价值活动,主要包括产业价值链、供应商价值链、顾客价值链以及竞争对手价值链。外部价值链体现了一种进化了的过程思想,它把一种超越企业自身的全面的作业链导入业务过程,是一种高级的、战略性的过程思想。其中,企业外部价值链分析又可以从产业价值链和供应商价值链两个方面深入研究。

(1)产业价值链分析。产业的若干价值活动相互影响、相互作用联结成了产业价值链。产业价值链分析就是找到企业在产业中所处的位置,以及了解企业与上下游企业的联系,并找到与本企业从事相同价值活动的竞争对手的比较优势。

\ 商业模式创新

（2）供应商价值链分析。企业可以通过了解供应商的生产流程，帮助供应商按照本企业需求，改进原料设计以更加适合企业的需求，可以节约本企业对原料的加工成本；企业与供应商的信息沟通可以协调进货时间和批量甚至包装和运输的方式，避免企业因为急用、积压、不恰当的包装带来额外的人力成本和资金成本；企业还可以通过与供应商建立战略联盟，整合供应链以节约采购成本，降低原材料供应风险。

▶ 第二节　产业链的涵义及其分析方法

一、产业链的概念

国外对产业链的研究最早可追溯到 17 世纪中后期古典主流经济学家的研究，不过他们关注的焦点是从宏观的角度讨论劳动分工、专业化对经济发展的意义。国内是在 1990 年，由傅国华首次提出"农产品产业链"一词。

李仕明（2002）认为，产业链是由企业的上游—中游—下游等环节形成的，企业称为供应链，政府通常称为产业链。杨公朴、夏大慰（1999）认为产业链是一个连续追加价值关系的活动所构成的价值链关系。郑学益（2000）强调，产业链是以市场前景比较好、科技含量比较高、产品关联度比较强的优势企业及优势产品为链核，通过这些链核，以产品、技术或服务为联系，以资本和价值增值为纽带，上下连接，向下延伸，前后联系形成链条。

张贵（2014）认为产业链是指一种最终产品（劳务）从最初研发设计，到资源或原材料的供应，再到生产制造（提供），直至消费者购买最终产品（劳务）所包含的各个环节，由此构成的一个完整的链条。

张伟和朱启贵等人（2009）以贵州瓮福磷化工产业链为例，从产业链知识的视角研究了资源型产业链的升级，以克服资源对资源型产业发展的约束，实现资源型产业发展方式从资源依赖向依靠知识创新和知识共享的转变。

二、产业链分析方法

产业链分析方法是一种全面而系统的研究工具，旨在深入理解和优化产业链的各个环节。以下是一些关键的产业链分析步骤：

（一）收集和整理相关数据和信息

这是产业链分析的基础，需要广泛收集有关产业链各个环节的数据，包括但不限于原材料供应、生产制造、销售渠道、市场需求等方面的信息。

（二）绘制产业链图谱

使用思维导图、流程图或图表等方式，将产业链的各个环节以及它们之间的关系可视化。这有助于更直观地理解产业链的运作机制，同时也有助于发现潜在的优化空间。

（三）分析各环节的关系和功能

在绘制产业链图谱的基础上，进一步分析各个环节之间的关系和功能。这包括评估各个环节的竞争力、优势和劣势，以及它们对整个产业链的贡献。可以通过SWOT分析、五力模型、价值链分析等方法进行这些评估。

（四）预测产业链的发展趋势

基于对当前产业链的分析，结合市场需求、技术进步、政策变化等因素，预测产业链未来的发展趋势。这有助于企业提前做出战略调整，以适应未来的市场变化。除此之外，产业链分析还应考虑产业链的结构、与市场供需的关系以及价值分配等因素。通过对这些因素的综合分析，可以更全面地了解产业链的运作状况，为企业的决策提供更有力的支持。

三、产业链创新与高新技术产业创新的内在关系

张贵（2014）认为，对高新技术产业创新模式的研究，必须先明确高新技术产业创新与产业链创新的关系。首先，高新技术产业创新的核心内容是技术创新。技术创新贯穿于企业活动的全过程，是以获得企业经济利益为目标的一系列活动。它是用新知识和新工艺，采用新的生产方式和经营模式，通过提高质量、创新产品和创新服务，占据市场并实现市场价值的经济技术活动。现代企业制度体现的是企业资源配置的高效性，而这种高效率能否充分发挥，主要依靠技术创新。技术创新可以推动产业链创新，是对潜在市场需求的释放，降低了流通成本和风险，沿要素创新（技术、工艺、产品、流程和管理）到企业创新，再到产业创新的顺序，让创新者有更大的技术选择自由，最终导致产业创新，促进经济增长。技术创新可以提高企业竞争力。

其次，高新技术产业创新的主体是企业。根据实践经验，科研机构的创新活动存在较强的技术导向性，过于注重技术参数，容易出现市场的科投技差，成果转化率较低等现象，不能为产业的发展提供足够的支持，并束缚了产业创新的速度，制约了产业发展。

再者，只有将企业作为创新主体才能坚持以市场为导向，发挥市场需求对创新的推动作用，提高科技成果的转化率，推进产业创新。一方面，企业在科研队伍建设、

\ 商业模式创新

科研经费投入中充当主力军，通过吸引优秀人才，投入充足资金，促进科研发展，促进新产品、新技术的不断涌现。

最后，企业创新从企业自身发展实践提炼科研课题，根据市场需求确定科研方向，促进科技事业和企业实力的共同发展后，产业链创新是高新技术产业创新的归宿。以企业为行为主体，技术突破为核心的创新活动，其最终的归宿是产业链创新。

总之，产业实现持续发展，技术创新是核心，企业作为经济活动的行为主体，是产业链创新中极其重要的一环。产业链创新不同于单纯的技术创新或企业创新，它包括企业技术创新和行业内技术扩散两个过程（张耀辉，2002）。技术创新不能脱离企业而单独存在，企业创新要在相应产业的整体环境下才有价值。产业链创新就是企业突破既定的已结构化的产业的约束，以产业先见或产业洞察力构建未来产业轮廓，通过培养核心能力使构建的产业成为现实的过程。产业链创新是企业战略创新的核心和最高目标，是企业成长力的源泉。

▶ 第三节　供应链的涵义及其分析方法

一、供应链的涵义

供应链的概念虽早在20世纪80年代就已经提出，但至今还没有统一公认的定义。较早提出供应链问题的是美国国防部的连续采购和全寿命支持计划（Continuous Acquisition and Life-cycle Support，CALS）。随着CALS计划自身的发展和演变，供应链的问题受到越来越多的重视，但更多地还是从传统的供求关系信息化的角度来考虑问题的。因此，CALS提出和制定了一系列的标准，规范供求双方的各种商务活动。

鲁强（2000）在供应链的营销整合模式研究中提到Ganeshan和Hardson将供应链定义为"供应链是一个获取原材料，并将其转化为成品和半成品，再将产品送到客户手中的设施和分销渠道组成的网络。尽管供应链的复杂性随着行业、企业的不同而不同，但供应链在服务和制造企业均普遍存在"。Jaya Shankar（2001）等人将供应链定义为"由一些自治或半自治的经济实体为共同完成某一种或多种产品的采购、制造和分销而组成的网络"。

Stevens Graham（2000）将供应链定义为："通过增值过程和分销渠道控制从供应商的供应商到用户的用户之间的流，它开始于供应的源点，结束于消费的终点。"假定各种各样的企业构成企业"生态系统"，供应链就是这个系统的"食物链"。

美国斯坦福全球供应链论坛（Stanford Global Supply Chain Forum，SGSCF）将供应链定义为："为消费者带来有价值的产品、服务以及信息的，从源头供应商到最终消费者的集成业务流程。"

由于广义供应链描述的价值链非常复杂，企业无法获得供应链提供的全部利益。因而，赵林度（2002）提出了较狭义的供应链定义：在一个组织内集成不同功能领域的物流，加强从直接战略供应商通过生产制造商与分销商到最终客户的联系。

马士华（2002）等给出的定义为：供应链是围绕核心企业，通过对信息流、物流、资金流的控制，从采购原材料开始，制成中间产品以及最终产品，最后由销售网络把产品送到消费者手中的将供应商、制造商、分销商、零售商直到最终用户连成一个整体的功能网链结构模式。

随着市场竞争的不断加剧，社会对供应链的速度、柔性、质量、成本与服务等指标提出了不断的要求，从而促进了以供应链提升或竞争力增强为基本目标的供应链管理的发展。而供应链管理是围绕核心企业，借助于信息管理技术，将从原材料采购、产品制造、分销到交付给最终用户全过程中的相关业务流程（商流、物流、信息流、资金流）进行协同运作的管理总称。其目的是在提高客户满意度的同时，降低整个供应链系统的成本。它包括以下五个基本要点。

（1）以流程为中心，强调从职能管理向过程管理转变。

（2）注重顾客价值与灵活性，强调从利润管理向绩效管理转变，以及从产品管理向顾客管理转变。

（3）注重供应商与客户关系管理，强调从交易管理向关系管理转变。

（4）用信息来驱动、代替库存，强调从库存管理向信息管理转变。

（5）强调专长基础上的内外资源协同利用，以及推迟定制等方法的运用。其中推迟定制是指在设计产品时，将产品的制造和订单执行过程尽可能标准化，推迟客户差异点，在提高客户价值的同时，提高了资产利用率。

付琳（2022）提出，在供应链视角下，企业在发展阶段，要明确创新管理战略、落实管理工作的重要性，要密切与生产单位和供应单位的交流，共享有效信息，并结合客户实际需求，灵活调整和完善生产工作，把控产品质量，才能够使企业所推出的产品备受客户喜爱，增强产品竞争力，获取更多的市场份额，为企业发展创造更多的经济效益，最终推动企业持续发展。同时，企业也要鼓励内部员工积极参与到动态监管机制的构建中，主动提出有价值的建议，保障监管机制合理性，确保其应用价值的实现。

二、供应链分析方法

供应链分析方法主要包括以下几个关键步骤：

（1）数据收集。这是分析的第一步，需要收集与供应链相关的所有数据，包括产品、原材料、库存、运输、销售等各方面的信息。

（2）数据清理和准备。在收集到原始数据后，需要进行清洗和预处理，去除重复、异常或无效的数据，并进行归一化和标准化处理，以便进行后续分析。

\ 商业模式创新

（3）数据分析。这一步骤可以采用多种方法，如简单趋势分析，了解供应商及时交货情况；多维分解，从多个角度对指标进行拆解；转化漏斗分析，按照转化路径分析总体和每一步的转化情况；用户分群，针对有特定行为的供应商群组进行分析；细查路径，观察供应商的行为轨迹等。

（4）数据可视化。使用图表、统计等方式将数据进行可视化展示，有助于更好地理解和分析数据。

（5）模型运用。通过运用数据分析模型，如预测模型、回归分析、聚类分析等，来探索和发现供应链中的潜在问题或机会。

（6）诊断和解决问题。根据分析结果，诊断供应链中存在的问题，并提出解决方案。可以使用数据模拟和场景实验等方法来验证解决方案的可行性和效果。

（7）持续优化。持续运用更先进的数据分析技术和工具，对供应链的运营和管理进行优化，提高效率和效益。

第三章

高新技术与商业模式创新

\ 商业模式创新

> **一、目的与要求**
> 1. 理解大数据及其与商业模式创新的关系；
> 2. 掌握云计算及其与商业模式创新的关系；
> 3. 掌握物联网及其与商业模式创新的关系；
> 4. 掌握虚拟现实技术、人工智能及其与商业模式创新的关系。
>
> **二、教学内容**
> 1. 大数据的内涵特征及其对商业模式创新的影响；
> 2. 云计算的内涵特征及其对商业模式创新的影响；
> 3. 物联网的内涵特征及其对商业模式创新的影响；
> 4. 虚拟现实技术、人工智能的内涵特征及其对商业模式创新的影响。

第一节　大数据与商业模式创新

一、大数据的背景与现状

俞东进、孙笑笑、王东京（2022）提出，大数据已经成为当今经济社会领域备受关注的热点之一。在网络能力提升、居民消费升级和四化（工业化、信息化、城镇化和农业现代化）加快融合发展的背景下，新技术、新产品、新内容、新服务、新业态不断激发新的消费需求，而作为提升信息消费体验的重要手段，大数据已在各行业领域获得广泛应用。下面从技术、应用和安全三个方面对当前大数据的发展现状进行梳理。

（一）大数据技术

大数据的生命周期一般分为四个阶段：大数据采集、大数据预处理、大数据存储和大数据分析。这四个阶段中所涉及的技术和解决方案共同组成了大数据技术。

（二）大数据应用

近年来，随着大数据技术的逐渐成熟，大量成功的大数据应用不断涌现，包括工业、金融、餐饮、电信、能源、生物和娱乐等在内的社会各行业都已经显现融入大数据的痕迹。尽管大数据已经在很多行业领域的应用中崭露头角，但就其效果和深度而言，当前大数据应用尚处于初级阶段，根据大数据预测未来、指导实践的深层次应用将成为未来的发展重点。未来，随着应用领域的拓展、技术的提升、数据共享开放机制的完善，以及产业生态的成熟，具有更大潜在价值的预测性和指导性分析应用将是发展的重点。

（三）大数据安全

在当今数字化时代，大数据已经成为一种核心资源，广泛应用于商业、医疗、金融、政务等各个领域，它为社会发展带来巨大机遇的同时，也伴随着诸多数据安全隐患。主要体现在以下三个方面：

（1）技术漏洞带来的数据泄露风险。大数据系统包含复杂的软件架构、数据库管理系统等，其中可能存在的代码漏洞，如 SQL 注入漏洞、缓冲区溢出漏洞等，容易被黑客利用。黑客可以通过这些漏洞绕过安全防护机制，非法访问数据库中的敏感数据，例如用户的个人信息，包括姓名、身份证号、银行卡号等。还有如内部人员威胁，此外，在企业或组织内部，一些员工可能由于经济利益、疏忽或者恶意报复等原因，将内部掌握的大数据资源泄露出去，数据管理员可能会私自将公司的客户数据出售给竞争对手，或者运维人员在离职时恶意删除重要数据，造成数据完整性和可用性的破坏。

（2）数据滥用带来的商业风险。许多互联网企业为了精准营销目的，过度收集用户数据。一些移动应用在用户下载安装时，要求获取大量不必要的权限，如读取通讯录、短信内容等，然后将这些数据用于用户画像构建，推送大量与用户需求并不完全匹配的广告，严重侵犯了用户的隐私。

（3）数据篡改导致的完整性和可用性威胁。分布式拒绝服务（DdoS，Distributed Denial of Service）攻击是大数据系统面临的常见威胁之一，攻击者通过控制大量的僵尸网络节点，向大数据服务器发送海量的请求，导致服务器资源耗尽，无法正常提供服务。这不仅影响数据的可用性，还可能在一些关键业务场景下，如金融交易系统中，造成巨大的经济损失。此外，数据篡改。恶意攻击者可能会入侵大数据系统，篡改其中的数据，在供应链管理系统中，篡改货物的库存数据或者运输信息，导致企业的运营混乱，影响整个供应链的效率。

二、大数据的发展趋势

未来五年，大数据市场依旧会保持稳定增长，一方面是政策的支持，另一方面得益于人工智能、5G、区块链、边缘计算的发展。随着融合深度的增强和市场潜力不断被挖掘、融合、发展，给大数据企业带来的益处和价值日益显现。大数据的主要市场机会集中在各实体企业对海量数据的处理、挖掘应用上，而这些应用必然带动"数据存储设备和提供解决方案""大数据的分析、挖掘和加工类企业"等环节的爆发性发展。中国经过几年的探索和尝试，基础设施建设已经初步形成，数据的重要性和价值也逐

\ 商业模式创新

渐获得共识，数据治理、数据即服务、数据安全将受到广泛关注。因此，未来五年大数据软件和服务的支出占比将进一步扩大，而相关硬件市场将保持平稳增长。

（一）技术发展趋势

① 数据分析领域快速发展；② 广泛采用实时性的数据处理方式；③ 与云计算的关系愈加密切；④ 开源大数据商业化进一步深化；⑤ 大数据一体机将陆续发布。

（二）产业发展趋势

（1）大数据和实体经济深度融合。

近年来，大数据与实体经济融合发展的步伐不断加快，以大数据为代表的信息技术在企业、行业和区域等各个层面深层次渗透，并产生了较为深远的影响。例如，大数据与工业行业的深度融合推动产业质量效益持续提升，并引领工业向智能化生产、网络化协同、个性化定制、服务化延伸融合升级；未来，大数据产业发展层次将从企业级创新应用向行业级创新应用深化，数据效能将加速释放，助推生产方式创新、生产率提升和商业模式产业化，支撑实体经济加速转型升级。

（2）大数据与区块链融合发展。大数据与区块链融合发展的趋势主要体现在以下三个方面。第一，技术创新。未来大数据与区块链技术将不断融合创新，产生更多新型应用场景。第二，产业生态建设。产业链上下游企业将共同推动大数据与区块链技术的融合，构建完善的产业生态。第三，政策支持。随着融合技术的应用价值逐渐凸显，政府将出台更多政策支持其发展。

（3）大数据在政府治理领域将得到广泛应用。政府掌握着大量高密度、高价值数据，如医疗数据、人口数据等。政府数据开放是大势所趋，将对整个经济社会的发展产生不可估量的推动力。基于区块链的数据脱敏技术能保证数据私密性，在保护居民信息安全的前提下为数据开放提供了解决方案。数据脱敏技术主要采用了"哈希"处理等加密算法。当数据被"哈希"后放置在区块链上，使用数字签名技术，就能够让那些获得授权的人们对数据进行访问。通过私钥既保证数据私密性，又可以共享给授权研究机构。数据统一存储在去中心化的区块链上，在不访问原始数据情况下进行数据分析，既可以对数据的私密性进行保护，又可以安全地提供给全球科研机构、医生共享，作为全人类的基础健康数据库，对未来解决突发疾病、疑难疾病带来极大的便利。

范炜（2024）认为，AI 作为技术创新集大成者，其发展符合技术演进一般规律和技术组合效应规律。大数据和云计算为 AI 提供了大数据量和大算力。大数据（数据资源）、云计算（算力资源）与 AI（算法/模型资源）三者构成了智能化实现的三角形结构，相互依存，共同发展。在数据中国建设中，国家在文化数字化和文化遗产创新性发展与创造性转化方面，陆续颁布和制定了一系列重要政策、意见与办法，为文化遗产数据资源体系构建与智慧数据生成提供了行动参考。文化数字化进程正以文化大数据体系建设稳步推进。

吴信才（2018）通过对时空大数据的机遇和挑战的研究提出，随着以移动互联网、物联网、人工智能、大数据、云计算等为代表的信息通信新技术的不断发展和日益融合，云时代也日益凸显出技术融合的特征。由人工智能（artificial intelligence）、大数据（big data）和云计算（cloud computing）组成的"ABC金三角"将给各行各业带来新的发展契机。

三、大数据的特点及其意义

（一）大数据的特点

杨正洪（2014）认为，全球数据发展进入大数据时代，呈现海量化、多样性和快增长特征。它有下面三个特征（3V）：

Volume：数量大。比如：Twitter的1.75亿用户每天创建9 500万条微博，Facebook每天在30万台服务器上处理25 T6数据，YouTube每天上传168Tb视频，孟非有3 000万新浪粉丝，移动通信每天产生数亿数据，环境监测设备每天采集上亿环境数据。

Velocity：时效性要求高，数据被创建和移动的速度快。

Variety：种类和来源多样化，包括结构化/半结构化/非结构化、关系数据库/数据仓库/互联网网页等数据类型。为工业企业经营策略研究提供借鉴。

俞东进、孙笑笑、王东京（2022）提到，大数据并无统一的定义。但是，一般来说，大数据泛指无法在一定时间内用传统信息技术和软硬件工具对其进行获取、管理和处理的巨量数据集合，具有海量性、多样性、时效性及可变性等特征，需要可伸缩的计算体系结构以支持其存储、处理和分析。大数据的特点可以用多个V来概括，其中最被认可的是以下四个V：规模性、多样性、高速性和价值性。

总之在数字化、信息化推动社会快速发展的时代，各行业都积累了海量的数据资源。大部分数据是非结构化数据，由于非结构化数据的格式和标准不一，如何有效利用这些多源异构数据为工业企业经营决策提供支持有重要的意义。大数据相关技术可以通过数据采集、数据存储、数据分析和数据应用等环节对不同来源、不同类型的数据进行有效处理，结合机器学习等人工智能技术，可大幅提升工业企业对数据的处理效率与分析能力。

（二）大数据的应用价值意义

陈海滢、郭佳肃（2016）通过对大数据的应用研究提出大数据具有以下应用价值：

（1）实现定量分析。定量思维不直接对事物进行简单的最后定性，而是通过数据描述事物特征，从多方面进行数量上的科学分析，这样得出的结果更加客观可靠。

\ 商业模式创新

（2）提升认知精度。大数据的应用价值不在于它"大"，而恰恰在于"大中见小"，它避免了传统的抽样统计方法对局部分析的弊端，从而使我们可以更加准确地通过整体对部分进行分析，如同提高了我们认识世界的"分辨率"。

（3）发现相关联系。相关性是人们认识世界的基础，相关分析因其具有可以快捷、高效地发现事物间内在关联的优势而受到广泛关注，并有效地应用于推荐系统、商业分析、公共管理、医疗诊断等领域。

（4）揭示潜藏规律。通过利用大数据技术，可以预测自然、天气的变化，预测个体未来的行为，甚至预测某些社会事件的发生。它会让我们的生活更为从容，让决策不再盲目，让社会更加高效地运转。这就是大数据技术带给我们的好处。

（5）预测趋势和行为。大数据预测拉近了可能与现实的距离，使我们有能力逐步做到将好的可能变成现实，将不好的可能性不变为现实。大数据已成为连接未来世界和现实世界之间的桥梁。

（6）优化决策和资源配置。更加量化的分析、更加精细的判断、更为清晰的规律、更为准确的预测，这些都是大数据直接带给我们的价值，然而归根结底，大数据的价值体现在对决策和资源配置的优化上，提升的是人们的决策能力和资源配置能力。

（三）大数据与商业模式创新

1. 数据分析与商业模式创新

王依婷（2024）指出，随着互联网、物联网、云计算等新兴数字技术的发展和应用，人类社会迎来了数字时代，大量的数据和信息被产生、收集、存储和分析，为各行各业带来了新的机遇和挑战。在这样的背景下，企业作为社会经济活动的重要主体，面临着如何利用大数据提升自身管理水平和竞争力的问题。传统的企业管理模式已经不能适应数字时代的变化，需要进行创新和转型，以适应大数据环境下的市场需求和客户行为。

刁翔（2019）提到，随着大数据理念逐渐深入人心，我国各个行业主体机构都或多或少的有了利用这一神奇工具的想法，我国的多位学者也就大数据对数据统计、决策分析、企业经营等方面带来的影响和转变作出了分析和预测（张鑫，2018；马建堂，2019；胡湉悦，2019；汪磊，2018；万鹏，2017）。

现代化企业的经营过程中，会在各个环节产生海量的数据，这不仅为企业经营管理提供了更多的依据和更多的可能，也是对企业数据运用能力的一种巨大考验。目前我国企业对于大数据的应用较为擅长的多为互联网公司、科技公司等高新技术产业，对于一些传统公司来说，基于某些历史原因，大数据理念的发展难免有些水土不服，无法完全发挥它应有的功效。

时下我国数据分析主要应用的工具为数据仓库。不同于处理基本日常事务的数据库，数据仓库是一种静态的数据集合，它是一种针对特定数据主题，集成了全部历史数据并加以分析的决策支持工具（郝雅萍，2018）。数据仓库是建立在企业经营历史数据的基础上的，它可以包含企业经营的全部历史数据，通过特定的组织管理方式形成了数据分析的基础，当我们依据企业的经营管理需求来设计数据挖掘的方式与相关报表或可视化图形结论之后，数据仓库就能为管理者的经营决策提供事实帮助（祝峰，2010；吴卫国，2015）。

2. 产业大数据与商业模式创新

杨正洪（2014）提出，大数据分析应用能够带来巨大的经济价值和社会价值。对于产业发展而言，大数据可以实现应用创新、降低行业内的生产成本并创造新的产业价值。咨询机构麦肯锡（McKinsey）于2012年发布的《大数据：创新、竞争和生产力的下一个领域》文章上表明，基于个人位置数据进行的大数据分析服务每年产生的价值高达7 000亿美元，其中通信服务商获得的营收约占1 000亿美元，节省的能源费用、降低的物流成本以及当地目标商户的服务收入等约能实现6 000亿美元的价值。在零售业、制造业、医疗和公共部门，使用大数据同样可以加快产业规模的增长速度，降低生产运营成本。

侯卓延（2024）指出，数字经济时代在保持原有产业优势基础上，可以应用产业互联网平台与其他生产要素相结合，从技术创新产品设计到数字营销理念，参与解决黑龙江省传统产业结构、盈利模式、销售渠道单一的难题；大数据背景下能够打破时空界限将全球市场不分地域紧密联系在一起，通过大数据有利于分析国内国际双循环主体市场未来前景并预计市场发展规模，围绕人工智能、区块链、虚拟现实等数字技术前沿和国际国内市场需求，以人工智能、大数据、工业互联网等新一代数字技术创新应用为主引擎，以数字产品制造、软件和信息技术服务等前沿新兴数字产业化培育壮大为主动力，对数字经济核心产业发展方向进行前瞻布局。

第二节　云计算与商业模式创新

云计算对商业模式创新的影响主要体现在以下几个方面：

（1）催生灵活商业模式：云计算提供了按需付费模式，企业无须前期投入大量资金购买硬件和软件，只需为实际使用的资源付费。这种弹性定价模式降低了创业和创新的门槛，让企业轻松扩展或收缩其资源使用。

（2）扩大市场范围：云端应用程序使得企业能够在全球范围内提供服务，扩大了市场覆盖范围。

（3）促进协作创新：平台生态系统促进了企业间的协作创新，通过开放式 API

\ 商业模式创新

（Application Programming Interface，应用程序编程接口）集成，允许第三方应用程序和服务与云服务无缝连接，促进了创新和协作。

（4）优化决策：数据驱动的洞察帮助企业优化决策，通过分析大量数据，企业能够更好地了解市场趋势和消费者需求。

（5）加速产品开发：云原生应用加速了产品开发过程，使得企业能够更快地将新产品推向市场。

（6）颠覆传统商业模式：数字转型使得企业能够颠覆传统的商业模式，创造出全新的业务模式和收入来源。

（7）赋能新兴商业生态：云计算为企业提供了强大的计算能力和存储资源，支持了新兴商业生态的发展。

综上所述，云计算通过提供弹性的资源分配、全球化的服务覆盖、开放的创新平台、数据驱动的决策支持、加速的产品开发周期以及对传统商业模式的颠覆，极大地推动了商业模式的创新。

一、云计算的特点和类型

（一）云计算的特点

杨正洪（2014）通过对云计算平台的研究提出云计算具有以下 7 个方面的特点。

（1）数据在云端：用户数据存储在云数据中心，直接通过用户终端设备编辑修改，不怕丢失，不必备份；

（2）软件在云端：应用软件安装在云平台，不必下载，自动升级；

（3）无所不在的计算：在任何时间，任意地点，任何设备（包括手机）通过 Web 登录后就可以进行计算服务；

（4）无限强大的计算：利用各级服务器进行运算，可以假定无限空间和无限速度；

（5）使用简单：通过互联网、移动互联网，用 Web 浏览器；

（6）功能强大：弹性服务，种类多样，按需定制；用户多元：政府、企事业单位、个人均可使用；

（7）资源共享：每个用户都可以是服务使用者和提供者。

通过云计算，用户方便地访问云上的可配置计算资源共享池（比如网络、服务器、存储、应用程序和服务）。它的商业模式是按需计费，强调需求驱动，用户主导，按需服务，即用即付，用完即散，不对用户集中控制，用户不关心服务者在什么地方。它的访问模式是使用互联网。用户依托互联网，让强大的信息资源，包括存储资源、计算资源、软件资源、数据资源和管理资源为我所用。它的技术模式是可扩展、弹性和共享。这个模式具有规模经济性，高效率和动态共享。数据越多，用户越多；需求越多，服务越多；滚动增长。

（二）云计算的种类

俞东进、孙笑笑、王东京（2022）提出，云计算包括三种典型的服务模式，即 IaaS（Infrastructure as a Service，基础设施即服务）、PaaS（Platform as a Service，平台即服务）和 SaaS（Sofbware as a Service，软件即服务）。IaaS 将基础设施作为服务出租，向个人或组织提供虚拟化计算资源如虚拟机、存储、网络和操作系统。PaaS 把软件平台作为服务出租，为开发、测试、管理和应用软件程序提供需要的环境。SaaS 把软件作为服务出租，帮助客户更好地管理项目，确保应用的质量和性能。

（三）云计算的优缺点

许威广、罗娜、张倩、汤来锋（2024）通过云计算技术的电路与电子技术教学模式研究发现，相比传统教学模式，基于云计算技术在电路与电子技术教学中具有以下优势。

（1）灵活性和便捷性。
（2）资源共享和更新。
（3）实验虚拟化和远程操作。
（4）个性化学习支持。
（5）互动和合作平台。
（6）数据分析和个性化反馈。
（7）远程教学和跨地域合作。

罗超、涂宴然、王志辉（2014）提出，云计算平台在利用虚拟化技术的同时，通过调度策略的相关调度，可以使得用户从庞大的系统资源池中连接起来提供大量不同需求的 IT 服务，为了让用户实现大规模并行计算与数据共享操作能力，系统可以提供其需要的虚拟计算和存储资源，并且是以动态个性化的方式来提供。云计算下的数据库的研究目前少有合作研究开发，研究机构和开发公司一般进行各自独立的开发和研究，目前应用较多的是 database.com 和 SQL Azure 数据库。

database.com 云数据库是首个真正意义上的开放式数据库，现在广泛应用在各种社交网络以及云存储数据库。而 SQL Azure 数据库以 Windows Azure 为基础，以 SQL Server 2008 中物理结构和逻辑结构为主，建立了应用广泛的云数据库服务。虽然它仍是一种关系型数据库，但是它的特点在于实现了云存储，将应用程序数据存储的服务提供给网络。但由于以上这些"云数据库"都是独自开发，只能适用开发者的数据库体系标准，对现存的各种异构数据库缺乏支持，致命缺陷在于标准不同。

杨晴（2023）提到，目前，现有研究对云计算的解读主要是从资源基础观、组织与 IT 二元性、交易成本、动态能力和吸收能力等理论基础出发，然而云计算在供

\ 商业模式创新

应链背景下的应用会涉及供应链上下游的多方主体，例如供应商、核心企业、销售商、顾客和云服务提供商等，需要打通多方成员之间的 IT 架构才能更好地协调企业间的业务联系，而以上理论不能很好地解释云计算在供应链跨组织间的作用机理。同时，目前还未发现有学者应用资源编排理论和组织能力层级理论对云计算进行相应的研究。

总之，云环境具有分布广、扩展性高、可靠性强及高度虚拟化的特点，根据这些特点，本模型对各主流数据库都提供支持，并且集成云存储。由于异构数据库具有高并发量访问的特点，模型在这方面可满足用户，在高效率存储和个性化需求方面也提供了接口。

二、云计算的商业模式创新

（一）云计算与用户服务

徐振宏（2024）提到，云计算是一种特殊的分布式运算方法，借助网络云环境，将庞大的数据计算处理程序按需分解成多个小型程序文件，再利用由服务器样机组成的运行系统，对小程序进行深度分析与处理，并将执行结果返回至用户端主机之中。云计算具有与网络计算极其相似的应用特征，在该项技术手段的作用下，数据处理任务的完成时长大大缩短，这也为强大的网络服务功能的实现提供了保障。

杨兵、刘彭赓、杨岢、王卫（2024）提出，核心云服务面向用户响应和满足用户的全部需求，其位于互联网云计算平台之上。一方面接收其他系统传递过来的关键信息数据，另外一方面响应用户的服务请求，自身直接处理或者调用其他云服务或本地服务进行信息处理，如有必要，根据云服务之间的信任协议，将功能的实现直接移交给其他服务方。被服务方的来源可能是 PC 桌面应用程序或 Web 页面，也可能是移动客户端 App 或 H5 应用，还有可能是第三方接口的调用。服务的完成由核心云服务直接响应和结果反馈，核心云服务为用户提供直接的业务功能服务，屏蔽其他云服务的网络及交互的差异。

曹晶（2015）提出，利用云计算建设数字文化馆，可以充分利用自身的文化资源特色，将日常的文化信息和关于某一文化领域内较为专业且全面的文化资源集中起来，向不同地域的用户提供查询，不受时间与空间的限制。其后台可通过专门软件实现自动管理，无须人为参与，用户通过动态申请部分资源，支持各种应用程序的运转，无须用户为琐碎的细节而烦恼，这样能使用户更加专注于自己的业务，有利于提高效率、降低成本和技术创新。目前，作为公共文化服务的重要普及场所，江苏省内各级公共电子阅览室已经开始逐步应用以此技术为基础的管理平台，方便各级单位开展公共电子阅览服务。

综上所述，随着技术手段的发展，云计算已经不仅只是一种简单的分布式计算方法，而是兼具了负载均衡、网络存储、信息备份等多项应用功能的综合性运算方法，这也为强大的网络服务功能的实现提供了保障。特别是在因特网体系的配合下，云计算还可以按需配置相关网络数据资源，从而为用户对象提供多样性与个性化服务。

（二）云计算商业模式创新的种类

王耀福（2021）根据研究分析发现，云计算商业模式创新包括如下三类：

（1）完善和优化现有的云计算商业模式实现微创新。这种创新将云计算的基础设施、平台和软件构成的三种商业服务模式在现有资源基础上进行微小的调整和创新，使之更加合理。通过企业的动态感知能力获取市场对云计算服务的需求趋向，从三个维度和层次满足市场需求，基于客户需求不断升级和迭代现有云服务，完善现有商业模式，扩大市场份额，逐渐给顾客提供质量更好的产品服务。通过技术的渐进式发展，积累诸多微小创新，实现云计算服务的外延式发展和微创新。

（2）颠覆性、创造性的云计算商业模式创新。颠覆性表示对原有模式的一种破坏，通过全盘改造原有模式形成一种创造性的全新商业模式，重新设计价值主张、盈利模型和价值网络。企业通过战略分析，动态感知，结合国家的信息产业政策，重新定义行业场景和产品及服务类型，以及基于云计算服务的行业数字化改造来满足用户的需求。云计算是实现产业数字化的基础能力，云计算和视频场景的结合，可实现动态可伸缩的数字化会议、在线教育、社交等服务。

结合未来的 5G 技术会进一步地颠覆会议、教育等的现有形式，打破人们在时间和空间上的限制。这种新的商业模式中，云计算和智能终端相结合，通过重云端轻客户端的方式为客户提供全行业的云服务。云计算服务的使用者可以随处通过数字化终端、设备以及智能芯片等和云服务连接，实现信息流、价值流的全双工分布式连接和交互。

（3）改良性的云计算商业模式迭代创新、完善性创新。是微小的迭代创新、颠覆性创新，具有破坏性，改良性创新是在完善性创新的基础上保留有利于企业商业模式创新的因素，剔除不利于企业发展的部分，但不会大幅度地破坏原有的模式和体系，也是一种循序渐进的持续迭代和改进的创新过程。

此外，在价值主张、盈利模型和价值网络中的两个方面进行改良，在云计算中软件即服务是否可以升级为数据即服务，为不同顾客提供不同维度的数据服务，将数据和业务的软件服务框架相结合，与合作伙伴一起动态地为顾客提供灵活的个性化定制的数据服务。云计算以产品技术为核心驱动的商业模式创新包括：价值主张和盈利模型相结合的产品服务方向和收入模型的创新升级。

\ 商业模式创新

第三节　物联网与商业模式创新

一、物联网的特点及其产业链结构

(一)物联网的特征与层级

物联网(Internet of Things)是通过装置在各类物体上的各种信息传感设备,如射频识别(RFID)装置、二维码、红外感应器、全球定位系统、激光扫描器等各种装置与互联网或无线网络相连而形成的一个巨大网络。其目的是让所有的物品都与网络连接在一起,方便智能化识别、定位、跟踪、监控和管理。

物联网应该具备三个特征,一是全面感知;二是可靠传递;三是智能处理,利用云计算、模糊识别等各种智能计算技术对海量的数据和信息进行分析和处理,对物体实施智能化的控制。另外,实现物联网的无线通信网络现在已经覆盖了城乡,而云计算技术的运用也使得数以亿计的各类物品的实时动态管理成为可能。

从技术架构上来看,物联网可分为三层:感知层、网络层和应用层。

1. 感知层

由各种传感器以及传感器网关构成,包括温度传感器、湿度传感器、二维码标签、RFID 标签和读写器、摄像头、GPS、二氧化碳浓度传感器等感知终端。感知层的作用相当于人的眼耳鼻喉和皮肤等神经末梢,它是物联网识别物体和采集信息的来源。

2. 网络层

由各种私有网络、互联网、有线和无线通信网、网络管理系统和云计算平台等组成,相当于人的神经中枢和大脑,负责传递和处理感知层获取的信息。网络层也叫传输层,即通过现有的互联网络、广电网络、通信网络或未来的 NGN 网络,实现数据传输。

3. 应用层

物联网和用户(包括人、组织和其他系统)的接口,它与行业需求结合,实现物联网的智能应用。应用层包括应用基础设施/中间件和各种物联网应用。应用基础设施/中间件为物联网应用提供信息处理、计算等通用基础服务设施、能力及资源调用接口,以此为基础实现物联网在众多领域的应用。这些应用可以基于现有的手机、PC 等终端进行。

（二）物联网的发展与应用

华晓炜（2023）提出，物联网可以实现物物相连、物人相连、人与人之间在任何时间、地点的有效连接以及跨平台的信息共享。近年来，物联网已经不可否认地成为了一种新的趋势，交通设施和公共设施，甚至移动设备和家用电器等都可以用作物联网中的数据采集设备。由传感器、软件应用程序等数据采集设备不断生成的数据量也在飞速增长。

戴勇（2013）提出，物联网（Internet of Things）是将各种信息传感设备，如 RFID、红外感应器、全球定位系统、激光扫描器等各种装置与互联网结合起来而形成的一个巨大网络，被认为是继计算机、互联网与移动通信网之后世界信息产业的又一次浪潮。RFID 已经在航空、建筑、食品安全、物流供应链、采矿、图书馆、零售、市政废弃物管理、动物保护、医疗、服装、博物馆等十几个行业得到了充分应用。

物联网作为一种新的信息传播方式必将对文化领域带来变革性的影响，正如互联网刚兴起时所产生的对文化产业的冲击，一旦物联网全面铺开，它所带来的产业价值至少要比互联网大 30 倍（Forrester Research）。物联网使文化传播的途径从人与人之间拓展到人与物、物与物之间，而且，传播的领域几乎渗透到人们生活的各个层面，传播的内容更加丰富。在我国发展文化产业的大背景下，如何结合物联网技术实现文化产业创新发展就成为一个现实的话题。

日本政府相继制定了 E-Japan、U-Japan、I-Japan 等多项国家信息技术的发展战略。中国早在 1999 年组建了 2 000 多人的团队，启动了传感网研究。2009 年，中国首次提出"感知中国"的概念，正式将物联网作为国家五大新兴战略性产业之一，在国内受到重视。当前，中国在物联网产业上已经形成和拥有技术、材料、器件等一系列的产业链，物联网技术也已经应用于智能交通、智能家居、智能消防、环境监测、工业监测、健康监测等多个领域。

二、物联网与商业模式创新

（一）物联网商业模式创新涉及领域

杨正洪（2014）通过对物联网的应用领域的研究提出，物联网可以应用于供应链管理、生产过程工艺优化、设备监控管理以及能耗控制等各个环节，目前在钢铁、石化、汽车制造业有一定应用，此外在矿井安全领域的应用也在试点当中。

农业领域，物联网尚未形成规模应用，但在农作物灌溉、生产环境监测（收集温度、湿度、风力、大气、降雨量，有关土地的湿度、氮浓缩量和土壤 pI 值）以及农产品流通和追溯方面，物联网技术已有试点应用。

\ 商业模式创新

在工业自动化生产线等诸多领域，英特尔正在对工厂中的一个无线网络进行测试，该网络由 40 台机器上的 210 个传感器组成，这样组成的监控系统可以大大改善工厂的运作条件。它可以大幅降低检查设备的成本，同时由于可以提前发现问题，因此能够缩短停机时间，提高效率，并延长设备的使用时间。尽管无线传感器技术目前仍处于初步应用阶段，但已经展示出了非凡的应用价值，相信随着相关技术的发展和推进，一定会得到更大的应用。

（二）物联网商业模式创新与产业优化

张立军（2015）提出，我国物联网产业的发展在促进中国产业结构的优化方面发挥着积极作用。物联网产业与第三产业的灰色关联度最高（0.768 9），第二产业次之（0.753 8），第一产业最低 0.627 7）。因此，物联网产业的发展能够显著促进我国产业结构向着以第二产业和第三产业为主体的理想状况演进。

此外，物联网产业与制造业内部行业平均关联度为 0.790 2，与农副食品加工业、汽车制造业、通用设备制造业等行业的关联度均高于 0.800 0，说明物联网产业可以通过自身的技术渗透作用，提高制造业行业附加值，促进制造业的转型；物联网产业与服务业内部行业平均关联度为 0.672 0，物联网产业对金融业、批发和零售业、房地产业及科学研究、技术服务和地质勘探业影响较大，关联度均高于 0.690 0，可以看出物联网技术的应用可以有效促进第三产业内部结构的高级化。从关联程度可以看出，物联网对产业结构优化的支持力度，但是支持力度有待进一步提高，这就需要物联网产业进一步发展，从而更好地促进产业结构优化。

▶ 第四节　虚拟现实技术（VR）、人工智能（AI）与商业模式创新

一、虚拟现实技术（VR）的特点及影响

（一）虚拟现实技术的内容

AR 技术可以对现实世界进行实时渲染，并对渲染效果同步，同时实现虚拟内容与周围环境的交互，这些特性使得 AR 技术传递视觉信息更加直观，更能吸引眼球并且极具效率。在这一基础上，运用 AR 技术可以让以往只能通过样品才能看到的实际效果通过设计方案呈现出来，并且真实还原场景、产品的光影、质感、纹理等细节效果。例如地产、家装领域的 AR 应用，可以将户型结构和家具模型在现实环境中实时渲染。江溶（2023）认为，虚拟现实类技术包括 AR、VR、MR，总体来看是在不同程

度上对现实的一种虚拟扩展。AR（Augmented Reality）是增强现实，是虚拟扩展的初级层面，它是在现实的基础上增加虚拟信息，比如通过设备在实物上叠加虚拟形象。游戏《精灵宝可梦 GO》就是一款虚拟现实类游戏，玩家可以通过手机扫描周边环境，"宝可梦"会随机出现周围的真实事物，然后玩家可以在手机终端上进行 AR 实景捕捉，这种新奇的玩法一时之间火爆网络。

VR（Virtual Reality）比 AR 更上一层楼，呈现的是完全的虚拟世界，但是又具有超真实感和沉浸感，玩家通过观看或佩戴设备进入虚拟空间，观赏异地风光，体验飙车、滑雪、星空等各种活动，由此衍生出的线下 VR 体验店也是深受消费者喜爱，成为大众日常娱乐的高频选择。MR（Mixed Reality）是混合现实，将现实世界和虚拟世界合二为一，同时呈现现实事物和虚拟事物并进行互动。MR 是虚拟现实技术的进一步发展，但目前来看，技术发展并不成熟，在经济领域应用比较多的还是 AR、VR 技术。

张婷（2022）认为，VR 技术是以计算机技术、AI 技术、传感技术、仿真技术等高科技为支撑，借助眼镜、体感设备，通过三维模拟的虚拟现实世界，带给用户身临其境的沉浸感和互动体验，具有沉浸性、交互性、构想性等特点。用户除了可以获得视觉、听觉、触觉等真实感知体验外，还能通过传感设备与虚拟对象进行互动。

（二）虚拟现实技术的特点

（1）沉浸感强：虚拟现实技术通过视觉、听觉、触觉等多个方面的模拟，使用户能够身临其境地感受到虚拟世界中的事物，从而建立一种强烈的沉浸感。

（2）交互性高：虚拟现实技术使用户可以在虚拟世界中进行各种活动，与虚拟环境中的事物进行互动，增强了用户的参与感和满足感。

（3）实时性强：虚拟现实技术能够实时响应用户的行为和操作，让用户感到虚拟和现实之间不存在明显的时间差距。

（4）创造性强：基于计算机绘图和模拟技术，虚拟现实技术可以创造出各种想象中的事物和场景，让用户能够体验到更加丰富和独特的感受。

（5）跨领域应用广泛：虚拟现实技术不仅在游戏方面有应用，还在医疗、军事、娱乐、教育以及建筑等领域得到了广泛应用，用于模拟、培训和演练，以提升效率和安全性。

（三）虚拟现实技术的产业链结构

主要包括以下几个环节：

（1）硬件：这是虚拟现实产业链的基础，涵盖了 VR 技术使用的整机和元器件，包括核心器件（如芯片、传感器、显示屏、光学器件等）、终端设备以及配套外设。这些硬件的性能在很大程度上决定了用户的体验。

（2）软件：软件环节则包括系统软件和工具软件，用于支持和管理虚拟现实设备的运行，以及提供内容制作和编辑的工具。

\ 商业模式创新

（3）内容制作与分发：这个环节涉及虚拟内容的生成、制作和分发，包括各种游戏、电影、教育应用等。

（4）应用及服务：这是产业链的最终环节，包括消费级应用（如线下娱乐、电竞、虚拟形象等）和企业级应用（如医疗健康、地产家装、电子商务、工业生产等）。

虚拟现实产业链的每个环节都紧密相连，相互依赖，共同推动了虚拟现实技术的发展和应用。随着技术的不断进步和市场的扩大，虚拟现实产业链的各个环节也在不断地发展和完善。

（四）VR技术在视觉传达设计领域的重要性体现

（1）提供了新的模式，传统的平面设计被局限于二维，VR技术使得设计立体了，是一种新模式，给设计带来了更多的可能性，特别是带给用户不同的体验，不仅仅是视觉上的冲击，更是听觉、触觉等多维度的体验。且让作品从静态到动态生动、多维度地展示自身，不仅仅是利用文字、图示，更多地承载了声音，这对于改变传统媒体工作方式来说更是一个机会。

（2）提供了新的传播方式，之前无论是资料还是信息表达基本上都是单向的，但是VR的出现改变了传播方式，它是双向的，受众可以通过传感设备来将自己的情绪、想法传达给设备。

目前理念正在随着时代的变迁、科技的改变而发生剧变，新技术的运用提高了设计的运用，古时大家只能靠笔、石材等原始材料进行创作，但现在不是了，人们开始结合更多新型材料及设备进行创作，不再只局限于平面的设计创新。1851年，英国约瑟夫·博克斯设计的"水晶宫"在国际工业博览会上第一次展示就是很好的例子。人们开始思考艺术与技术之间的融合，艺术家们开始追求创新，打开了现代设计的大门。现在出现的VR技术一样，也是一场变革，如何能在这里发光发热便是艺术家们毕生所追求和向往的。

（五）AR技术在应用领域的优势

1. 实时可视化

AR（Augmented Reality）：增强现实是一种全新的人机交互技术，利用这样一种技术，可以模拟真实的现场景观，它是以交互性和构想为基本特征的计算机高级人机界面。使用者不仅能够通过虚拟现实系统感受到在客观物理世界中所经历的"身临其境"的逼真性，而且能够突破空间、时间以及其他客观限制，感受到在真实世界中无法亲身经历的体验。

在目前的技术条件下，基于标记的AR技术已非常成熟，实现起来较为简单，由于基于标记的AR具有虚拟信息与现实内容特定匹配且实时性强的特点，稍作延伸便可用于为当前的现实对象提供虚拟信息的补充。例如，在我们的受众参观园区的某个场地或某项设施时，就可以不需要大量展板等介绍信息堆积，而是利用 AR 技术将场地信息和专门介绍以虚实结合的方式显示到一个画面中。当用户参观机房时，可以通过 AR 扫描在外墙玻璃看到机房的建设时间、技术规格、具体用途以及有何创新点等，甚至可以虚拟体验工作场景。此外，AR 补充的上下文信息并不局限于枯燥的文字或图形，而是能够以动画、视频等更生动的形式呈现，通过动态表现和人机交互的形式更加吸引受众的注意力，从而达到更好的信息传递效果。

2. 身临其境地体验

如今全媒体讲究全屏化，视觉传达很大一部分比例都是通过读屏实现，大量的信息通过屏幕来传递。AR 技术结合可穿戴设备，能够把虚拟的界面和信息直接融入真实世界，这种全新的融合方式让数字世界和物理世界之间的边界趋于消失，彻底突破了屏幕传达的局限，完全打开了用户的视野并解放了双手。在 AR 技术的加持下，用户得以自由穿梭在数字世界和真实世界之间，从而将两个世界的精彩融于一体。假设你想要探索史前时代的生活，就可以走到恐龙身边；假设你想要感受宋韵文化，就可以来到"清明上河图"的街头；你也可以在施工现场看到园区从打地基到结顶的全部建设过程，体验每一个环节，这种临场感极强的视觉传达方式相比于读屏无疑效果更好，沉浸感更强，也更能给用户视觉上的震撼。

二、VR 与商业模式创新

（一）VR 与文化产品创新

江溶（2023）提到，文化产品的形式更新带来的是个性化服务，表现在数字技术应用于实体的终端和设备，使其更加智能化。"在 5G 技术与 AI 技术协同下，多元化的文化装备终端延展了用户的文化体验，让人们感受到'三维空间'甚至是'多维空间'下还原的文化信息"，在手机、电脑、平板等传统终端之后，一些智能终端设备被生产出来，像智能手表、头戴式显示设备，等等，它们一般具有便携性、多元性的特点，因此成为广受欢迎的商品。比如 VR 眼镜，用户佩戴好设备之后，可以进入虚拟且具有真实感的空间，并且可以自己选择具体的场景，进行游戏、社交、教学等活动。在生产新型的可穿戴式设备的同时，传感器也更加智能化，可以容纳更多的文化数据，让消费者的使用感、体验感不断升级。

（二）VR 的发展方向与具体特征

2022 年，美国 AR 设备初创企业魔术愿景宣布全球首款 AR 智能隐形眼镜 Mojo Lens 开始进行佩戴测试，这款智能隐形眼镜具有世界上最小、像素点最密集的显示屏，

\ 商业模式创新

低延迟的通信技术和超精准的眼动追踪系统，售价或相当于一部高端智能手机，这表明智能设备也在不断进化，朝着更便捷、更小型的方向发展。

现代技术具有融合性和共享性的特征。融合性表现在两种或两种以上的数字技术相互融合并应用于具体领域，在旅游业，"AI+5G"带来了"智慧旅游"模式，人工智能技术精准掌握消费者需求，5G技术保证数据共享流通，文旅业产生新的发展模式；在视频直播业，"5G+VR"相辅相成，在5G技术大规模商用的基础上，VR技术在直播行业开始广泛应用，出现了VR全景直播以及虚拟类短视频等新业态，VR演唱会、VR比赛转播等形式非常常见。

共享性是指现代数字技术的流通性很强，在各个数字产品之间的推广速度很快，并不存在保密的需要，这尤其体现在数字娱乐产业。正因如此，数字技术成熟的速度也会加快，可以更快地投入应用，可能还会延伸开发出新的技术，完成数字技术的更新换代。

智能终端和AR/VR技术相结合，展现出虚实相融的场景化优势，在了解消费者心理的前提下，商家或文化企业构建出不同类型的智能消费场景，精准匹配消费者的不同文化需求。举例来说，部分博物馆、科技馆已经开始运用虚拟现实技术，创造虚拟情景，最大程度延伸参观者的感官体验，2019年中国国家博物馆举办了"心灵的畅想——梵高艺术沉浸式体验"活动，利用全息投影技术、VR技术、声光技术构建3D场景，重现了梵高的众多艺术作品，为消费者带来了一场无与伦比的艺术体验。新业态在智能技术的依托下，产生了全新的营销模式，在精准内容推送和深度场景体验之外，新业态中的数字文化产品也积极与电子商务、社交网络等进行营销交流，出现了虚拟电商、粉丝经济等营销新模式。

VR旅行是典型的全虚拟文旅业态，包含3D全景技术和VR模拟技术，是一种全新的网络文化消费形式，线上的全虚拟旅行模式打破了传统出行的时空限制，开辟出了一个客观真实空间之外的超真实虚拟空间，省去了消费者舟车劳顿的辛苦和旅行途中繁琐的流程，让大众足不出户便可观赏到各地的美景，是全新的"云旅游""云出行"模式。

三、人工智能的特点及其影响

（一）人工智能的特点

智能化：这是人工智能最显著的特点。通过深度学习、机器学习、自然语言处理等技术，人工智能系统具备了自主学习、推理和解决问题的能力，使得机器能更聪明地执行任务。

自适应性：AI系统能够根据环境和任务的变化进行自主调整和改进。通过对数据的分析，系统能够优化性能，从而适应各种工作场景。

快速处理：基于高速计算和大数据集，人工智能可以迅速处理和决策，从而提高效率，节省成本。

普适性：人工智能包含了多种智能技术，如自然语言处理、图像识别、语音识别等，使其能在多个领域得到应用。

（二）人工智能的影响

工作变革：随着 AI 技术的普及，许多工作可能会被自动化或机器替代，导致部分人员失业或需要转行。

经济增长：AI 技术可以提高企业的生产效率，缩短生产周期，降低成本，从而推动经济增长。

改善生活：在医疗保健、交通出行、教育等领域，AI 技术都能带来显著的改善，提高人们的生活质量。

个人隐私：然而，随着 AI 技术的广泛应用，个人隐私可能面临威胁。因此，需要加强相关法律和规定的制定和实施。

总的来说，人工智能的特点使其在多个领域得到广泛应用，并对社会、经济和生活产生了深远的影响。但同时，也需要关注其可能带来的挑战，如就业问题和个人隐私保护等。

俞东进、孙笑笑、王东京（2022）提出，人工智能（AI）是研究、开发用于模拟、延伸和扩展人工智能的理论、方法、技术及应用系统的一门新兴学科。人工智能作为计算机科学的一个分支，被认为是 21 世纪三大尖端技术（基因工程、纳米科学、人工智能）之一。人工智能的研究领域包括机器人、语言识别、图像识别、自然语言处理、机器学习、计算机视觉和专家系统等。机器学习（Machine Learning ML）是人工智能的核心。

自 20 世纪 80 年代以来，机器学习作为实现人工智能的途径，在人工智能界引起了广泛关注。特别是近十几年来，机器学习领域的研究工作发展很快。机器学习的研究方向主要分为两类：第一类是传统机器学习的研究，主要研究学习机制，注重探索模拟人的学习机制；第二类是大数据环境下机器学习的研究，主要研究如何有效利用信息，注重从巨量数据中提取隐藏的、有效的、可理解的知识。

（三）人工智能在大数据方向的核心技术与主要研究领域

人工智能的研究涉及众多领域，如各种知识表示模式、多样的智能搜索技术、求解数据和知识不确定性问题的各种方法、机器学习的不同模式等。人工智能的研究内容与具体领域密切相关。下面介绍人工智能在大数据方向的核心技术与主要研究领域。

\ 商业模式创新

1. 机器学习

机器学习是人工智能的核心，能够让计算机从数据中获取新知识，并在实践中不断地增强和完善能力，使得计算机在下一次执行同类型任务时获得更好的效果或者更高的效率。在大数据时代下，各行业对智能化的需求持续增加，如何对复杂多样的数据进行深层次的挖掘分析，并通过机器学习算法高效地获取知识，已成为大数据和人工智能领域的一个主要研究方向。

2. 知识发现和数据挖掘

知识发现（Knowledge Discovery）和数据挖掘（Dara Mrmine）是人工智能、机器学习和数据库相结合的产物。如何从大量数据中挖掘有价值的信息并获取数据中的潜在规律与知识并指导工作和生产活动，已成为亟须解决的问题。

3. 专家系统

专家系统（Export System）是依据人类专家已有的知识建立起的知识系统，是人工智能研究中开展最早、最活跃、成效最多的领域。在大数据背景下，专家系统将朝着更加专业化的方向发展，基于海量的复杂数据，以模型推理为主、规则推理为辅，结合实际应用满足大数据场景下的需求。

4. 自然语言处理

自然语言处理（Natural Language Processing，NLP）是人工智能领域中的一个重要方向，主要研究如何实现人与计算机之间用自然语言进行有效通信的各种理论和方法。现代自然语言处理算法主要是基于机器学习和深度学习技术的。大数据场景下各种智能算法的高速发展将进一步推动自然语言处理的发展。

5. 人工神经网络

由于冯·诺依曼体系结构的局限性，人们一直在寻找新的信息处理机制来解决一些数字计算机尚无法解决的问题，神经网络计算就是其中的一种重要解决思路。人工神经网络（Arificial Neural Network，ANN）通过模拟大脑神经网络处理、记忆的方式处理信息，是由大量处理单元互联组成的非线性、自适应信息处理系统。如今，人工神经网络已在图像处理、模式识别、自动控制、组合优化、信息处理等多个领域获得广泛应用。

6. 模式识别

模式识别（Patter Recognition）是指对表征事物或现象的各种形式的信息进行处理和分析，以对事物或现象进行描述、辨认、分类和解释的过程，是信息科学和人工智能的重要组成部分。21世纪是数据的世纪，在此背景下，作为人工智能技术基础的模式识别技术，必将获得巨大的发展空间。

（四）人工智能研究的意义及影响

江溶（2023）在对人工智能时代文化产业的研究中提到人工智能研究的意义及影响，从以下四方面展开。

1. 对人工智能时代的新业态进行研究可以丰富国家宏观发展战略的具体推进步骤

新业态是一种文化经济现象,对其研究有利于梳理当前文化经济社会发展的现状。一个国家和社会的发展,需要不断认清自身发展现状,理清正确的发展方向,找到正确的发展道路。中国依据当下的世界发展形势提出加快构建国内大循环为主、国内国际双循环相互促进的新发展格局,新业态是新格局之下的重要经济形态。

2. 对人工智能以及新业态进行研究可以为经济领域中新旧动能转换提供新的思路和机遇

随着人工智能、大数据、5G等技术广泛普及,"新动能"融入文化产业发展之中,消费方式和消费场景不断更新,带来了文化消费的转型升级,线上消费开始展现出活力。新业态依据技术和社会现状,成为推动经济复苏和消费回暖的新的发力点,也成为释放文化消费潜力、构建文化消费韧性的突破口。

3. 对新业态创新过程进行研究可以为现代文化产业发展提供创新的发展路径

文化产业作为高科技和高品位文化相结合的知识经济中的新型产业形态,是提升国家文化软实力和综合国力的基础,因此文化产业需要与时俱进,更新升级,打造发展"新动能",其中新业态便是推动文化产业转型升级的一个重要动力,从新业态出发可以探求文化产业发展的多种可能性。

4. 对新业态进行研究可以在实践层面完成文化消费的升级

在消费升级和生活水平提高的背景下,人们对美好生活的迫切需求日益多元化,文化需求也发生了新的变化。相比传统文化活动,越来越多的人喜爱参与性高、互动性强并且具备个性的文化活动,而新业态是人民满足精神文化需求重要的输出渠道,在生活中具体表现为形式多样的文化消费活动。

四、人工智能与商业模式创新

(一)人工智能与文化产业融合

黄美玲和向辉(2018)探究了人工智能与文化产业融合的内在机理,详细分析了技术融合、业务融合、市场融合和运作融合四种融合模式,明晰了人工智能对提升文化生产效率、优化产品品质、完善文化市场、加快产业升级的重要作用。郑自立(2019)从创新发展、结构合理化和供给模式优化三方面入手分析了文化产业发展的机理,并且指出要培育产业"新市场",激发"新动力",发展"新业态"。

另有一部分学者开始将眼光投向从宏观或微观的视角去探求具体的智能技术对文化产业产生的影响。李杰(2021)从产业高质量发展的角度入手,指出科技革命以及

\ 商业模式创新

新技术的应用带来了新的产业环境。"互联网+"催生了更多的文化产业内容，人工智能促进文化产业结构优化，最终做到文化产业的高质量发展。在商业模式方面，肖振波（2015）认为，在移动互联背景下，文化产业必然会产生新的商业模式，其中最为经典的是O2O（Online to Offline），相比传统的商业模式，新的模式具有销售、产品、物流等方面的优势。

陈柏福（2017）也是依据"互联网+"的思维，介绍了互联网的特性和文化产业商业模式的构成要素，提出了五种商业模式，即多边平台式、免费式、长尾式、文化电商模式以及文化授权模式。此外，陈少峰（2018）看到平台在产业价值链当中的独特优势，提出了互联网文化产业的平台模式，完成了传统线性单边模式的升级，产生"垂直化+频道组合制"和"自有IP+文创电商"两种创新模式。

文化产品，包括文化服务，是新业态的首要要素。联合国教科文组织对文化产品所下的定义是："文化产品一般是指传播思想、符号和生活方式的消费品。它能够提供信息和娱乐，仅为形成群体认同并影响文化行为。"

此外，从传统意义上讲，文化服务是指满足人们文化兴趣和需要的行为，文化产品的内容是文化价值和文化内涵的体现，蕴含着价值观念，是文化消费活动中消费者进行精神消费的对象。

总之，自从人工智能等数字技术进入文化产业领域并参与文化产品的生产之后，市面上便出现了许多不同领域且内容多样的文化产品，例如由动漫形象衍生出的虚拟偶像——初音未来；全球首部VR交互式图书《纳米机器人：事件一》；VR/AR类实体店体验游戏；"5G+8K"直播；虚拟博物馆以及故宫推出的"数字养心殿"，等等，这些文化产品和文化服务以多样化的文化内容和形式丰富了文化市场，为消费者提供了多种消费选择。

（二）人工智能与文化产品升级

新业态所承载的文化产品升级主要体现在两个方面，首先是智能技术直接参与文化产品生产，改造旧面貌，产生新面貌，这里的新面貌包括具体的"内容+形式"，是内容与形式的统一。内容是指消费者能够接收到的文化信息，形式是消费者接受文化信息的具体途径或者文化信息展现给消费者的方式。

因此，文化产品的更新包括内容更新和形式更新，内容更新指文化信息的增加或改造，人工智能技术具有强大的信息搜索、分类的能力，之前没有被发掘的优秀文化资源在数字技术的帮助下重新获得关注并且应用到商业领域中，成为新的文化内容，新闻写作、艺术创作、图文产品等也因AI与其他数字技术结合而有了新的内容，最显著的就是像新华社的"快笔小新"和腾讯的"Dream Writer"这样的新闻机器人，它们能够高效地处理大量新闻数据，进行自动化写作并生成新闻文本。还有参与艺术创作的AI机器人，像微软小冰创作诗歌集《阳光失了玻璃窗》，其展现出了强大的创作力。

第四章

基于消费者视角的商业模式创新

\ 商业模式创新

一、目的与要求
1. 理解利润转移的影响并掌握其商业模式创新；
2. 掌握市场定位下商业模式的创新；
3. 理解长尾理论商业模式创新的理论基础；
4. 掌握基于产业标准的商业模式创新。

二、教学内容
1. 利润转移模式下的商业模式创新；
2. 市场定位与商业模式创新；
3. 长尾理论与商业模式创新；
4. 产业标准与商业模式创新。

第一节 利润转移模式下的商业模式创新

一、价值转移与利润转移

（一）价值转移及其内容

价值转移是一个多维度的概念，它涉及社会、政治、经济、文化等多个领域的价值观念或权力的变迁过程。

在社会层面上，价值转移可能表现为社会主流价值观的变化，这种变化可能是由于历史进程、文化发展或者重大事件的影响。例如，过去几十年间，全球范围内对于环境保护和可持续发展的重视程度显著提升，这反映了从经济增长至上到绿色发展的价值转移。

在政治领域，价值转移可以体现为政权更替或是意识形态的变化。新的政治力量上台可能会带来新的政策导向和价值取向，影响着国家的方向和社会的发展。在经济领域，特别是在市场营销中，价值转移指的是随着市场力量的变化或消费者观念的改变，某些产品或服务的价值被转移到其他产品或服务上。例如，随着科技的进步和消费者需求的变化，曾经主导市场的技术或产品可能会被新兴的技术或产品所取代，如智能手机取代传统手机，数字音乐取代 CD 等。

此外，价值转移理论还涉及企业研究开发与创新的互动关系，强调在快速变化的市场环境中，企业需要不断地进行技术创新和商业模式的创新来适应市场的变化，从而保持竞争力并实现持续发展。

总之，价值转移是一个在经济和社会发展中至关重要的现象。它描述了价值和资源在不同领域、不同行业甚至不同国家之间的重新分配和转移，价值转移的主要内容包括资源分配、经济结构调整、技术进步和市场需求等多个方面。

1. 资源分配

价值转移首先涉及的是资源的分配。随着科技的发展和市场环境的变化，一些传统行业的资源可能会逐渐流向新兴产业。例如，随着信息技术的飞速发展，大量的资本和人力资源开始从传统的制造业转向高新技术产业，如大数据、云计算、人工智能等。这种资源的重新分配使得新兴产业得以快速发展，同时也可能导致一些传统行业的衰退。

2. 经济结构调整

价值转移还会带来经济结构的调整。随着资源和价值的转移，一些新兴产业逐渐成为经济增长的引擎，而一些传统产业则可能逐渐衰退。这种经济结构的调整是价值转移的重要表现之一。例如，随着全球经济的发展，服务业逐渐成为许多国家的主导产业，而一些重工业则逐渐退出历史舞台。

3. 技术进步

技术进步是价值转移的重要推动力。随着科技的不断发展，一些新技术、新产业逐渐崭露头角，成为价值转移的重要方向。例如，互联网、人工智能等技术的发展，推动了数字经济和智能制造等新兴产业的崛起。这些新兴产业不仅带来了巨大的经济价值，也推动了社会的进步和发展。

4. 市场需求

市场需求也是价值转移的重要因素。随着消费者需求的变化和升级，一些新兴产业和产品逐渐受到市场的青睐。例如，随着人们对健康、环保等问题的关注度不断提高，绿色产业和健康产业逐渐崭露头角。这些新兴产业的发展不仅满足了人们的需求，也推动了经济结构的调整和价值的转移。总之，价值转移是经济和社会发展的重要现象。它涉及资源分配、经济结构调整、技术进步和市场需求等多个方面。在未来的发展中，我们应该密切关注价值转移的趋势和特点，把握机遇，推动经济社会的持续健康发展。

（二）利润转移及其内容

在经济全球化和市场竞争日益激烈的今天，企业为了获取更高的利润，常常采取

\ 商业模式创新

各种策略。其中，利润转移作为一种重要的财务管理手段，被越来越多的企业所重视。那么，什么是利润转移呢？利润转移，指的是企业通过各种合法手段，将利润从一个地区、一个业务单元或一个国家转移到另一个地区、业务单元或国家的过程。这种转移并非简单的资金流动，而是企业在全球范围内优化资源配置、降低税负、规避风险、提高整体利润水平的一种策略。利润转移的主要方式有多种，包括但不限于：价格转移、成本转移、资本转移、税收筹划等。例如，企业可以通过调整内部交易价格，将高利润业务单元的收入转移到低利润业务单元，从而优化整体利润结构。或者，企业可以通过在不同国家和地区设立分支机构，利用不同国家的税收政策，合法降低整体税负。

利润转移对企业而言，具有诸多好处。首先，利润转移有助于企业优化全球资源配置，提高整体运营效率。其次，通过合理的利润转移，企业可以降低税负，增加净利润。此外，利润转移还可以帮助企业规避某些国家和地区的政治、经济风险，确保企业稳健发展。然而，利润转移也存在一定的风险和挑战。一方面，企业需要确保利润转移合法合规，避免涉及税务违法、洗钱等风险。另一方面，随着全球税收监管的加强，企业利润转移的空间逐渐缩小，需要不断创新和适应新的税收环境。总之，利润转移作为一种重要的财务管理手段，对企业在全球范围内优化资源配置、降低税负、规避风险具有重要意义。然而，企业在实施利润转移时，需要充分考虑合法合规、税务风险等因素，确保企业稳健发展。

随着全球化和市场经济的深入发展，企业在面临日益激烈的竞争环境中，不得不寻求新的利润增长点和优化资源配置的方式。其中，利润转移成为许多企业关注的焦点。那么，利润转移的主要内容是什么呢？

1. 资源配置优化

利润转移的首要任务是优化资源配置。企业需要对内部资源进行全面梳理，找出资源利用效率低下的环节，通过调整资源分配、引入先进技术和管理手段等方式，提高资源的使用效率。同时，企业还需要关注外部环境的变化，如政策调整、市场需求变化等，及时调整资源配置策略，以适应市场的变化。

2. 经营模式创新

经营模式创新是利润转移的关键。企业需要打破传统的经营模式和思维定式，积极探索新的商业模式和盈利方式。例如，通过发展电子商务、拓展线上销售渠道、开展跨界合作等方式，降低经营成本，提高市场份额和盈利能力。同时，企业还需要注重培育核心竞争力，形成独特的竞争优势，以保持长期的盈利能力。

3. 市场拓展与布局

市场拓展和布局是利润转移的重要手段。企业需要对市场进行深入研究和分析，找出潜在的市场需求和增长点。通过拓展新的市场、开发新的产品线、提升品牌影响力等方式，扩大市场份额和提高盈利能力。同时，企业还需要关注国际市场的变化和发展趋势，积极参与国际竞争和合作，实现全球化布局。

4. 成本控制与风险管理

在利润转移的过程中，成本控制和风险管理同样重要。企业需要通过精细化的管理手段和技术创新，降低生产成本，提高产品质量和效率。同时，还需要建立健全风险管理机制和应急预案体系，及时发现和应对潜在的风险和挑战。企业在实施利润转移策略时，需要全面考虑自身实际情况和市场环境的变化，制订切实可行的方案和措施。只有这样，才能在激烈的市场竞争中立于不败之地并实现持续稳健的发展。

二、利润转移模式下如何实现商业模式创新

随着全球经济的不断演变，商业环境日益复杂多变。在这种背景下，利润转移模式成为许多企业关注的焦点。企业如何在利润转移模式下实现商业模式的创新，不仅关系到企业的生存与发展，更是决定企业能否在激烈的市场竞争中脱颖而出的关键。

（一）利润转移模式及其特点

利润转移模式是指企业在市场竞争中，通过调整产业结构、优化资源配置、创新营销手段等方式，实现利润的重新分配和转移。随着全球化的深入发展和科技的日新月异，商业世界正在经历一场前所未有的变革。这场变革的核心在于利润转移模式的变化，这种变化正在重塑企业的竞争格局和市场生态。

1. 数据驱动

在利润转移模式下，数据成为企业最宝贵的资产。通过对大数据的收集、分析和应用，企业能够更准确地把握市场需求和消费者行为，从而实现精准营销和个性化服务。这种数据驱动的经营方式不仅提高了企业的运营效率，也为企业创造了新的利润增长点。

2. 技术创新

技术创新是利润转移模式的另一大特点。随着人工智能、物联网、区块链等技术的不断发展，企业可以通过技术创新来降低成本、提高效率、优化服务，从而实现利润的快速增长。同时，技术创新也为企业开辟了新的市场领域和商业模式，为企业的长期发展奠定了基础。

3. 服务化转型

在利润转移模式下，企业不再仅仅关注产品的生产和销售，而是更加注重提供全

\ 商业模式创新

面、优质的服务。这种服务化转型不仅满足了消费者日益增长的个性化需求，也为企业创造了更多的利润机会。通过提供高附加值的服务，企业可以建立与消费者的紧密联系，增强品牌忠诚度和市场竞争力。

4. 生态化布局

利润转移模式还表现为企业开始构建生态系统，通过跨界合作和资源整合来实现共赢。企业不再局限于单一的业务领域和盈利模式，而是通过与上下游企业、竞争对手、消费者等多方主体建立紧密的联系和合作，共同打造一个互利共赢的商业生态。这种生态化布局不仅提高了企业的整体竞争力，也为企业带来了更多的利润增长点。

（二）利润转移模式未来发展趋势

1. 数据将成为企业核心竞争力

随着大数据技术的不断进步和应用范围的扩大，数据将成为企业最核心的竞争力。企业需要通过不断收集、分析和应用数据来优化产品和服务，提高客户满意度和忠诚度。

2. 技术创新将持续推动商业变革

随着人工智能、物联网、区块链等技术的不断发展，商业世界将发生更加深刻的变革。企业需要紧跟技术创新的步伐，不断推陈出新，以应对日益激烈的市场竞争。

3. 服务化转型将成为主流

随着消费者需求的不断升级和个性化需求的日益凸显，服务化转型将成为企业发展的主流趋势。企业需要不断提升服务质量和水平，以满足消费者的多样化需求。

4. 生态化布局将成为企业发展的重要战略

随着商业生态的日益复杂和多元化，生态化布局将成为企业发展的重要战略。企业需要通过跨界合作和资源整合来打造共赢的商业生态，提高整体竞争力和市场份额。总之，利润转移模式的特点揭示了商业变革的新趋势和未来发展方向。企业需要紧跟这一趋势，不断调整和优化自身的经营模式和战略布局，以适应日益复杂和多变的市场环境。

（三）利润转移背景下商业模式创新的重要性与必要性

在当今快速发展的商业环境中，商业模式创新已成为企业获取竞争优势、实现持续发展的关键。商业模式创新不仅涉及企业的内部运营和管理，还涉及企业与外部环境的互动和合作。因此，理解商业模式创新的重要性与必要性，对于企业的长期发展具有重要意义。

1. 商业模式创新的重要性

首先,商业模式创新能够为企业创造新的价值。通过重新设计企业的价值链,企业可以发掘新的利润增长点,实现差异化竞争。其次,商业模式创新能够帮助企业更好地适应市场变化。随着消费者需求和市场环境的变化,企业需要不断创新商业模式,以满足市场的新需求。最后,商业模式创新还能够提高企业的运营效率。通过优化业务流程、降低成本、提高服务质量等方式,企业可以提高自身的运营效率,实现可持续发展。

2. 商业模式创新的必要性

首先,商业模式创新是企业应对市场竞争的重要手段。在竞争激烈的市场环境中,企业需要不断创新商业模式,以获取竞争优势。其次,商业模式创新是企业应对技术变革的必然要求。随着科技的发展,企业需要不断创新商业模式,以适应新技术的发展和应用。最后,商业模式创新是企业实现可持续发展的必然选择。只有不断创新商业模式,企业才能在不断变化的市场环境中保持竞争力,实现可持续发展。为了实现商业模式创新,企业需要采取一系列措施。首先,企业需要关注市场变化,了解消费者需求的变化趋势。其次,企业需要加强技术研发,掌握新技术的发展和应用。最后,企业需要优化内部运营和管理,提高运营效率和服务质量。总之,商业模式创新对于企业的长期发展具有重要意义。企业需要认识到商业模式创新的重要性和必要性,并采取一系列措施来实现商业模式创新。只有这样,企业才能在激烈的市场竞争中保持竞争力,实现可持续发展。

(四)利润转移模式下商业模式创新的实现路径

1. 价值创造创新

企业需要重新审视自身的产品或服务,寻找新的价值创造点,这包括技术创新、产品创新、服务创新等。通过技术创新,企业可以开发出更具竞争力的产品或服务;通过产品创新,企业可以满足消费者多样化的需求;通过服务创新,企业可以提升消费者体验,增强品牌忠诚度。

2. 价值传递创新

企业需要优化自身的营销渠道和营销策略,实现价值的有效传递,这包括渠道创新、营销创新等。通过渠道创新,企业可以扩大市场份额,提高产品覆盖率;通过营销创新,企业可以提升品牌知名度,增强品牌影响力。

3. 价值实现创新

企业需要完善自身的盈利模式,实现利润的最大化,这包括收入模式创新、成本

\ 商业模式创新

控制创新等。通过收入模式创新，企业可以增加收入来源，提高盈利能力；通过成本控制创新，企业可以降低运营成本，提高利润水平。

（五）利润转移背景下商业模式创新的案例

苹果公司的利润转移模式与商业模式创新

在全球化的商业环境中，许多企业都面临着利润下降和市场竞争加剧的双重压力。为了应对这些挑战，一些企业开始探索利润转移模式，并在这一过程中实现了商业模式的创新。苹果公司就成功地运用利润转移模式，不仅优化了自身的商业模式，还引领了整个行业的发展。苹果公司的利润转移模式主要体现在两个方面：一是从硬件销售向软件和服务收入的转变；二是从单一产品制造商向全生态链整合者的转变。在硬件销售方面，苹果通过设计和生产高品质的产品，如iPhone、iPad和Mac等，赢得了消费者的青睐。然而，随着市场竞争的加剧和成本的上升，硬件销售的利润空间逐渐缩小。为了应对这一挑战，苹果开始将重心转向软件和服务。通过推出iTunes、App Store和iCloud等服务，苹果不仅增加了收入来源，还提高了用户黏性和品牌忠诚度。在商业模式创新方面，苹果成功地从一个单一的产品制造商转变为全生态链整合者。它不再仅仅是一家生产硬件的公司，而是一个提供完整解决方案的平台。通过整合硬件、软件和服务，苹果为用户创造了一个无缝衔接的生态系统。在这个生态系统中，用户可以轻松地在不同的设备之间同步数据、购买内容和使用各种应用。这种整合不仅提高了用户体验，还增加了用户的转换成本，使苹果在市场上占据了更有利的位置。除了利润转移和商业模式创新外，苹果公司还注重品牌建设和持续创新。它始终坚持"简约而不简单"的设计理念，推出了许多引领行业潮流的产品。同时，苹果还注重研发投入，不断推出新技术和新产品，以保持其在市场上的领先地位。综上所述，苹果公司通过利润转移模式和商业模式创新成功地实现了企业的转型和升级。它的成功不仅为自身带来了巨大的商业价值，也为整个行业树立了榜样。未来，随着技术的不断发展和市场的不断变化，我们相信会有越来越多的企业跟随苹果的脚步，探索适合自己的利润转移模式和商业模式创新之路。

（六）问题与应用

在利润转移模式下，商业模式创新已成为企业生存和发展的关键。本书通过深入研究和分析，提出了实现商业模式创新的路径和方法，为企业提供了有益的指导和建议。展望未来，随着科技的不断进步和市场环境的不断变化，商业模式创新将继续发挥重要作用。企业需要紧跟时代步伐，不断创新和进步，才能在激烈的市场竞争中立于不败之地。

1. 价值转移与利润转移的联系

在日益复杂的全球经济环境中，企业竞争愈发激烈，利润转移和价值转移成为不可忽视的现象。这两者之间存在着紧密的联系，共同塑造着现代经济的新趋势。价值转移指的是在经济活动中，价值创造和分配方式发生的变化。随着科技的进步和消费者需求的变化，价值创造的重心不断从传统的生产环节向研发、设计、营销等高端环节转移。这种转移不仅改变了企业的运营模式，也影响了整个产业链的利润分配。利润转移，则是指利润在不同行业、不同企业之间的重新分配。

在全球化的背景下，利润转移的速度和规模都在不断扩大。一方面，新兴产业的崛起吸引了大量资本和人才，导致传统产业的利润空间被压缩；另一方面，企业在全球范围内的资源配置和供应链管理也加速了利润转移的过程。价值转移与利润转移之间的联系在于，它们都是经济结构调整和市场竞争加剧的必然结果。价值转移推动了利润转移的发生，而利润转移又进一步促进了价值转移的进程。这种互动关系使企业不得不重新审视自身的战略定位和市场布局，以应对日益复杂多变的经济环境。对于企业而言，理解并把握价值转移与利润转移的联系至关重要。一方面，企业需要通过创新和技术升级来适应价值转移的趋势，提升自身在价值链中的地位；另一方面，企业还需要通过优化资源配置和供应链管理来应对利润转移的挑战，确保自身的盈利能力和市场竞争力。同时，政策制定者和监管机构也需要关注价值转移与利润转移的影响，以制定合理的经济政策和监管措施。通过优化产业结构、推动创新、保护消费者权益等手段，可以有效缓解价值转移和利润转移带来的负面影响，促进经济的健康稳定发展。总之，价值转移与利润转移是现代经济中不可忽视的现象。它们之间的联系揭示了经济结构调整和市场竞争的深刻内涵，也为企业和政府提供了重要的战略参考。通过深入研究和有效应对，我们可以更好地把握经济发展的新趋势，推动经济的高质量发展。

2. 以电视产业为例分析其利润如何转移

随着科技的进步和市场的演变，电视产业经历了从模拟到数字，从有线到无线，从单一内容提供到多元化服务的发展历程。在这一过程中，电视产业的利润结构也经历了显著的变化。试以电视产业为例，我们可以清晰地看到利润是如何转移的。在模拟电视时代，电视产业的利润主要来源于广告收入。电视台通过播放广告，获取广告主的投放费用，这是当时电视产业的主要利润来源。然而，随着数字技术的出现，电视产业开始面临挑战。进入数字电视时代，电视产业的利润结构开始发生变化。一方面，由于数字技术的引入，电视节目的制作和传输成本大大降低，这使得电视台有能力提供更多的节目内容，吸引了更多的观众。另一方面，随着观众对个性化内容需求的增加，付费电视服务开始兴起。观众可以通过付费观看特定的节目或频道，这为电视台提供了新的利润来源。随着互联网的普及和流媒体服务的兴起，电视产业的利润结构再次发生了变化。流媒体服务如 Netflix、Amazon Prime 等，通过提供大量的在线视频内容，吸引了大量用户。这些流媒体服务通过订阅费用、广告收入以及与其他内容提供商的合作，实现了盈利。这一变化使传统电视台面临巨大的竞争压力，不得不寻找新的利润增长点。

\ 商业模式创新

当前，电视产业的利润已经不再是单一来源，而是多元化、分散化的。除了广告收入和付费电视服务外，电视台还可以通过版权销售、衍生品开发、线上线下互动等方式获取利润。同时，随着智能电视和互联网电视的发展，电视产业也开始向智能化、平台化方向转型，通过提供综合性的娱乐、生活、教育等服务，实现多元化的盈利模式。综上所述，电视产业的利润转移是伴随着技术革新和市场变化而发生的。从最初的广告收入，到数字时代付费电视服务，再到互联网时代的多元化盈利模式，电视产业的利润结构在不断演变。未来，随着科技的进步和市场的变化，电视产业的利润结构还将继续发生变化，但无论如何变化，适应市场需求、提供优质服务始终是获取利润的关键。

▶ 第二节　市场定位与商业模式创新

一、市场定位的内涵及其作用

在当今竞争激烈的市场环境中，企业要想取得成功，必须明确自身的市场定位。市场定位不仅关乎企业的生存和发展，更是其制定战略、推广产品和服务的基石。

（一）市场定位的内涵

市场定位，简而言之，就是企业在目标市场中为自身产品和服务所确定的位置。这种位置不是随意选择的，而是基于企业自身的资源、能力、竞争优势以及市场需求等多方面因素的综合考量。

（1）目标市场选择：企业首先需要确定自己的目标市场，即针对哪些消费者群体提供产品和服务。这需要对市场进行细分，分析不同消费者群体的需求、购买行为等特征，从而选择最具潜力和吸引力的目标市场。

（2）竞争优势分析：企业需要明确自己在市场上的竞争优势，包括产品特点、品质、价格、服务等方面。通过对比、分析竞争对手，找出自身的独特之处，从而在目标市场中形成差异化竞争优势。

（3）品牌形象塑造：市场定位还涉及企业品牌形象的塑造。通过广告宣传、营销策略等手段，将企业的核心价值观、产品特点等传递给消费者，形成独特的品牌形象，提升品牌知名度和美誉度。

（二）市场定位的作用

（1）指导战略制定：市场定位为企业制定战略提供了方向。在明确了目标市场和竞争优势后，企业可以针对性地制定市场进入、产品开发、营销策略等，确保企业在市场竞争中保持领先地位。

（2）提升市场竞争力：通过市场定位，企业可以在目标市场中形成差异化竞争优势，满足消费者的独特需求。这种差异化竞争优势有助于企业在激烈的市场竞争中脱颖而出，提升市场份额和盈利能力。

（3）优化资源配置：市场定位有助于企业合理配置资源，将有限的资源投入到最具潜力和竞争力的领域。这不仅可以提高资源利用效率，还可以降低企业运营成本，提升整体效益。

（4）增强消费者认知：明确的市场定位有助于消费者更好地了解企业及其产品和服务。通过广告宣传、口碑传播等手段，企业可以将自身的市场定位传递给消费者，增强消费者对企业的认知和信任度。

（5）促进企业持续发展：市场定位不仅关注当前市场状况，还着眼于企业的未来发展。通过不断调整和优化市场定位，企业可以适应市场变化，抓住新的发展机遇，实现持续稳健的发展。综上所述，市场定位的内涵及其作用对于企业的发展具有重要意义。企业应当根据自身实际情况和市场环境，明确市场定位，制定相应的发展战略，以在激烈的市场竞争中立于不败之地。

二、蓝海市场、市场定位与商业模式创新

（一）蓝海市场的内涵

蓝海市场指的是尚未被充分开发，具有巨大潜力的市场领域。通过精准的市场定位与商业模式创新，企业可以在蓝海市场中实现快速增长和持续发展。在蓝海市场中，企业可以通过创新、差异化和新颖的战略来创造新的市场空间，而不是在已存在的市场中争夺已有份额。这种市场通常被描述为充满机会和增长的未来空间，与竞争激烈的红海市场相对。简而言之，蓝海市场是一种没有恶性竞争、充满利润和诱惑的新兴市场，企业可以在其中轻松实施高价值的策略，吸引新客户和创造增长。

（二）市场定位

市场定位是企业在蓝海市场中取得成功的关键。在进行市场定位时，企业需要深入了解目标客户的需求和偏好，并根据自身资源和能力，确定一个独特且有竞争力的市场位置。例如，某家新兴科技公司发现，随着物联网技术的普及，智能家居市场呈现出巨大的增长潜力。该公司将市场定位为提供智能家居解决方案，专注于为客户提供安全、便捷、舒适的居住环境。通过精准的市场定位，该公司成功吸引了大量消费者，实现了快速发展。

（三）商业模式创新

商业模式创新是企业在蓝海市场中保持竞争力的关键。传统的商业模式可能已经

\ 商业模式创新

无法满足新兴市场的需求，因此企业需要不断创新，探索出适合蓝海市场的商业模式。例如，某家电商平台发现，传统电商模式已经面临流量瓶颈，难以实现快速增长。于是，该公司决定创新商业模式，推出了社交电商模式，将社交与电商相结合，通过社交互动吸引用户，提高用户黏性。这一创新模式取得了显著成效，使该电商平台在竞争激烈的市场中脱颖而出。

在蓝海市场中，企业还需要关注市场趋势和变化，不断调整和优化市场定位与商业模式。随着市场环境的不断变化，企业需要及时调整战略，以适应新的市场需求。例如，随着消费者对环保意识的提高，某家家居企业发现，绿色家居市场逐渐成为新的蓝海市场。于是，该公司及时调整市场定位，专注于绿色家居产品的研发和生产，并创新商业模式，推出租赁和回收等环保服务。这一调整使该企业在绿色家居市场中取得了领先地位。总之，蓝海市场为企业提供了巨大的发展机会。通过精准的市场定位与商业模式创新，企业可以在蓝海市场中实现快速增长和持续发展。在未来的发展过程中，企业需要不断关注市场趋势和变化，不断调整和优化市场定位与商业模式，以适应新的市场需求，保持竞争优势。同时，企业还需要注重技术创新和人才培养，不断提高自身实力，为开拓更广阔的蓝海市场奠定坚实基础。

（四）三者之间的相互联系

在当今竞争激烈的市场环境中，企业要想取得成功，必须对市场有深入的理解和独特的见解。蓝海市场作为一种新的市场概念，为企业的市场定位和商业模式创新提供了广阔的空间。市场定位是企业根据目标市场的需求和竞争状况，确定自己在市场中的位置和形象。在蓝海市场中，市场定位尤为重要。企业需要通过深入的市场研究，找到未被满足的顾客需求，或者创造新的需求，从而确立自己在蓝海市场中的独特地位。与蓝海市场紧密相关的是商业模式创新。商业模式创新是指企业通过改变产品或服务的提供方式，实现价值创造和盈利的新模式。在蓝海市场中，商业模式创新可以帮助企业实现差异化竞争，提升市场竞争力。蓝海市场、市场定位和商业模式创新之间的联系在于，它们共同构成了企业实现快速成长和持续发展的战略框架。企业首先通过市场研究，找到蓝海市场中的机会，然后通过明确的市场定位，确立自己在市场中的独特地位。最后，通过商业模式创新，实现价值创造和盈利的新模式，从而在蓝海市场中脱颖而出。以某新兴科技公司为例，该公司通过深入研究市场，发现了智能家居领域的蓝海市场。在这个市场中，顾客对智能家居的需求尚未得到充分满足。于是，该公司将市场定位为满足消费者对智能家居的个性化需求，提供一站式解决方案。为了实现这一市场定位，该公司进行了商业模式创新，将硬件、软件和服务相结合，提供了一套完整的智能家居生态系统。这一创新模式不仅满足了消费者的需求，还为企业创造了新的盈利点，实现了快速成长。总之，蓝海市场为企业提供了巨大的发展机会，而市场定位和商业模式创新则是企业在蓝海市场中取得成功的关键。企业需要密切关注市场动态，发掘蓝海市场中的机会，通过明确的市场定位和创新的商业模式，实现差异化竞争和持续增长。在这个过程中，企业还需要不断调整和优化战略框架，以适应市场变化和顾客需求的变化，确保在蓝海市场中保持领先地位。

三、市场再定位与商业模式创新

在瞬息万变的商业环境中，企业面临着前所未有的挑战和机遇。为了保持竞争优势，许多企业开始寻求市场再定位与商业模式创新，这两者相辅相成，共同构成了企业持续发展的双引擎。

（一）市场再定位

市场再定位是企业对市场环境、竞争态势和自身资源能力进行全面分析后，重新确定目标市场、客户群体和市场定位的过程。

随着消费者需求的日益多元化和市场竞争的加剧，传统市场定位已经难以满足企业发展的需求。因此，企业需要不断地进行市场再定位，发现新的市场机会，挖掘潜在的客户需求，以满足市场的变化和满足客户的需求。

市场再定位的核心是发现并抓住市场的变化趋势。企业需要密切关注市场变化，分析消费者的购买行为和需求变化，以及竞争对手的战略调整。通过深入了解市场和竞争对手，企业可以发现市场的空白点，从而找到新的市场机会。同时，企业还需要评估自身的资源能力和竞争优势，确定适合自己的市场定位，以便在市场中脱颖而出。

（二）商业模式创新

商业模式创新则是指企业打破传统的盈利模式，通过创新性的商业模式设计，实现价值的创造和传递。

商业模式创新包括产品创新、服务创新、渠道创新等多个方面。通过商业模式创新，企业可以打破传统的行业规则，创造新的价值，从而实现差异化竞争。商业模式创新的关键在于发现并满足客户的痛点。企业需要深入了解客户的需求和痛点，通过创新性的解决方案，为客户创造价值。同时，企业还需要考虑如何实现盈利和可持续发展，确保商业模式创新的可行性和长期性。市场再定位与商业模式创新相辅相成，共同推动企业的发展。市场再定位为企业提供了新的市场机会和客户群体，为商业模式创新提供了基础。而商业模式创新则通过创新性的解决方案，满足了客户的需求和痛点，为企业创造了新的价值。两者相互作用，共同推动企业的持续发展。

（三）问题与应用

市场定位与市场再定位：一种持续的动态关系。在现代商业环境中，市场定位和市场再定位是企业取得成功的两个关键因素。尽管它们在实施阶段有所不同，但它们共同构成了企业市场策略的核心部分，并且它们之间的联系紧密而微妙。

\ 商业模式创新

市场定位是指企业确定其产品或服务在目标市场中的位置，即确定其相对于竞争对手的优势和独特性。这通常涉及对市场的研究，以了解消费者的需求和偏好，以及竞争对手的弱点和优势。通过市场定位，企业可以明确其产品或服务在消费者心中的位置，从而制定相应的营销策略。然而，市场并不是静止不变的。消费者的需求、偏好和行为模式会随着时间、社会环境、经济状况等因素的变化而变化。这就需要企业进行市场再定位，以适应这些变化。

市场再定位是对原有市场定位的调整和优化，以更好地满足变化后的市场需求。市场定位与市场再定位之间的联系主要体现在以下几个方面：

1. 连续性

市场定位和市场再定位是一个连续的过程，而不是一次性的活动。企业在进行市场定位后，需要不断地进行市场再定位，以适应市场变化。这种连续性保证了企业能够始终保持与市场的一致性，从而保持其竞争优势。

2. 动态性

市场定位和市场再定位都是动态的过程。企业需要根据市场变化，不断调整其市场策略，以保持其市场定位的准确性。这种动态性保证了企业能够灵活地应对市场变化，从而抓住市场机遇。

3. 互补性

市场定位和市场再定位在功能上是互补的。市场定位为企业提供了一个初始的方向和策略，而市场再定位则根据市场变化对这个方向进行微调。这种互补性保证了企业能够在保持稳定性的同时，也能够适应市场的变化。

案例：龟苓膏产业的再定位之路

龟苓膏，这一具有深厚历史和文化底蕴的传统美食，近年来在食品市场上逐渐崭露头角。然而，随着市场竞争的加剧和消费者需求的多样化，龟苓膏产业也面临前所未有的挑战。为了应对这些挑战，实现产业的持续发展，龟苓膏产业必须进行再定位，以适应市场的变化和满足消费者的新需求。

1. 市场现状与挑战

当前，龟苓膏市场虽然具有一定的市场份额，但面临着产品同质化、品牌形象模糊、营销手段单一等问题。同时，随着健康饮食理念的普及，消费者对食品的需求也在发生变化，他们更加关注产品的营养价值、口感体验以及文化内涵。因此，龟苓膏产业需要进行再定位，以应对市场的变化和满足消费者的新需求。

2. 再定位策略

（1）产品定位：产业应将产品定位为健康、营养、美味的传统美食。通过深入研究消费者的需求和喜好，从而开发出符合现代人口味和营养需求的龟苓膏产品，如低糖、低脂、高纤维等。

（2）品牌形象：塑造独特的品牌形象，强调龟苓膏的历史渊源和文化内涵。通过品牌故事、包装设计等手段，提升产品的附加值和吸引力。

（3）营销手段：运用多元化的营销手段，如社交媒体营销、线上线下结合的销售模式等，扩大产品的知名度和影响力。同时，加强与消费者的互动，了解他们的需求和反馈，不断改进产品和服务。

3. 实施与保障

为了确保再定位策略的有效实施，龟苓膏产业需要采取以下措施：

（1）加强研发创新：投入更多的资源进行产品研发和创新，开发出更多符合市场需求的新产品。

（2）提升品质管理：严格把控产品质量，确保产品的安全和卫生。通过引进先进的生产技术和设备，提升产品的品质和口感。

（3）加强品牌建设：注重品牌形象的塑造和维护，提升品牌的知名度和美誉度。通过品牌传播和口碑营销等手段，增强消费者对品牌的认同感和忠诚度。

（4）拓展销售渠道：积极拓展线上线下销售渠道，提高产品的覆盖率和市场占有率。同时，加强与零售商、电商平台等合作伙伴的沟通和合作，共同推动产业的发展。

4. 展望未来

通过再定位策略的实施和保障措施的落实，龟苓膏产业有望实现持续健康发展。未来，龟苓膏产品将更加多样化、个性化，满足不同消费者的需求。同时，随着品牌影响力的提升和市场份额的扩大，龟苓膏产业将为社会创造更多的经济价值和文化价值。总之，龟苓膏产业的再定位是应对市场挑战、满足消费者需求的重要举措。通过明确的市场定位、品牌形象塑造和多元化的营销策略等手段的实施，龟苓膏产业有望在激烈的市场竞争中脱颖而出，实现产业的可持续发展。

第三节　长尾理论与商业模式创新

一、长尾理论

（一）长尾理论提出的背景

长尾理论是由克里斯·安德森（Chris Anderson）于 2004 年提出的，他在《连线》杂志上发表了一篇名为《长尾经济》的文章，引起了社会广泛关注。长尾理论的提出背景可以追溯到互联网的发展和电子商务的普及。在传统的实体经济中，由于资源和市场的有限性，使只有少数畅销品才能够获得大量消费者的关注和购买，再加上电子

\ 商业模式创新

商务尚未普及，消费者对商品的选择极大地受到了地域和时间的限制。消费者往往只能购买到本地或者当前季的产品。因此，大部分商品都集中在少数几个热门品种上，而小众产品则因为销售量较小而无法获得商家足够的关注和销售，这就导致了所谓的"热门现象"与"冷门现象"。

然而，随着互联网的兴起和飞速发展，电子商务彻底打破了商品销售的地域壁垒和时间壁垒，并且极大地削弱了商家的铺货成本和交易成本，这促使市场上的商品种类日益增多，进而不断拓宽消费者的商品选择范围。这一变革为非畅销品带来了前所未有的发展机遇，终于迎来了自己发展的春天。在互联网平台的助力下，那些在传统市场中难以受到关注的小众商品得以通过网络渠道广泛销售，精准对接消费者日益增长的个性化和定制化需求。在此背景下，长尾理论所描述的长尾市场正以前所未有的速度持续扩张，长尾理论应运而生，成为解释这一市场现象的重要理论框架。

（二）长尾理论的具体内容

1. 长尾理论的概念

互联网时代，由于信息传播速度的加快和商品交易成本的降低，消费者对于产品或服务的选择范围变得广阔起来，于是，市场上出现了大量的小众需求。长尾理论的提出者克里斯·安德森认为，小众产品的需求曲线可以呈现出幂律分布的特征，即主流产品拥有大量的市场份额，而小众产品则拥有较小的市场份额。但是，这些小众产品所拥有的市场份额的汇总却与主流产品的市场份额相当甚至更大。这些需求和销量不高的小众产品所占据的共同市场份额，被称为"长尾"。

长尾理论的核心概念包括以下几个方面：

长尾部分：在传统市场中，只有少数的热门商品或服务才能够获得消费者的大量关注和购买，这就造成了冷门产品难以得到足够多的关注和销售。长尾理论的长尾部分指的就是那些在传统市场中难以获得机会的大量的小众商品或服务。

互联网的作用：互联网的出现使得信息传播速度的加快和交易成本的降低，消费者可以通过网络获得更多的商品选择，商家也可以通过网络销售长尾部分的商品。

需求的分散性：长尾部分的商品虽然单个销量不高，但由于市场规模庞大，每个商品的销量累加起来却可以与热门商品相媲美甚至超过。这是因为消费者的需求分散在各种小众商品上，而不仅仅集中在少数热门商品上。

长尾理论的提出对于市场运作和商业模式的创新产生了重要的影响。它提醒人们，不仅要关注热门商品，还要重视长尾部分的商品。企业通过提供更多的选择和个性化的服务，满足更广泛的消费需求，进而探索更大的市场潜力。

2. 长尾理论的运行逻辑

长尾理论的本质就是充分利用数字信息技术，将具有个性化需求的消费者聚合起来，通过更低的边际成本，实现产品的供给，满足小众市场的需求。长尾理论运行的逻辑要求长尾市场足够长、长尾市场更加扁平、需求从头部向尾部转移。

随着我国社会生产力的飞速发展，商品供给呈现出前所未有的丰富性与多样性，消费者的商品选择范围大幅拓宽。这一变化标志着消费者行为的重要转变：消费者不再被动地适应市场上的既定商品，而是更加主动地追求个性化需求，这促使供给市场不断地调整以适应消费者的需求偏好。这一变化使得长尾市场的长尾不断地延长。

近年来，新媒体的蓬勃发展使得信息的传播速度得到了空前提高。企业借助新媒体的力量，不仅降低了商品的宣传成本，企业对消费需求的捕捉也向着精细化的方向发展。与此同时，新媒体打破了消费者的信息获取壁垒，消费者能够更加容易地寻找到适合自己需求的产品，消费需求向着个性化和定制化的方向发展，长尾市场的扁平化趋势逐渐加强。

长尾理论的运行需要消费需求从头部向尾部转移，即消费者对商品个性化的选择需求增强。因此，企业需要加强市场调研，精确捕捉最新且多变的小众市场需求动态，从而实现基于长尾理论的商业模式创新。

3. 短头理论

短头理论和长尾理论是两个相对的概念，它们分别描述了两种不同的商业模式。长尾理论关注的是尾部20%的小众需求，短头理论关注的则是头部80%的大众需求。短头理论是规模经济的理论基础。传统的营销理念侧重于开发能够迎合广大市场需求的产品，旨在通过规模化生产来降低商品的单位成本，从而实现效益的最大化。相比之下，小众需求往往因为较高的营销成本和生产成本，使得利润空间被压缩，因此在传统模式下往往难以得到厂家的足够关注。

4. 丰饶经济

丰饶经济，又叫富足经济，是克里斯·安德森认为的自己发现长尾理论的基础。在丰饶经济中，丰富的社会生产使得商品的供需瓶颈开始消失，商品的边际成本趋向于0，消费者的选择范围增加，消费者的需求向着个性化方向发展，从而使得长尾市场得以快速发展。

随着生产技术的持续革新，社会供给量日益增多，市场上商品的同质化现象日益加剧。与此同时，信息壁垒的打破使得企业难以再通过控制资源稀缺性来获取高额利润。在此背景下，企业亟须通过差异化营销策略、精准捕捉消费者需求、提升服务质量等手段，重塑市场竞争力。进入丰饶经济时代，消费者的个性化需求逐渐成为企业的核心关注点。这一变化促使长尾市场的长尾不断地延伸且呈现出扁平化发展的趋势，即便是小众或长尾末端的需求，也能在庞大的市场中找到足够的规模支撑，实现商业化运作。因此，丰饶经济不仅推动了商品市场的多元化发展，也为企业的创新转型和市场细分提供了新的机遇与挑战。

\ 商业模式创新

5. 规模经济

规模经济理论源自亚当·斯密，是现代经济学领域中一个举足轻重的理论框架。该理论指出，当企业的生产规模达到一定的临界点后，其商品的单位生产成本会显著地下降，从而给企业带来规模经济效益。规模经济深刻地揭示了生产要素的集中程度与经济效益之间的内在联系。

具体而言，随着生产规模的持续扩张，企业能够更有效地利用资源，提高生产效率。这种规模效应不仅体现在生产流程的优化上，还体现在原材料采购、物流配送、市场营销等多个环节的成本节约上。因此，企业的长期平均总成本会随之显著地降低，进而增强企业的盈利能力。

规模经济理论与长尾理论构成了经济学中的一对相对概念。规模经济理论着重于通过规模化的生产来降低成本，这通常要求产品遵循统一的标准。然而，这种标准化的生产模式往往难以兼顾小众市场的个性化需求。随着我国社会生产力的提高和经济水平的稳步增长，市场上的商品供应日益丰富，这不仅加剧了产品的同质化现象和市场的透明化趋势，还促使消费者在收入水平提升的背景下，更加追求个性化的消费体验。这一变化对传统的规模化生产模式形成挑战。

6. 范围经济

范围经济是指由厂商的生产或经营范围所带来的经济效益，而非单纯依赖生产规模。具体而言，当同时生产两种或多种产品的总成本低于分别生产这些产品所需成本的总和时，便存在范围经济。简而言之，只要合并生产多种产品的成本低于它们各自独立生产的成本之和，范围经济效应便显现无遗。

范围经济是研究企业经营范围与经济效益关系的一个重要范畴，其核心在于企业通过扩大生产范围、增加产品种类实现资源的有效整合与共享。这通常涉及共用基础设施、人力资源、物力资源等生产要素，以达到降低成本、提升效益的目的。与规模生产不同，范围生产主要聚焦于同一大类或同一系列的产品。这些产品在研发、生产、销售及服务的过程中，往往具有显著的互补性，能够共同利用公共资源，形成协同效应。而规模生产则侧重于单一产品的大批量、规模化生产，旨在通过提高生产效率和降低成本来提高市场竞争力。因此，范围经济为企业提供了一种通过多样化生产、资源整合的方式来优化成本结构、提升经济效益的新模式。

（三）长尾理论的启示

1. 重视小众市场

随着互联网和电子商务技术的快速发展，消费者的需求向着个性化和定制化方向发展。消费市场告诉企业不应该只关注热门产品或是主流市场，而是应该深入挖掘并满足小众市场的需求。基于长尾理论的概念，小众市场虽然分散，但规模庞大，其销售额汇总起来足以媲美主流市场的利润甚至超过。

2. 提供多样化的产品或服务

经济发展带来的消费升级，使消费者对产品或服务的需求不再拘泥于传统的单一标准，而是有着更加精细化、差异化和个性化的需求。基于此，企业应该根据消费者的需求和偏好重新定义产品或服务的标准，为消费者提供多样化的产品或服务，增加小众市场消费者的黏性，以此提高自身的市场竞争力。

3. 进行数字化转型

长尾理论的成功运用，依托的就是互联网时代的信息技术。在互联网时代，企业搜集消费需求的成本显著地下降并且搜集方式呈现出多样化的趋势。具体而言，企业可以通过搭建电子商务平台和社交媒体平台等方式，搜集小众需求和推广小众产品；企业可以通过智能化生产平台，按照消费者的个性化需求进行单件小批量地生产；企业通过第三方数据平台，及时根据消费者的满意度，增强用户黏性。

4. 提高用户参与度与社区建设

经营小众市场的企业应当积极主动地与消费者建立互动关系，热情邀请他们参与到产品或服务的研发与设计的过程中，借此深化消费者的忠诚度并激发他们的情感归属感。企业可以通过社区建设、论坛建设和微博话题发布等方式，打造小众市场消费者的聚集地。企业通过鼓励消费者在社区上积极建言献策，并且重视用户的反馈意见和需求期望，持续不断地对产品或服务进行优化升级。

5. 保证产品或服务的质量

产品或服务的质量是所有商业活动成功的关键所在。长尾理论关注的是小众市场需求，由于小众群体的有限性，产品或服务质量的好坏成为了企业能否长期把握住小众市场的关键所在。

二、基于长尾理论的商业模式创新

（一）基于长尾理论商业模式创新的基本内涵及特征

随着"互联网+"的深入发展，消费者获得信息的渠道增加和获取产品单位成本的降低，使得消费者的需求向着个性化和差异化方向发展。在供应链方面，商家通过电子商务平台，凭借着强大的现代物流配送能力，经营小众需求的产品所带来的利润，似乎相较于传统畅销品类商品所带来的利润更加可观。由此，市场上的产品和服务呈现出一种长尾分布的特征。

基于长尾理论商业模式的创新就是针对于长尾市场的特点，利用技术手段，充分发掘和满足长尾市场上消费者个性化、零散化的销量需求，从而实现商业价值。这种

\ 商业模式创新

商业模式不再集中于或者局限于少数热门的产品或服务，而是通过对尾部需求的开发和营销，提供多样化、个性化的产品或服务，吸引和满足长尾消费者的需求，从而实现小利润、大汇总的成功。

这种创新模式可以帮助企业发掘新的市场机会，不断增强自身的竞争优势。

（二）企业基于长尾理论进行商业模式创新的方法和路径

1. 开发利基市场

通常而言，众多大型企业为了实现规模经济效益的最大化，往往倾向于采取小品种、大批量的生产模式，这种模式催生了畅销品市场。在这一市场中，消费者更多地处于适应商品的状态，很少有机会挑选出完全符合自己个性化需求的商品。这一市场缺口，恰好为众多中小企业提供了产品和服务的创新契机，它们所推出的创新产品或服务恰好迎合了长尾市场的需求。面对自然利基市场，企业需审慎评估自身是否具备切入该市场的条件和能力，以及是否能够持续不断地满足小众市场的独特需求，同时确保自身的经济效益得以实现。

2. 平台化经营

数字信息技术的发展为基于长尾理论商业模式的创新提供了技术支持，构建数字化经营平台，是长尾理论应用的重要基础。企业要构建数字化交易平台，通过建立在线商店、社交媒体平台、线上社区、小程序等手段，将长尾市场上的供应方和需求方连接起来，从而实现精准匹配和高效交易。数字化平台还可以给消费者提供个性化和定制化的服务，以此满足不同小众市场的需求。

3. 利用大数据分析和预测

企业要充分利用大数据和人工智能技术，对即将开发的长尾市场进行充分的分析和预测，诸如市场需求的定位、市场容量的大小、用户的偏好和行为等方面，以此评估自身是否可以切入该市场。如果合适，企业可以据此优化自己的产品或服务并且设计相应的营销策略，从而提高市场竞争力和消费者黏度。

利用大数据和人工智能技术进行市场预测，对企业介入长尾市场十分重要。长尾理论毕竟针对的是小众市场，如果小众市场需求的消失，或者企业预测不准确，企业就会造成库存积压，严重的会形成坏账。基于此，企业可以采用C2B的预售模式，即先让小众市场的消费者下单，企业根据订单进行生产，就可以有效降低库存积压的风险。这种商业模式，不仅可以规避企业对市场预测不准确的风险，还可以满足小众市场更加个性化的需求，但是该模式对企业的生产能力和产品的交付能力提出了较高的要求。

4. 优化供应链管理

长尾理论所聚焦的小众市场的特殊性，要求企业不可以盲目积压库存。在供应链管理上，企业需要本着实时库存管理的原则，根据当前的订单和预测到的市场需求进行生产，并且不断提高产品的交付能力，在满足市场需求的同时降低库存管理成本，实现企业效益的增加。

5. 创新定价策略

市场是基于需求缺口而形成的，小众市场的产品无须受限于标准化的产品定价。在这个市场中，消费者不仅购买的是商品的使用价值，更多的是满足其个性化的需求。因此，企业可以根据产品的独特性、市场需求状况以及消费者的心理预期等因素，灵活地制定价格策略。这包括但不限于采用动态定价以适应市场波动、实施分级定价以覆盖不同消费层次、推出订阅制定价以稳定收入来源，或是利用团购优惠吸引批量购买，从而多渠道、多角度地实现利润最大化。

6. 寻求跨界合作

基于长尾市场需求下的产品，鼓励企业积极进行跨界合作。企业充分把握住消费者的需求偏好，充分与其他产业、品牌或是领域进行跨界联名合作，提供更加多元化的产品或服务。这种跨界合作的商业模式，不仅可以提高小众市场消费者的黏度，更可以产生新的消费群体，与此同时，企业的创新能力和市场竞争力也会相应地提高。

（三）基于长尾理论创新的商业模式及案例

1. 商业平台模式

企业通过建立互联网平台，将小众市场的需求和产品的供给连接起来，实现供需的精准匹配和高效交易。例如，亚马逊通过建立电子商务平台，将大量的小众市场数据呈现到市场上，为消费者提供了更多的个性化选择。一个前亚马逊公司员工精辟地概述了公司长尾的本质：现在我们所卖的那些过去根本卖不动的书比我们现在所卖的那些过去可以卖得动的书多得多。Netflix 作为一家在线流媒体服务平台，早期的商业模式是为客户租赁在线 DVD 及蓝光，后来，Netflix 根据用户需求的不断变化，基于长尾理论进行了商业模式创新，即 Netflix 通过了解用户的观影习惯及偏好，从而为客户提供个性化的推荐和定制化的服务，满足了消费者对于多样化、个性化内容的需求。如今，Netflix 已经成为全球最大的在线视频平台之一，其市值也一路飙升。

社交平台模式是商业平台模式的细分。社交平台模式是基于企业搭建的交易平台，以消费者的社会群体、社会关系和社会信任为媒介，对消费人群进行再细分，诸如，近年来兴起的小红书。小红书通过聚焦年轻人和小众文化，为他们提供了一个分享购物心得和生活方式的平台。在这个平台上，用户可以找到各种小众的、个性化的商品和品牌，辅之以用户的使用评价，这不仅聚集了长尾市场的消费者，还增加了小众商品的曝光率。

2. 定制化模式

企业根据消费者的个性化需求，通过提供个性化、定制化的产品或服务，满足消费者的需求。例如，尚品宅配的服务定制模式，其在国内率先提出全屋定制的概念，为消费者提供更加个性化的家具定制服务。如今，该企业已经发展为个性化定制家具的龙头企业。再如，DR 钻戒通过设计独一无二的私人定制模式，将爱情的圣洁与婚姻的保障结合起来，精准把握了部分备婚群体的心理需求：不仅谈恋爱，更要长相守。DR 钻戒基于长尾理论进行商业模式创新，通过私人定制的模式，不再从钻戒的象征意义上做文章，而是从爱情的承诺与婚姻的保障上做文章，不仅成功与传统的钻戒商区别开来，更是在钻戒行业里逆势增长。

3. 共享模式

共享模式即通过资源的优化配置，将居民闲散的资源整合配置，实现了资源的高效利用。例如，传统酒店的住宿千篇一律，近年来兴起的民宿则是小众群体的消费需求。成立于 2012 年的小猪民宿，主要承接短租特色的住宿项目，是国内知名的民宿预订平台。小猪民宿通过租赁共享模式，将有闲置房源的房东和对寻求"家一样的住宿体验"的房客连接起来，不仅充分利用了闲置资源，更是成功把握了小众市场的消费需求。

（四）问题与应用

1. 长尾市场是什么

长尾市场是指由大量销量不高或需求不旺盛的产品所共同构成的一个庞大的市场。这些产品在传统的营销模式下，常常被认定为非主流产品而被边缘化。然而，在互联网和电商平台的推动下，这些产品所汇聚的市场份额能够与主流产品相媲美甚至超越。简而言之，长尾市场关注的是小众需求市场，通过汇聚这些需求而形成规模效应。

2. 试以怀旧产品市场为例分析其如何应用长尾理论

怀旧产品市场是一个充满独特魅力和情感共鸣的领域，它完美地体现了长尾理论的应用。在这个市场中，虽然每款怀旧产品的受众群体可能相对较小，但众多不同的产品组合在一起，却形成了一个庞大的、不可忽视的市场。

首先，长尾理论强调关注那些被忽视的"冷门"产品或服务。在怀旧产品市场中，这些"冷门"产品通常指的是那些具有特定时代特色、承载了人们共同记忆的商品。这些产品可能不再是大众关注的焦点，但对于那些有着特定怀旧情感的人来说，它们却具有无可替代的价值。因此，通过深入挖掘这些"冷门"产品，怀旧产品市场能够吸引到一群忠诚度极高的消费者。

其次，长尾理论还强调利用互联网技术来降低交易成本、扩大销售渠道。在怀旧产品市场中，互联网成为连接消费者和产品的桥梁。通过电商平台、社交媒体等渠道，消费者可以轻松地找到并购买到心仪的怀旧产品。同时，这些平台也为怀旧产品市场提供了更广阔的销售空间，使得更多的产品能够被展示和销售。

最后，怀旧产品市场还通过个性化定制和限量发售等方式，进一步满足了消费者的独特需求。这些方式不仅提高了产品的附加值，也使得怀旧产品市场更具吸引力和竞争力。

总而言之，怀旧产品市场通过关注"冷门"产品、利用互联网技术降低交易成本、扩大销售渠道以及满足个性化需求等方式，成功地应用了长尾理论。这不仅使得怀旧产品市场得以持续发展壮大，也为其他市场提供了有益的启示和借鉴。

第四节 市场话语权（市场标准）与商业模式创新

一、市场话语权与商业模式创新

（一）市场话语权的提出背景

市场话语权的提出背景缘于市场竞争的日益加剧和营销环境的不断变迁。随着经济全球化的加快推进，企业面临来自世界各地的竞争对手，企业的市场竞争变得越来越激烈。为了在激烈的市场竞争中生存与发展，企业就要掌握市场话语权。

近年来，互联网的蓬勃发展极大地丰富了消费者进行信息交流与反馈的渠道和平台，消费者对商品或服务的意见与建议已然成为了重要的数据要素。企业需要通过精准把握数据要素，创新营销策略，积极推动数字化营销与社交媒体营销的发展，以便迅速响应消费需求，对产品及时进行更新迭代。企业通过这些举措，可以有效增强与消费者之间的连接互动，进而强化其对市场话语权的掌控能力，获得更强大的市场竞争力。

（二）市场话语权的具体内容

1. 市场话语权的概念

市场话语权是指行业龙头企业对市场的把控力，表现在该类企业在行业市场中具有强大的话语权、竞争力与影响力。这种话语权是由企业的综合实力和产品的市场占有率等多种因素共同组成的。在激烈的市场竞争中，掌握市场话语权的企业，拥有主导行业产品标准、行业发展方向、市场价格和市场份额的能力，这类企业通常能够更好地把握市场，获得更多的商业机会和利润。

\ 商业模式创新

2. 市场话语权的构成

市场话语权是由企业的市场份额和综合实力等方面构成。其中，企业的综合实力分为企业的硬实力与软实力。硬实力指企业的技术水平和财务实力等方面，软实力指企业的运营管理能力、品牌影响力、社会责任等方面。

3. 市场份额

市场份额是消费者对企业的产品或服务认可的体现，是企业市场话语权的重要基础和保障。企业拥有较大的市场份额意味着企业在该行业内占据主导地位，这种地位不仅会赋予企业话语权，还会带给企业与供应商和客户的议价能力，从而巩固并不断扩大市场份额。

4. 技术水平

企业的技术实力指企业对产品的研发和创新能力。技术实力强的企业能够及时根据市场需求改进产品，并且提供更具有创新性和竞争力的新产品，引领行业的最新走向，以强大的市场占有率主导市场的话语权。

5. 财务实力

企业的财务实力包括企业的资金规模、盈利能力、抗风险能力等方面，是企业生产和运营的关键所在。拥有雄厚财务实力的企业能够为产品的研发提供充足的资金支持，同时，这种强大的资金后盾也让该企业具备了较强的市场抗风险能力。

6. 运营管理能力

运营管理能力是企业运营管理中的核心能力，它涉及企业的各个方面，包括计划、组织、指挥、协调、控制、决策和风险管理等多方面，是企业在实践中的经验总结。当企业具备出色的运营管理能力时，其内部运作将会呈现出高度的协调性，这将促使企业生产与销售工作的稳健提升。这一良性的循环会显著增强企业的综合实力，进而相应地提升企业对市场的把控能力。

7. 品牌影响力

企业的品牌形象是影响其市场话语权的重要因素。通常而言，一个知名品牌的形成是该企业产品或服务的质量、信誉、保障等方面得到了消费者的认可，并且该品牌具有持续不断的市场渗透力，不断增强该企业的市场话语权。具体表现在强大的品牌文化会对消费者和投资者的决策产生巨大的影响。

8. 社会责任

企业积极承担社会责任，能够显著地提升其在业界的声誉和社会形象。通过对社会公益、环保事业等领域的投入，企业不仅能够有效地增强消费者对品牌的正面情感与信赖，还能够更加容易地赢得政府的青睐与支持。这种消费者层面的好感与信任将增强企业的市场竞争力，直接扩大企业的市场话语权。同时，政府的支持不仅能够给企业带来更多的资源与机会，还间接提升了企业在行业内的权威与影响力，使其在业界拥有更高的话语权。

（三）市场话语权背景下的商业模式创新

1. 基本内涵与特征

在市场话语权的背景下，企业商业模式创新的基本内涵在于通过重构价值主张、营销渠道、关键资源等核心要素，以适应市场的变化和客户需求，从而持续获得竞争优势和市场话语权。

基于市场话语权背景下的商业模式创新，不仅是企业对自身经营活动的调整，它更多地聚焦于企业如何运用高效的策略持续满足客户需求、提高客户价值，进而巩固并扩大自身的市场影响力与市场话语权。对于那些已经在市场中占据稳固地位的企业而言，主动推动商业模式创新，是确保其在激烈的市场竞争中持续领先的关键，而对于众多普通企业而言，通过创新和优化现有的经营模式，成为他们有效规避被淘汰风险的不二选择。

2. 方法和路径

（1）价值主张的创新。企业通过细致的市场调查，洞察当前行业中存在的问题与客户的痛点，并以此为出发点，对产品或服务的价值主张进行创新或者赋予其全新的内涵，推动商业模式的创新。通过商业模式的创新，企业能够提供前所未有的产品或服务体验，加速自身的成长与壮大。企业一旦在市场中确立了稳固的话语权，便会持续深化商业模式的创新，以此进一步巩固其市场领先地位。

（2）营销渠道的创新。企业在市场话语权稳固的基础上，需要致力于营销渠道的创新。企业通过数字化转型，运用社交媒体营销、线上线下融合、构建多元化的销售网络等策略，以高效灵活的渠道布局，进一步巩固企业的市场地位。

（3）多元化运营。在企业市场话语权的背景下，多元化运营是企业商业模式创新的路径之一。企业通过扩宽业务范围，进入新的市场或领域，同时以强大的市场话语权推动业务协同，实现资源配置的优化和效益的最大化。

（4）生态化发展。企业需要构建一个良好的商业生态系统，通过整合内外部资源，实现资源的共享和互利共赢。商业生态系统可以包括供应商、渠道商、竞争对手、顾客、媒体等利益相关者，通过构建一个良性的生态系统，提高企业的市场话语权和竞争优势。

\ 商业模式创新

3. 企业商业模式创新的例子

（1）示例一：阿里巴巴。

阿里巴巴最初以 B2B（Business to Business，企业对企业）模式搭建了一个服务于中小企业的网站平台，为中小企业提供"网站+设计+推广"的服务。阿里巴巴抓住了互联网成长的机会，该网站推出初期就给阿里巴巴带来了盈利，阿里巴巴也在互联网平台上崭露头角。随着业务的不断扩展，阿里巴巴逐渐创新出 C2C（Customer to Customer，个人对个人）和 B2C（Business to Customer，企业对个人）的商业模式，通过搭建电商平台，为中小企业和个体商家提供在线对接需求、在线交易、在线支付、物流配送等全方位的服务。阿里巴巴在该模式的赋能下，逐渐掌握电商领域的市场话语权，逐渐成长为国内电商领域的商业巨头，但也面临着后起之秀京东和拼多多的挑战。

阿里巴巴基于市场话语权创新的商业模式表现在：

① 线上交易模式：在实体店大放光彩的背景下，阿里巴巴敏锐地嗅到了互联网的发展机会，于 1999 年推出了 B2B 的商业模式，迅速在线上平台业务上崭露头角，在业内获得了一定的市场话语权。得益于互联网的发展，阿里巴巴推出的 C2C 模式下的电商平台，使得阿里巴巴逐渐获得了电商领域的市场话语权并且引领着行业的发展。阿里巴巴对市场的强大把控力，使得阿里巴巴通过构建淘宝、天猫（B2C）等电商平台，成功打造了一个电商生态系统，让线上交易走进了千家万户。

② 多元化经营模式：电子商务迅速发展带来的蓝海市场，使得众多企业对电商平台跃跃欲试，其中，京东平台给阿里巴巴带来了巨大的挑战。为了巩固阿里巴巴的行业地位和市场话语权，阿里巴巴通过多元化经营策略，不断拓展新的业务领域，以应对京东在单一电商领域的竞争。例如，阿里巴巴旗下的蚂蚁金服、阿里云、菜鸟驿站等业务板块，都在各自的领域内取得了显著的成绩，为阿里巴巴的整体发展提供了强大的支撑。此外，阿里巴巴还通过投资与合作的方式，将业务扩展到了金融和娱乐等多个领域，业务模式不再局限于收取平台商家的租赁费，实现了商业模式的多元化与创新，巩固了阿里巴巴在商业领域的市场话语权。

③ 线上线下相融合模式：短视频平台与直播带货的兴起与发展、以拼多多为主的社交电商的发展，给阿里巴巴带来了巨大的流量压力。阿里巴巴通过与线下实体店合作，以提升用户体验为主旨，实现了线上线下相融合，打造出新零售模式。例如，阿里巴巴旗下的盒马生鲜、银泰百货等实体店，利用数字化运营，以降本增效的竞争力和强大的顾客体验，与众多线上电商平台形成差异化竞争，为阿里的发展注入了新的生命力，不断巩固着阿里巴巴的市场话语权。

（2）示例二：腾讯。

腾讯公司最初从事寻呼软件的开发与销售，于 1999 年和 2011 年基于互联网的发展推出了即时通信软件腾讯 QQ 和微信。这两款通信工具一经推出，迅速获得了消费者的喜爱与支持，腾讯因此不断获取与巩固民营通信领域的市场话语权。拥有了通信领域市场话语权的腾讯，也就拥有了强大的用户基础和用户黏度，腾讯基于此不断实现着商业模式的创新。

腾讯公司基于市场话语权创新的商业模式表现在：

① 增值收费模式：腾讯公司凭借着通信领域的市场话语权，将社交媒体与商业活动进行了深入的融合。腾讯公司借助庞大的用户群体带来的巨大的访问流量，在社交媒体上提供各种增值服务，例如游戏道具、虚拟产品、会员服务、广告插入等。由于庞大的用户基础，增值收入为腾讯公司创造了相当可观的利润。

② 跨界合作的商业模式：拥有民营通信领域内的市场话语权意味着腾讯拥有了庞大的、长期的、稳定的客户群体。腾讯公司凭借着高度黏合的用户群体，不断与其他企业进行跨界合作，推出了各种创新的产品和服务，例如微信支付、腾讯云、金融产品等。腾讯通过跨界合作的商业模式，不断扩展自身的业务领域和生态系统，实现了商业模式的创新与多元化。

二、市场标准与商业模式创新

（一）市场标准提出的背景

市场标准的提出，其背景源于市场经济的蓬勃发展以及市场规范化需求的日益增长。随着市场经济的不断发展，市场的交易规模和范围不断扩大，市场主体之间的竞争日趋加剧。为了维护行业公平、避免同行恶性竞争的发生以及保护消费者的合法权益，需要制定一套统一的市场标准，以此规范市场主体的行为，使得市场健康有序地发展。

（二）市场标准的具体内容

1. 市场标准的概念

市场标准，主要指的是在跨国联属企业或其他商业实体之间的交易中，为了确保交易的公平性和透明度，所遵循的一系列基本准则。这些准则要求交易双方排除由相互控制而起作用的因素，确保交易价格仅由客观的市场价值规律所决定。此外，市场标准还包括产品的质量标准、商业服务标准以及业务流程的标准化等方面的内容。在市场竞争中，厂商的产品和服务必须符合相应的市场标准，不允许出现降低产品标准以获取市场竞争力的恶性竞争行为的发生。另外，对于关乎国计民生领域的产品，其市场标准一般是由国家统一制定，对于创新型的产品标准而言，由于国家尚未制定标准，其标准应以行业标准或者大型厂家制定的标准为准。

\ 商业模式创新

近年来，我国正在建设高标准的市场体系，以适应加快构建高水平的社会主义市场经济体制的要求。此举旨在推动我国经济水平的高质量发展，吸引更多的外资流入，同时全面提升国内市场的综合竞争力。

2. 市场标准的影响因素

影响市场标准的因素有很多，以下是一些主要的影响因素：

（1）市场需求：市场需求是影响市场标准的重要因素之一。企业的产品或服务要根据消费者的需求去制定标准，从而获得消费者的关注与购买。

（2）竞争状况：在一个不充分竞争的市场中，企业如果不断提高产品或服务的质量与标准，其市场竞争力就会不断地增强，相应的行业市场标准就会提高。在一个充分竞争的市场中，企业如果选择低价获取市场竞争力的经营策略，其相应的产品或服务的质量与标准就会降低，若是发生同行恶性竞争、大打价格战的情况，严重地会影响到整个区域市场的产品或服务的质量与标准。

（3）法律法规：法律法规是市场标准的底线。对关乎国计民生的产品，或是法律法规规定的产品或服务的标准，企业必须严格遵守，否则将面临法律风险。

（4）技术水平：科学技术是第一生产力。科技的进步能够促使企业的产品或服务实现成本降低与效率提升的双重效益，一旦这种进步在行业内得到普及，将有力地推动行业整体标准的提升。

（5）监管与执法：市场监管所是市场标准守护地，是市场标准得以贯彻落实的保障。市场监管所作为基层监管机构，负责市场监管和执法工作。市场监管所需要加大对区域市场的监管力度，这样可以有效地减少或是避免非标产品或服务的产生，从而维护市场标准。

需要注意的是，上述这些因素并不是孤立存在的，他们之间相互影响、相互作用。企业首先要确定自己的市场定位，然后充分考虑上述因素，确定自己的产品或服务的标准，在市场标准规定的框架下进行经营活动。

3. 市场标准背景下的商业模式创新

（1）基本内涵与特征。

市场标准背景下的商业模式创新是指企业依据现行的市场标准，结合自身的资源和能力，通过市场再定位和市场细分，重新审视已有的商业模式并且不断探索和尝试新的商业模式。市场标准背景下的商业模式创新强调企业通过差异化的竞争模式和价值创造，提供不同的产品和服务，不断满足消费者精细化和个性化的需求。

（2）方法和路径。

① 深入理解市场标准：企业需要深入理解当前的市场标准，包括行业标准、技术标准、服务标准等。企业通过对这些标准的深入理解，找到当前市场标准尚未涉及的

盲点，通过重新定义商业行为和价值链，以新的商业模式消除这些盲点，达到提升市场竞争力这一理想效果。

② 洞察客户需求：企业通过加强市场调查，洞察客户对当前服务的痛点、需求和期望，以市场需求去创新经营策略和设计商业模式。具体而言，企业可以通过优化产品和服务的提供方式，实现商业模式的创新。例如，企业可以提供定制化服务、快速响应服务、全程无忧服务等全新的服务模式。

③ 技术研发和产品创新：企业可以通过研发新技术和新产品，打破当前的市场标准，创造出新的技术标准和产品标准。企业利用新标准去优化自己的商业布局，进而设计出面向新客户群体的商业模式，如此，企业不仅增强了自身的市场竞争力，也提高了自身的市场话语权。例如，企业可以开发具有更高性能、更高性价比、更低成本、更具环保价值的新产品。

④ 渠道创新：在数字经济时代，企业需要充分利用互联网、大数据和人工智能技术，携手其他企业开展合作与联营，对产品的供应渠道、销售渠道以及利润增长渠道进行全面重组与优化。企业以遵循资源共享、成本共摊及风险共担的合作原则，整合上下游经营链条，推动商业模式的创新。例如，建立上下游风险共担的供应渠道，推行联营的合作模式，实施托管式加盟的拓展策略等举措。

⑤ 持续优化和改进：商业模式的创新不是一次性的活动，而是一个持续不断的过程。企业需要不断搜集市场反馈，根据市场需求持续改进和优化商业模式，不断适应新的市场环境。

4. 基于市场标准背景下企业商业模式创新的例子

（1）示例一：海澜之家。

服装是一个相对传统的行业，由于市场准入门槛较低，每年都会吸引大量的商家入驻。近年来，随着互联网的发展，大众网购服装的比例越来越高，源头服装工厂寻找自媒体达人进行直播带货，极大地打开了源头工厂的销售渠道。这些变化，导致线下服装实体店的生意越来越难做，每年都有大批店铺倒闭。然而，就是在这红海市场中，海澜之家却逆势疯狂开店，并且有相当可观的利润。究其原因，海澜之家发现了当前服装领域供销相分离的市场标准，通过 S2B2C（Supplier to Business to Consumer，供应商到企业到消费者）模式，整合了供销渠道，以优秀的渠道管理，促使海澜之家获得了商业上的巨大成功。

海澜之家基于市场标准创新的商业模式表现在：

① 渠道创新——海澜之家的 S2B2C 模式。在传统的服装领域中，服装的供应商和销售商是相分离的。供应商存在对市场需求调查不精确的问题，导致服装的滞销，销售商存在订货数量较少，导致服装的进货成本较高，难以满足顾客的消费需求。海澜之家基于这个市场标准，通过对渠道模式进行创新，最终以 S2B2C 模式，创新了服装领域的渠道管理，并且打响了"男人的衣柜"这一男装国民品牌。

\ 商业模式创新

　　S2B2C模式是一种集合供应商赋能于渠道商并共同服务于顾客的全新电子商务营销模式。海澜之家以服装为载体，通过整合上游优质供应商，给加盟商铺货并且辅助加盟商完成对顾客的服务。海澜之家在其中的作用是管理渠道、进行人才培训和作为服装的展示平台。加盟商在其中的作用是售卖服装，并且发展最新的市场需求反馈给海澜之家总部，海澜之家以此设计出最新的服装款式并且给供应商下单。在渠道管理的过程中，海澜之家把自己作为渠道管理运营部，通过建立利益共享、风险共担的机制，把加盟商、供应商和海澜之家的品牌打造成利益共同体。同时，海澜之家充分利用互联网及时进行信息的沟通与反馈，达到了渠道链上的各司其职、各得其利、共同发展的局面，成功实现了商业模式上的创新，在服装实体店的寒冬中大放光彩。

　　（2）示例二：特斯拉公司。

　　特斯拉公司（Tesla Inc.）是美国一家产销电动汽车的公司，由马丁·艾伯哈德（Martin Eberhard）工程师于2003年7月1日成立，总部设在美国加州的硅谷地带。特斯拉采用IT理念来造汽车，愿景以"加速全球向可持续能源转变"，和以底特律为代表的传统汽车厂商形成了明显区别的经营理念。基于这个理念，特斯拉生产的汽车充分融入了互联网科技，并且特斯拉汽车是世界上第一个采用锂电池的汽车。

　　特斯拉公司基于市场标准创新的商业模式表现在：

　　① 能源模式的创新：汽车自发明之初便以内燃机作为自身的动力来源，造成了汽车对石油和天然气的过度依赖，同时也造成了生态破坏。特斯拉基于这个现状，研发出可再充电的锂电池技术，并且定义了新能源汽车的市场标准。随着生态保护逐渐成为当今国际上共同关注的热点，以特斯拉为主的新能源车企通过建设充电网络、提供家庭充电桩、公共充电站等基础设施，成功开辟出与传统能源竞争的能源赛道。特斯拉着力布局新能源汽车的商业模式，使其成长为新能源汽车领域的龙头企业。

　　② 销售模式的创新：特斯拉的直销模式是其商业模式的核心。特斯拉改变传统汽车行业依靠经销商销售的市场标准，通过创新的直销模式，构建线上销售与线下体验、线下服务相结合的方式，不仅为消费者简化了购买流程更是降低了购车成本以及增强了服务体验。具体而言，消费者在特斯拉官方网站上进行购车咨询和预订，然后在线下实体店进行试驾和体验，如果满意，可以选择在实体店提车或者厂家直接发货。特斯拉的直销模式，把所有的销售和服务渠道都由公司直接控制和管理，一来明码标价破除了中间商乱加价的行为，为消费者降低了购车成本；二来全链条的服务增强了消费者的购车体验。这种销售模式的创新增强了特斯拉汽车的市场竞争力。

三、企业的核心竞争力

　　企业的核心竞争能力是指能够为企业带来竞争优势的技术、资源、人才等方面的要素，是增强企业市场话语权的根本保证。企业通过不断优化与升级自身的核心竞争能力，不断提高自己产品或服务的标准，可以在激烈的市场竞争中掌握主动权，从而为自身谋取更高的经济效益。企业的核心竞争能力具体体现在如下几个方面：

1. 产品或服务的竞争优势

企业通过提供高质量和高标准的产品或服务，或者基于长尾理论，提供差异化和独特性的产品或服务，从而满足不同消费群体的消费需求，以此增强自身的核心竞争力，不断扩大市场份额。

2. 技术创新能力

企业技术创新能力的持续提升，可以有效增强企业的核心竞争力。企业通过技术升级和产品迭代，可以达到降本增效的理想效果。同时，企业的技术创新将不断催生出新的产品和服务，这将拓宽企业的经营范围，满足消费者多样化的消费需求，促使企业在激烈的市场竞争中脱颖而出。

3. 渠道资源

企业的供应链渠道和营销渠道是其核心竞争力的重要组成部分。高效的供应链渠道有助于企业实现生产成本的优化，进而提供更具竞争力的价格。优秀的营销渠道则能确保企业的产品或服务快速覆盖终端市场，从而有效扩大企业的市场份额。

4. 人才优势

企业的高端技术人才、高素质的员工和优秀的营销人才，能够为企业的发展提供强有力的支持，是企业的核心竞争力之一。

四、三者之间的关系

（一）市场话语权和市场标准的关系

市场话语权和市场标准之间存在着密切的关系，两者相互促进，共同促进市场的有序发展。

首先，市场话语权是企业拥有决定或者影响产品标准、行业发展方向、市场价格和市场份额的能力，而市场标准则是企业在生产和制定产品或服务的质量和性能等方面的标准。

其次，市场话语权和市场标准之间存在着相互影响和相互促进的关系。一方面，拥有市场话语权的企业可以制定更加有利于自己的市场标准，从而获得更多的市场份额和利润，进一步巩固和增强自己的市场地位和影响力。另一方面，企业致力于生产

\ 商业模式创新

和提供超越当前行业标准的、高质量的产品和服务，则更加容易获得消费者的青睐和信任，这有助于企业获得更多的市场份额，进而提高企业的市场话语权。

因此，在市场竞争中，企业需要不断提高产品或服务的质量和水平，同时积极参加相关标准的制定和执行，以此增强自身的市场话语权和市场竞争力。

（二）市场话语权和企业核心竞争力之间的关系

企业的市场话语权和企业的核心竞争力之间存在着密切的关系：

（1）企业的核心竞争力是企业独特的、难以被模仿的能力，是企业获取市场话语权和市场竞争力的重要基础。企业通过对核心竞争力的持续提升，其满足市场需求的能力会显著增强，进而促使企业在市场中拥有更多的话语权。

（2）企业市场话语权的获得可以进一步促进企业核心竞争力的提升。拥有市场话语权的企业可以通过参与市场规则的制定、行业标准的制定和市场竞争的引导，从而获得更多的市场资源和机会，为自身核心竞争力的提升创造更好的环境。同时，市场话语权的获得可以提升企业的知名度和影响力，从而吸引更多的人才加入企业，进一步增强企业的核心竞争力。

因此，企业的市场话语权与其核心竞争力之间存在着一种相辅相成、互为支撑的关系。企业市场话语权的提升，能够有力地推动其核心竞争力的增强，而企业核心竞争力的不断加固，则是企业赢得更强大的市场话语权的关键基石。

（三）市场标准和企业核心竞争力之间的关系

市场标准和企业的核心竞争力之间存在着密切的关系。一方面，市场标准是企业核心竞争力的发展方向，是产品或服务的标准与底线；另一方面，企业的核心竞争力是市场标准建立的依据，行业内企业整体核心竞争力的提升，会推动市场标准的升级。

（1）市场标准是企业核心竞争力的发展方向，是产品或服务的标准与底线。市场标准是企业满足市场需求的规范和准则，包括国家制定的市场标准和现有的市场标准。企业通过不断提升自身的核心竞争力，生产或提供满足市场标准的产品或服务，从而获得更多的市场份额和利润。因此，企业核心竞争力的高低直接决定了其产品或服务达到满足市场标准的要求，进而影响企业在市场中的地位和竞争力。

（2）企业的核心竞争力是市场标准建立的依据。科技的进步使得企业核心竞争力不断增强，企业提供的产品或服务的标准和水平也随之不断地提高，与此同时，市场标准也在不断地升级。如果行业内企业整体核心竞争力提升，则会推动国家标准与市场标准的升级。企业的核心竞争力如果达到了行业的领先水平，则该企业有机会参与市场标准的制定。

综上所述，为了顺应市场标准并获取更大的市场份额，企业必须持续强化其核心竞争力。此外，企业通过积极参与市场标准和行业标准的制定过程，可以为自己争取到更多的资源和机会，进而不断巩固其核心竞争力，最终实现市场份额的进一步拓展。

（四）问题与应用

智能手机市场是一个快速发展且高度竞争的领域，各大厂商纷纷围绕现有的市场标准，在产品的硬件配置、操作系统及智能生态构建等方面进行创新。各大厂商力求通过对当前行业内现有手机标准的创新，持续提升产品的竞争力，进而赢得更大的市场份额。现以智能手机产品市场为例，分析其基于市场标准进行竞争的具体内容：

（1）硬件配置竞争。智能手机的硬件配置主要表现在手机的处理器、内存、镜头以及电池续航等方面。在激烈的市场竞争中，各大厂商为了赢得更大的市场份额，不断基于当前的行业标准对手机的配置进行创新，诸如研发和使用具有更高性能的芯片、大容量的内存、多功能的摄像头以及快充技术等等。厂商持续提高自产手机的配置标准，旨在超越当前的行业水平，进而增强市场竞争力，获得更多的市场份额。

（2）操作系统竞争。智能手机的操作系统长期被苹果与安卓所把控。二者凭借其底层框架的标准制定权，牢牢掌控着手机操作系统的应用标准和规范标准。但是这一局面正在被华为鸿蒙系统的崛起所打破。华为通过重构手机操作系统的底层框架，制定并推行自己的标准，挑战安卓和苹果长期以来建立的市场标准。鸿蒙系统凭借先进的技术架构和创新理念，通过深度挖掘用户的需求和痛点，一举攻克了安卓与苹果系统在使用中长期存在的问题和痛点，进而获得了良好的市场反馈和强大的市场竞争力。

（3）智能生态构建竞争。近年来，智能手机的生态构建成为了一大热门话题，然而，目前在该领域内并没有一个统一的市场标准。各智能手机厂商在构建生态系统时，往往采取各自不同的策略和技术路线。部分智能手机厂商通过重构系统的底层框架或者深度整合硬件与软件服务，成功实现了手机同智能家居设备之间的互联互通。

在智能生态构建这个市场标准相对空白的领域，各大手机厂商纷纷加大研发投入，持续创新，致力于塑造并参与相关标准的起草。它们通过率先建设基于自身标准的智能生态系统，旨在给消费者带来更好的消费体验，进而扩大市场份额，实现商业上的成功。例如，一些手机厂商推出了全屋智能家居解决方案，通过智能手机便可以轻松连接并控制各类智能家居设备，从而为用户带来智能化的家居体验。得益于同一生态系统所带来的流畅、丝滑的使用体验，消费者愈发倾向于选择同一生态系统旗下的系列产品。

综上所述，智能手机市场基于市场标准的商业竞争在于通过持续不断的研发投入，对现有的市场标准进行革新，打造出科技含量更高且用户使用体验更好的手机产品，从而在商业竞争中取得成功。

第五章

渠道视角下的商业模式创新

第五章 渠道视角下的商业模式创新

一、目的与要求
1. 掌握平台型互联网企业的商业模式；
2. 掌握互联网跨界商业模式的运作原理；
3. 通过案例掌握渠道互联网商业模式创新的原理。

二、教学内容
1. 平台型互联网企业商业模式；
2. 渠道商业模式典型案例。

渠道商业模式是指企业如何通过不同的渠道与消费者建立联系，并传递产品或服务的价值。具体来说：客户接触点，这是企业与消费者之间的直接联系点，包括线上线下的各种方式，如实体店铺、电子商务平台、社交媒体等。

渠道选择：企业需要决定如何通过这些接触点将产品或服务传递给消费者，这可能包括批发商、分销商、零售商或其他中间商。

价值传递：渠道商业模式还涉及如何有效地将产品或服务的价值传递给消费者，这包括售后服务、品牌宣传等方面。

渠道整合：企业需要考虑如何整合各种渠道资源，以便更加高效地触达目标客户群体。

商品交易服务：渠道不仅仅是商品交易的场所，它还提供商品交付服务，确保消费者能够顺利获得所购买的商品。

综上所述，渠道商业模式是企业战略的核心组成部分，它关系到企业如何有效地将产品或服务推向市场，满足消费者需求，并最终实现商业成功。一个良好的渠道商业模式可以帮助企业提高知名度，评估市场需求，促进消费，传递价值以及提供优质的售后服务。

渠道商业模式对于企业的重要性主要体现在以下几个方面：

（1）市场拓展：渠道商业模式有助于企业拓展市场，提高产品或服务的销售量。通过建立有效的渠道，企业能够将产品或服务推向更广泛的市场，增加市场份额。

（2）品牌建设：渠道商业模式有助于企业建立品牌形象，提高品牌知名度和美誉度。通过渠道建设，企业能够更好地与消费者接触，传递品牌价值和文化，树立良好的品牌形象。

（3）竞争优势：渠道商业模式有助于企业形成竞争优势，提高竞争地位。通过优化渠道结构，提高渠道效率，企业能够更好地满足消费者需求，抵御竞争对手的挑战。

（4）利润增长：渠道商业模式有助于企业实现利润增长。通过渠道创新和优化，企业能够降低成本，提高运营效率，从而增加利润空间。

（5）客户满意度：渠道商业模式有助于提高客户满意度。通过建立多样化、便捷的渠道，企业能够为消费者提供更加优质的服务，满足消费者的不同需求，从而提高客户满意度。

（6）应对挑战：随着市场环境的变化和消费者需求的多样化，渠道商业模式能够帮助企业更好地应对挑战。通过不断创新和调整渠道策略，企业能够适应市场变化，保持竞争力。

综上所述，渠道商业模式对于企业的发展具有重要的战略意义。一个有效的渠道商业模式能够帮助企业拓展市场、建立品牌、形成竞争优势、实现利润增长和提高客户满意度，从而推动企业的持续发展。

渠道视角下商业模式的创新包括：

（1）渠道整合与优化：通过对现有渠道进行整合和优化，提高渠道效率，降低渠道成本。例如，企业可以采用多渠道营销策略，将线上渠道与线下渠道相结合，实现渠道互补和协同效应。

（2）渠道差异化：针对不同市场、客户群体或产品特点，开发和实施差异化的渠道策略。例如，企业可以为高端产品设立专门的品牌体验店，以提供更具针对性的服务和高品质的购物体验。

（3）渠道创新：探索新型渠道模式，以满足不断变化的市场需求。例如，企业可以利用社交媒体、内容营销等新兴渠道，与消费者建立更紧密的互动关系，提升品牌认知度和忠诚度。

（4）渠道合作与共赢：通过与其他企业、组织或个人建立战略合作关系，实现渠道共享、资源互补和共同发展。例如，企业可以与物流、金融等上下游产业链企业合作，降低运营成本，提高整体竞争力。

（5）渠道技术驱动：运用大数据、人工智能等先进技术，提升渠道运营效率和客户满意度。例如，企业可以通过数据分析了解客户需求，实现精准营销；或利用人工智能技术提升客户服务体验，提高客户满意度。

总之，在渠道视角下的商业模式创新中，企业应关注渠道环节的优化与创新，以提高自身竞争力，实现可持续发展。通过不断探索和实践，企业可以找到适合自己的商业模式，为客户创造更多价值。

第一节 平台型互联网+商业模式

平台型互联网企业指的是以计算机网络技术为基础，为用户提供产品或者服务，并以此获得收益的企业。依照满足不同用户的需求，互联网企业大致可以划分为四种：

第一种是基本应用型互联网企业，主要是向用户提供基础信息服务，比如信息查阅、邮箱系统、在线办公等基础信息服务，典型企业有百度、网易等。第二种是商务平台型的互联网企业，主要是提供线上交易平台所需的产品或者服务，包括商品线上展览、在线交易、店铺代管理等服务，比如阿里巴巴、京东、拼多多等。第三种是社交娱乐型互联网企业，主要是提供即时通信、社区交流等，比如微博、微信、QQ等。

平台型互联网企业的盈利模式主要是向商家提供销售场景并吸引消费者，向B端或C端商家收费。其收入形式主要包括店铺租金、广告营销收费、交易佣金和会员费，收入天花板取决于平台能为商家吸引多少浏览量，故该类互联网企业的首要运营目标是增加其自身平台的流量和人气。目前比较典型的公司有天猫、淘宝、拼多多等，其中天猫类似于万达广场，入驻门槛和费用较高，吸引入驻的一般为品牌知名度较高的商家；而淘宝和拼多多则类似于义乌小商品城，入驻门槛相对较低，无论是品牌商家，亦或是非品牌商家、个人商家都可以入驻。

一、平台型互联网企业的本质

平台型互联网企业的本质是流量生意，一般平台收入可以分解为：活跃用户数量×人均 GMV×货币化率，所以在对该类企业进行价值评估时，应该重点关注其特有的价值影响因素，如活跃用户数量、人均 GMV（Gross Merchandise Volume，商品交易总额）和货币化率。平台型互联网企业的用户可以分为"活跃用户"和"非活跃用户"，活跃用户是指经常性（至少一年一次）在平台进行购物消费的用户，这类用户是企业价值创造之源，是公司运营重点关注的对象。人均 GMV 指活跃用户在平台上进行交易的订单总金额，是平台汇聚用户、导入流量，并将流量转化为商品成交的能力，亦是平台立足于行业之根本。商家资费（广告费、店铺租金、交易佣金等服务费）是平台主要的流量变现方式，货币化率是指平台型互联网企业将 GMV 转化为广告费、服务费、交易佣金等变现方式的比例，是衡量公司流量变现能力的关键指标，计算公式为：营业收入/GMV。

二、平台型互联网企业的策略

① 明确的创业目标：需要在创立之初就明确自己的目标，如打造一个全新的服务模式，构建一个拥有大量用户的平台等。② 用户至上：注重用户体验，致力于满足用户的需求，为用户提供优质的产品和服务。③ 持续改进：需根据市场变化和用户需求不断优化产品和服务，以提升竞争力。④ 开放合作：需具备开放的合作态度，吸引各方参与，共同构建生态圈。⑤ 数据驱动：通过收集和分析平台上的数据，为企业决策提供依据，实现精细化运营。⑥ 技术创新：需紧跟技术发展趋势，不断创新，以提升平台竞争力。⑦ 跨界融合：往往涉及多个行业领域，需要实现跨界资源的整合和融合。

\ 商业模式创新

⑧ 可持续发展：关注可持续发展，通过不断提升平台价值，实现企业持续增长。

平台型互联网企业在实践的过程中通过构建一个开放、共享的互联网平台，实现供需双方的连接与合作，从而实现共同发展。

三、传统的平台型商业模式

（一）传统的平台型商业模式的概念

传统的平台型商业模式的原型来自于旧社会的"市集"或者"农贸市场"。成功的平台型商业模式更是不胜枚举，但是对于传统的平台型商业模式的定义研究依然有限。一般认为，传统的平台型商业模式指的是通过平台来吸引和联结双边用户群体，整合全部资源为双方提供供给和需求，并逐步演进为一种可以满足市场所有参与者的需求并从中巧妙营利的综合服务平台的一种商业模式。

（二）传统的平台型商业模式的形式

（1）双边市场：传统的平台型商业模式依赖于双边市场，即供需双方都在这个平台上进行交易。例如，电商平台吸引商家和消费者，物流平台连接发货者和收货者等。

（2）订阅模式：这是一种收入可持续的商业模式，通过让用户订阅服务或产品，企业可以获得稳定的收入。例如，视频平台、音乐订阅服务和软件即服务（SaaS，Software as a Service）等。

（3）共享经济：这种模式通过充分利用闲置资源来实现经济效益。例如，共享单车、共享汽车和共享办公空间等。

（4）数据分析驱动：利用大数据和人工智能技术，企业可以对用户行为、市场趋势等进行深入分析，从而优化产品和服务，提高盈利能力。例如，推荐系统、价格优化和智能广告等。

（5）社交电商：结合社交媒体和电子商务，通过社交网络效应吸引用户并提高销售额。例如，微信小程序、微博橱窗和直播带货等。

（三）传统的平台型商业模式的优势

（1）网络效应：平台型商业模式具有强烈的网络效应，即平台上的人数越多，每个参与者从中获得的价值就越大。这使得平台在短时间内迅速扩张，吸引更多参与者加入。如目前各领域的优秀案例：社交媒体平台，如 Facebook、Twitter 等，通过吸引更多用户，增强用户间的互动和黏性，从而实现广告等盈利模式；电商平台，如淘宝、京东等，吸引商家和消费者入驻，利用海量商品和用户评价机制提高用户购物体验，从而实现商品销售和广告收入；共享经济平台，如 Airbnb、Uber 等，通过更多用户加入，提供更多房源和出行服务，实现平台价值的最大化；金融服务平台，如支付宝、微信支付等，借助用户数量的快速增长，拓展金融业务，如支付、理财、信贷等，实现盈利；教育平台，如在线课堂、网络课程等，吸引优质教师资源和学员，形成良好的教学氛围，打造教育生态系统。

（2）规模优势：传统平台型商业模式依靠规模经济实现营利，通过扩大用户群体和交易量，降低单位成本。规模越大，平台的利润越高。主要运用了以下策略：提高用户黏性，通过提供优质服务、个性化内容和独特价值，吸引更多用户加入平台，并促使他们在平台上进行更多交易；拓展市场细分，进入具有高利润潜力的小众市场，为特定用户提供定制化服务，实现精准营销；优化运营效率，通过技术创新和管理优化，提高平台运营效率，降低成本；建立共赢生态，与平台上的参与者建立长期稳定的合作关系，共同成长，实现多方共赢；创新营利模式：在保证核心业务稳定的同时，尝试开发新的营利模式，如广告、会员服务、金融服务等。

（3）数据驱动：平台型商业模式注重数据收集和分析，以了解用户需求、行为和市场趋势。这有助于企业制定有针对性的策略，提升平台的价值和竞争力。主要依靠以下方式完成目标：用户画像，通过数据分析，为企业提供详细的用户画像，包括年龄、性别、地域、兴趣爱好等，以便精准推送符合用户需求的产品和服务；个性化推荐，利用数据挖掘技术，分析用户在平台上的行为和喜好，为用户提供个性化的推荐内容，提高用户黏性和活跃度；市场需求预测，通过对市场数据的收集和分析，预测市场趋势和需求变化，为企业提前布局市场提供决策支持；智能营销，利用大数据分析，制定智能营销策略，实现广告的精准投放，提高广告效果和转化率；数据驱动的产品创新，通过对用户数据的分析，发现用户痛点，为企业提供创新产品和服务的机会。

（4）跨界合作：传统平台型商业模式往往通过与其他行业、企业或平台合作，实现资源共享、互惠互利。例如，电商平台与金融、物流、广告等行业合作，拓展自身的业务范围和营利渠道。

（5）会员制度：为了提高用户黏性和活跃度，传统平台型商业模式通常会设立会员制度，为会员提供优惠、专属服务等激励措施。

（6）增值服务：除了基础的交易服务外，平台型企业还会提供一系列增值服务，如数据分析、金融服务、技术支持等，以满足用户在平台上产生的额外需求。

（7）营销策略：传统平台型商业模式非常注重营销策略，通过线上线下多渠道宣传推广，提高平台的知名度和影响力。

总之，传统平台型商业模式在于打造一个双边市场，实现规模经济和网络效应，通过提供基础交易服务和增值服务来实现营利。在当前互联网高速发展的背景下，传统企业需要不断调整和优化商业模式，以适应市场变化。

（四）传统的平台型商业模式的未来

随着市场竞争的愈发激烈，各种商业模式如雨后春笋般涌现出来，而传统的平台

\ 商业模式创新

型商业模式如何在实践过程中存活下来，可以借鉴以下策略：① 供应链协同：通过构建供应链协同管理系统，实现业务流、信息流、物流、资金流的高效互通。② 产品全生命周期管理：实现研发设计、生产制造、产品服务、库存物流等环节的数据协同。③ 柔性化生产：应对市场动态变化，提高生产过程中的协同性和灵活性。④ 绿色节能生产：关注环保，推动节能减排，实现可持续发展。⑤ 远程运维服务：通过互联网平台提供远程运维服务，降低企业运营成本。⑥ 数据挖掘与分析：利用大数据技术，挖掘平台数据价值，为决策提供支持。⑦ 跨界合作：与不同行业的企业合作，实现资源互补和共同发展。⑧ 用户培养：注重用户培养，提高用户黏性，实现用户价值的最大化。

因此，在实践过程中，传统的平台型商业模式的企业需注重用户体验、持续改进、技术创新和跨界融合等方面，以提升企业的竞争力和实现可持续发展。

四、平台型互联网+商业模式的优势

① 去中心化：打破了传统的企业层级结构，实现了信息和资源的共享，降低了交易成本。② 跨界融合：往往具备多元化的业务领域，通过跨界整合和创新，为用户提供丰富的服务和产品。③ 用户导向：注重用户需求，以用户体验为核心，不断优化平台功能和服务。④ 数据驱动：充分利用大数据、人工智能等技术，对用户行为和市场趋势进行深入分析，以实现精准营销和战略决策。⑤ 开放式创新：通过与合作伙伴共享资源和技术，实现快速成长和创新。⑥ 社交属性：通常具备强烈的社交属性，通过互动、分享等机制激发用户参与度和黏性。⑦ 灵活性：具有很强的应变能力，能够快速应对市场变化和竞争压力。⑧ 生态系统：往往构建了一个完整的生态系统，包括平台、用户、服务商、第三方开发者等多方参与，实现共生共赢。产业互联网的平台型商业模式在实践中已经取得了显著成效，例如阿里巴巴、腾讯、京东等，通过打造开放平台，实现了产业链上下游的深度融合，为用户提供便捷的服务，同时也为自身和合作伙伴创造了巨大的商业价值。⑨ 跨界合作：通过与不同行业的企业合作，实现资源互补和共同发展。⑩ 持续创新：以创新为动力，持续优化产品和服务，推动产业升级。

然而，产业互联网的商业模式并非仅限于平台模式，还需关注产业本身的变化和重构，以实现真正的落地和可持续发展。总之，平台型互联网+商业模式以用户需求为导向，通过构建跨界融合、开放共享的生态系统，实现产业链的升级和变革。这种模式已经在电商、出行、金融、教育等多个行业取得了显著成果。

五、现代网络型虚拟平台

（一）现代网络型虚拟平台的定义

现代网络型虚拟平台是指基于互联网技术构建的虚拟化平台，它可以提供各种在

线服务和功能，如社交网络、电子商务、在线教育、数字娱乐等。这些平台通常通过网页或应用程序让用户进行交互，从而实现信息共享、交流互动、商业交易等功能。现代网络型虚拟平台的特点包括便捷性、全球化、多样化的服务内容以及个性化的用户体验。

（二）现代网络型虚拟平台的形式

（1）云计算平台：如阿里云、腾讯云、AWS（亚马逊云）等，为企业和个人提供计算、存储、传输等资源和服务。

（2）虚拟现实（VR）平台：如Oculus Rift、HTC Vive、SteamVR等，为用户提供沉浸式虚拟现实体验。

（3）游戏虚拟平台：如Steam、Epic Games Store、GOG.com等，为玩家提供数字游戏发行和购买服务。

（4）社交媒体虚拟平台：如Facebook Horizon、VRChat等，用户可以在虚拟世界中互动、交流和娱乐。

（5）远程协作平台：如Zoom、Microsoft Teams、Slack等，为企业和个人提供远程会议、沟通和协作功能。

（三）现代网络型虚拟平台的优势

（1）全球化覆盖：能够跨越地域限制，为用户提供全球化的服务和信息共享。

（2）便捷性：用户可以通过互联网随时随地访问虚拟平台，享受各种在线服务，无须受时间和空间的限制。

（3）多样化的服务内容：现代网络型虚拟平台通常提供丰富多样的服务内容，包括社交网络、电子商务、在线教育、数字娱乐等，满足用户多样化的需求。

（4）个性化用户体验：虚拟平台可以根据用户的个性化需求和偏好，提供定制化的服务和体验，增强用户黏性。

（5）信息共享和交流：用户可以通过虚拟平台轻松分享信息，进行交流互动，促进社交和合作。

（6）商业化运营：对于企业而言，现代网络型虚拟平台可以成为商业化运营的重要平台，为企业提供线上销售、推广和客户服务等功能。

（四）现代型网络虚拟平台的特点

现代型网络虚拟平台的特点包括：

（1）弹性和灵活性：用户可以根据实际需求动态调整计算、存储和网络资源，实现弹性扩展和收缩。

（2）虚拟化技术：采用虚拟化技术将物理资源抽象为虚拟资源，实现资源的合理分配和利用。

（3）自动化管理：平台通常具备自动化的资源管理和监控功能，能够自动化地部署、扩展和管理计算环境。

（4）多租户支持：能够支持多个用户共享同一套资源，实现资源的多租户管理和隔离。

（5）安全性和可靠性：平台通常具备安全防护和备份恢复机制，确保用户数据和计算环境的安全和可靠性。

如今，现代型网络虚拟平台在云计算、大数据、人工智能等领域得到广泛应用，为用户提供了高效、灵活、安全的计算环境，对于企业的数字化转型和创新发展具有重要意义。

六、平台型商业模式创新的基本原理

（一）平台型商业模式的基本概念

平台型商业模式（Platform Business Model）是基于用户生态衍生和创造价值，首席信息官（Chief Information Officer，CIO）必须为此做好准备。平台型商业模式的异军突起，要求企业颠覆传统的IT架构构建和管理模式。而该平台型商业模式是否适合当下经济的发展，则需从以下几个方面来考虑：

（1）产业上下游规模和离散程度，决定了平台的市场空间：平台的生存土壤在于产业上下游之间的衔接的缝隙，其上下游规模和离散程度决定了空间，产业上下游规模越大，离散程度越高，平台的市场空间越大。以淘宝为例，淘宝的作用在于通过网络平台匹配生产者海量的产品和消费者差异化的需求，产业上下游（上游社会化生产，下游是大众消费）的规模巨大，而且离散程度非常高，所以能够承载淘宝这种巨无霸的存在。

从产业规模来看，比如饿了么，其匹配了饭店和用餐人的点餐需求，看似规模庞大，但实际上每个点餐人面对的只是方圆3~5公里的饭店，市场规模会小很多。再如一些上门美容、美甲等，所面临的市场规模就会更小。从离散程度来看，近年在工业品诞生了找钢网、找气网等平台，工业品产业上下游的规模是巨大的，但是我国经济特色，工业品产业上游离散度很低，基本都是有数的供应商，平台的作用更像提供一个交易担保平台，本身存在的价值不明显，这也就是工业品B2B平台发展缓慢的原因。

（2）平台如何连接了生产者和消费者，决定了企业的运作模式：产业上下游的规模和离散程度决定了平台的生存空间，而平台如何连接生产者和消费者决定了企业运作的模式。以电商平台为例，淘宝的模式在于为生产者和消费者提供一个撮合平台，淘宝提供的平台基础环境、流量入口和信用保障机制，并不参与生产者和消费者的交易，因此淘宝的运作模式在于为交易双方提供更加公平、高效的消费环境；京东除了提供平台环境外还作为生产者参与交易活动，京东的运作模式就在于挑选优质的产品，自建物流体系提供好的消费体验。淘宝的撮合模式能够迅速扩大平台销售规模，但是消费体验难以保障；京东的自建模式能够提升消费体验，但是规模扩张缓慢，这是所有平台模式都要面临的选择。

（3）所构建的平台是否具有"外部性"决定了平台生命力：平台经济之所以能够"赢者通吃"，按照经济学术语来讲就在于"网络的外部性"，通俗来讲，你在平台上获得的好处取决于平台规模。如电商平台凝结越多的消费者，就能吸引更多的生产者，越大的规模，作为消费者就能获得更好的服务，平台的黏性就强，网络外部性是平台建立竞争壁垒的根本。再来看下滴滴的例子，滴滴出行采用平台模式近几年风光无限，但是2019年却亏损109亿，而且大幅裁员，这是为什么呢？滴滴出行所处的市区出行拥有巨大的市场空间，滴滴出行只提供撮合交易平台，随着用户数量的增加，平台的边际成本在持续下降，为什么还会如此艰难呢？从商业模式的角度来分析，笔者认为其网络外部性不强导致其作为平台的竞争力下降，从表面看拥有越多的用户就拥有越多的出租车，好像也有较强的外部性。但是从实际来看，决定出行人选择的是他所处位置的出租车的数量，平台整体规模和他无关，这也是为什么出现了很多出行平台，甚至一些地方小平台都能够抢夺滴滴出行市场份额的根本原因。其实团购网站、订餐网站也面临同一困局，一旦有新的平台携带资源杀入市场就会带来巨大的冲击，因为他们可以在某一点上取得优势从而带来致命打击。

（4）平台所采取的收入方式，是否能够支持平台稳定发展：收入来源是商业模式规划的核心和关键，淘宝的撮合模式收入主要来源于广告和销量提成，京东的自建模式收入主要来源于销售产品，饿了吗、团购网站的收入来源也来源于销量提成。平台模式一定要进行精细地核算，考虑所获得收入能否支持平台稳定发展，比如订餐平台，如果依靠销量提成，要计算清楚平衡点，因为平台的提成会增加饭店的成本，如果提成过高，饭店会将成本增加到消费者身上，一旦售价提高又会受到消费者的抵制，从而带来平台生存危机。

（二）平台型商业模式创新的基本原理

企业营利必须通过价值链才能实现，围绕着价值链的创新应该是平台型商业模式创新的关键。将企业内部的经营活动——分解，所有显性的经营活动都代表了企业的价值创造，由此可以从是否实现价值增值的角度去审视每一种经营活动的合理性。

价值链管理的出发点向来是通过如何降低成本来改进企业的价值创造。虽然成本的节约很重要，但远没有企业自身在产业价值链上的定位问题更为重要。

确定一个成本节约的目标，然后考虑如何实现这一目标，这是一种集中性的思维方式。人们要在某一阶段把一件事情做好，一定需要这样的思维方式，并且在行为方式上也需要这样。除此之外，人们还需要另一种思维方式，那就是发散性的思维方式。发散性思维要求人们不能仅看到眼前，还要看到未来；不能仅看到局部，还要看到全局。发散性思维要求人们打破原有的思维模式，不"一条道走到底"，而要另辟蹊径。

\ 商业模式创新

▶ 第二节 渠道商业模式创新的案例研究

一、美团的渠道商业模式创新案例研究

（一）引　言

随着互联网技术的飞速发展，电子商务行业迎来了前所未有的发展机遇。作为中国领先的生活服务电子商务平台，美团不断创新其商业模式，以满足消费者日益多元化的需求。下面详细分析美团如何通过渠道商业模式的创新，实现企业的快速发展和市场领导地位的稳固。

（二）美团简介

美团，全称北京三快在线科技有限公司，成立于 2010 年，是一家立足中国、服务全球的互联网生活服务平台。以"吃喝玩乐全都有"为口号，美团致力于为消费者提供丰富多样的生活服务，包括但不限于外卖订餐、酒店预订、旅游度假、电影票务、打车出行、美容美发、休闲娱乐等。自成立以来，美团始终坚持技术创新，积极拥抱变化，以满足用户需求为导向，不断提升用户体验。凭借先进的科技实力、优秀的服务质量和广泛的用户基础，美团已成为中国最大的本地生活服务平台之一，并在全球范围内拥有极高的知名度和影响力。在外卖领域，美团外卖凭借丰富的菜品选择、快速的配送服务和优质的商家资源，赢得了广大消费者的信赖和喜爱。同时，美团还积极拓展其他业务领域，如酒店预订、旅游度假等，为用户提供一站式的生活服务体验。美团始终秉持"以客户为中心"的经营理念，致力于为用户提供更加便捷、高效、优质的服务。未来，美团将继续深耕本地生活服务领域，不断创新发展，为用户提供更多元化、个性化的服务，助力提升生活品质。

（三）美团渠道商业模式的演变

美团作为中国领先的本地生活服务平台，其渠道商业模式的演变历程充满了创新和变革。从最初的团购模式，到后来的 O2O（Online to Offline，在线离线/线上线下）模式，再到现在的全生态链模式，美团始终在寻找和塑造最适应市场需求和行业发展的商业模式。早期的美团以团购模式起家，这是一个消费者、商家和平台三方共赢的模式。消费者可以通过团购享受到优惠的价格，商家则通过大规模的销售提升业绩，而美团则通过提供平台服务获得佣金。然而，随着市场的变化和竞争的加剧，美团开始意识到单一的团购模式已经不能满足用户的需求，于是开始探索新的商业模式。随

后,美团推出了O2O模式,即线上到线下的商业模式。这个模式将线上的用户流量引导到线下的实体店铺,实现了线上线下的深度融合。通过O2O模式,美团不仅拓宽了服务范围,还提升了用户体验,进一步巩固了市场地位。然而,美团并未满足于此,它一直在寻求突破和创新。近年来,美团开始向全生态链模式转变。全生态链模式不仅包括餐饮服务,还涵盖了电影娱乐、旅游出行、酒店住宿等多个领域,形成了一个庞大的生活服务生态圈。在这个生态圈中,美团通过提供一站式的服务,满足了用户多元化的需求,进一步提升了用户黏性。同时,美团还积极利用大数据、人工智能等先进技术,提升服务效率和用户体验。通过数据分析,美团可以更准确地了解用户需求,为用户提供更加个性化的服务。而人工智能技术的应用,则使得美团的服务更加智能化、便捷化,进一步提升了用户满意度。总的来说,美团渠道商业模式的演变是一个不断创新和适应市场变化的过程。从团购模式到O2O模式,再到全生态链模式,美团始终坚持以用户为中心,不断提升服务质量和用户体验。未来,随着技术的不断进步和市场的不断变化,美团的商业模式还将继续演变和创新,为用户带来更加优质的服务体验。

(四)美团渠道商业模式创新的具体举措

在当今快速发展的数字化时代,美团作为中国领先的本地生活服务平台,始终站在行业的前沿,不断探索和创新其商业模式。其成功的背后,离不开一系列具有前瞻性的具体举措,这些举措不仅推动了美团自身的发展,也为整个行业树立了新的标杆。

(1)技术创新驱动商业模式升级。美团一直将技术创新作为核心驱动力,通过引入大数据、人工智能等前沿技术,不断优化其服务流程和用户体验。例如,美团推出的智能推荐系统,能够根据用户的消费习惯和偏好,为其推荐最合适的商家和产品,从而提高交易效率和用户满意度。

(2)多元化服务拓展商业版图。美团不断拓展其服务领域,从最初的餐饮外卖,逐渐扩展到电影票务、酒店预订、旅游度假等多个领域。这种多元化的服务策略,不仅增加了用户的黏性,也为美团带来了更多的商业机会。同时,通过整合各类资源,美团能够为用户提供更加全面和便捷的一站式服务。

(3)深化与商家的合作关系。美团深知,与商家的紧密合作是商业模式创新的关键。因此,美团积极与各类商家建立长期稳定的合作关系,通过提供技术支持、营销推广等多种方式,帮助商家提高经营效率和服务质量。这种共赢的合作模式,不仅增强了美团的市场竞争力,也为商家带来了更多的商业价值。

(4)持续优化用户体验。用户体验是商业模式创新的重要组成部分,美团始终坚持用户为导向,不断优化其产品和服务,以满足用户日益增长的需求。例如,美团推出的即时配送服务,为用户提供了更加快速和便捷的配送体验。同时,美团还通过不断完善售后服务和用户反馈机制,确保用户能够得到及时、有效的帮助和支持。

\ 商业模式创新

（5）开放平台战略引领行业创新。为了推动整个行业的创新和发展，美团积极实施开放平台战略，与其他企业、开发者等合作伙伴共享资源和技术，共同推动行业的进步。通过开放 API 接口、提供技术支持等方式，美团吸引了众多的开发者和合作伙伴加入其生态系统，共同推动本地生活服务行业的创新和发展。

（五）美团渠道商业模式创新的成效分析

（1）用户规模与活跃度持续增长。得益于商业模式的不断创新，美团的用户规模和活跃度持续增长。越来越多的消费者选择美团作为他们日常生活服务的首选平台。

（2）市场份额稳步提升。随着商业模式的不断升级，美团在市场上的竞争力不断增强，市场份额稳步提升，已经成为中国生活服务电子商务领域的领军企业之一。

（3）品牌影响力日益增强。美团通过持续的创新和优质的服务，赢得了消费者的信任和认可，品牌影响力日益增强。它已经成为中国电子商务行业的一张重要名片。

（六）美团渠道商业模式创新分析

（1）跨界整合：美团在发展过程中，不断跨界整合各类生活服务资源，将餐饮、外卖、旅游、电影等多个领域进行有机融合，打造一站式生活服务平台。这种跨界整合的商业模式，不仅满足了消费者多样化的需求，也提高了平台的整体盈利能力。

（2）技术驱动：美团始终将技术创新作为核心竞争力，通过大数据、人工智能等先进技术，实现对用户需求的精准洞察和个性化推荐。同时，美团还通过技术创新不断提升服务质量和效率，为用户带来更好的体验。

（3）社群营销：美团充分利用社交媒体的力量，通过社群营销的方式，将用户、商家和平台紧密连接在一起。通过线上线下的互动活动，美团不仅吸引了大量用户关注，也提高了商家的曝光度和用户黏性。

（4）共享经济：美团积极拥抱共享经济趋势，推出共享单车、共享汽车等服务，将共享经济理念融入生活服务领域。这种商业模式的创新，不仅为用户提供了更加便捷的服务，也为商家和平台带来了新的增长点。

（七）美团渠道商业模式创新的影响

在当今数字化的世界中，商业模式创新已成为企业持续发展的关键因素。美团，作为中国领先的在线本地服务平台，通过其独特的商业模式创新，不仅推动了自身的发展，也对整个行业产生了深远的影响。美团的商业模式创新主要表现在其独特的渠道策略和强大的技术驱动上。首先，美团通过整合各类本地服务提供商，如餐饮、娱乐、购物等，为消费者提供了一个一站式的服务平台。这种多元化的渠道策略不仅满足了消费者多样化的需求，也帮助商家扩大了市场覆盖，提高了运营效率。其次，美团借助大数据、人工智能等先进技术，实现了精准的用户画像和个性化的服务推荐。

这种技术驱动的创新不仅提升了用户体验，也帮助商家更好地理解了消费者需求，实现了精准营销。美团的商业模式创新对行业的影响深远。一方面，它推动了本地服务行业的数字化进程，让更多的传统商家接触到了互联网的力量，实现了业务的升级和转型。另一方面，美团的成功也引发了行业的竞争和模仿，推动了整个行业的进步和发展。然而，商业模式创新并非一帆风顺。美团在发展过程中也面临了诸多挑战，如市场竞争、监管压力等。但正是这些挑战，推动了美团不断创新和完善自身的商业模式，使其更加适应市场的变化和需求。总的来说，美团的商业模式创新不仅推动了自身的发展，也对整个本地服务行业产生了深远影响。未来，随着技术的不断进步和市场的不断变化，我们期待美团能够继续创新，引领行业的发展。

（八）结论与展望

美团通过跨界整合、技术驱动、社群营销和共享经济等创新手段，实现了快速发展和持续领先。未来，随着技术的不断进步和消费者需求的不断变化，美团需要继续深化商业模式创新，拓展新的业务领域，提升服务质量和效率，以应对日益激烈的市场竞争。同时，美团还需要关注政策环境、社会责任等方面的挑战，实现可持续发展。总之，美团渠道商业模式创新的案例研究为我们提供了一个成功的典范，展示了商业模式创新在电子商务行业中的重要性和价值。在未来的发展中，美团将继续发挥其创新优势，为用户和商家带来更加优质的生活服务体验。

二、娃哈哈的渠道商业模式创新案例研究

（一）引　言

娃哈哈作为中国最大的食品饮料生产企业之一，其成功的背后离不开其独特的渠道商业模式。近年来，娃哈哈不断进行渠道商业模式的创新，以适应市场的变化，满足消费者的需求。这里对娃哈哈的渠道商业模式创新案例进行深入的研究分析，以期为其他企业提供借鉴和参考。

（二）娃哈哈简介

娃哈哈集团创建于1987年，总部位于杭州。其前身是杭州市上城区校办企业经销部，从3个人、14万元借款起家，现已发展成为中国规模最大、效益最好的饮料企业之一。

娃哈哈在全国29个省、自治区、直辖市建有80个生产基地、150余家分公司，拥有总资产300亿元，员工近3万人。产品涵盖蛋白饮料、包装饮用水、碳酸饮料、茶饮料、果蔬汁饮料、咖啡饮料、植物饮料、特殊用途饮料、罐头食品、乳制品、医药保健食品等十余类200多个品种。

\ 商业模式创新

娃哈哈坚持以一流的技术、一流的设备、一流的服务，打造出一流的品质，先后投资100多亿元从美国、法国、德国、日本、意大利等国引进360余条世界一流的自动化生产线。娃哈哈还是食品饮料行业少有的具备自行研发、自行设计、自行制造模具及饮料生产装备和工业机器人能力的企业。

娃哈哈在已故创始人宗庆后的领导下，35年累计销售额达到8 600多亿元，位居中国企业500强、中国制造业500强、中国民营企业500强前列。在发展的同时，娃哈哈也积极投身社会公益事业，累计公益捐赠6.5亿元，因此多次荣获中华慈善奖、全国社会扶贫先进集体、全国东西扶贫协作先进集体、国家西部大开发突出贡献集体、全国对口支援三峡工程移民工作先进单位等荣誉。

（三）娃哈哈渠道商业模式的演变

娃哈哈作为中国食品饮料行业的领军企业，其渠道商业模式的演变历程不仅反映了市场环境的变迁，也体现了企业对于市场需求的敏锐洞察和对渠道商业模式的持续创新。

（1）初创期的传统批发模式。在娃哈哈的初创期，其渠道商业模式主要依赖于传统的批发模式。通过与各地的批发商建立合作关系，娃哈哈集团的产品得以快速进入各地的市场，覆盖广泛的消费者群体。这种模式的优点在于简单易行，能够快速铺货，但缺点也很明显，即企业对市场的掌控力较弱，无法直接接触到消费者，获取第一手的市场反馈。

（2）发展期的直销与联销模式。随着娃哈哈市场布局的逐步成熟和市场竞争的日益加剧，娃哈哈开始尝试直销和联销的商业模式。直销模式使得娃哈哈能够直接接触到终端零售商，从而更好地掌握市场动态和消费需求。而联销体模式则是娃哈哈集团基于加强对分销渠道的把控力度以及将产品渗透到更广泛的地区而创新的商业模式。联销体模式的创新，使得娃哈哈集团形成了一个覆盖全国的销售网络，这不仅有效地避免了被大型经销商所掣肘的风险，加强了集团对市场的掌控力，更是推动集团迈入高速发展的阶段。

（3）电商时代的线上线下融合模式。进入电商时代，娃哈哈集团再次创新商业渠道模式。企业积极布局线上渠道，通过新零售营销和新媒体赋能打通全网流量，实现线上线下全渠道营销布局。消费者可以通过线上了解产品，线下体验购买，也可以在线下体验后进行线上购买。此外，在互联网时代，娃哈哈集团充分利用大数据、人工智能等技术分析消费者画像，为企业的精准营销和个性化服务提供有力的支持。

（4）数字化转型与渠道创新。近年来，随着数字化技术的快速发展，娃哈哈进一步推动渠道商业模式的数字化转型。企业上线了实体电商平台"快销网"，通过S2B2C模式，实现了供应链、生产商和消费者之间的紧密连接。此外，娃哈哈还积极探索新的渠道形式，如社区团购、无人零售等，以适应市场的多元化需求。

（四）娃哈哈渠道商业模式创新的举措

（1）联销体模式的创建与优化。联销体模式是一种由生产商、批发商和零售商共同组成销售网络，共同承担销售风险和共同分享销售利润的销售模式。各方通过签订联销合同，建立长期的合作关系，形成一个利益共同体。

联销体模式是一种独特的经销商管理体系，其基本结构为：总部→各省区分公司→特约一级批发商→特约二级批发商→二级批发商→三级批发商→零售终端。娃哈哈集团通过联销体模式布局的销售网络，建立起了包括县级经销商在内的封闭式销售网络，总共囊括了四级经销商。这种创新的商业模式使得娃哈哈集团的产品能够更加深入地渗透到各个地区，提高了市场的覆盖率。随着市场的发展，娃哈哈集团在不断优化联销体模式，以适应新的市场环境。例如，集团通过引入经销商竞争机制，对未完成任务的经销商进行淘汰等方式，聚焦培养大规模、实力强的大型经销商。

（2）渠道扁平化发展。为了实现渠道成本的降低与效率的提升，娃哈哈集团采取了直面一、二级经销商，由一、二级经销商直面三、四级经销商的渠道模式，实现了渠道的扁平化发展。这种扁平化的渠道结构减少了中间环节，提高了信息传递的速度和准确性，使得娃哈哈集团能够更快速地响应市场变化。

（3）严格的渠道管控。娃哈哈集团通过制定并执行统一的渠道价格体系、逐级返利政策、年度奖励政策等措施，不断加强对经销商的管控力度。同时，集团执行严格的市场管理标准，对窜货和低价销售等行为零容忍。

（4）完善产品物流体系。为了提升物流效率，娃哈哈集团引入了智慧物流系统。例如，娃哈哈与福莱瑞达合作，打造了一套自动化系统，该系统是基于生产和订单驱动的自动化存储系统，实现了高效、迅速、精准的仓储管理。通过智能四向穿梭机器人系统、托盘自动输送系统、仓储管理系统（WMS，Warehouse Management System）以及仓库控制系统（WCS，Warehouse Control System）的高效结合，实现了产品出入库的无缝衔接，保障了饮料的快速周转供应。

此外，娃哈哈在物流配送体系上也进行了创新。一方面，娃哈哈采用了多种配送方式，包括市场部要货、配送中心被动送货和配送中心主动送货等，以满足不同市场和客户的需求。另一方面，娃哈哈不断优化配送网络，提高配送效率。例如，通过优化运输路线、提高车辆满载率等方式，降低运输成本；通过加强库存管理、提高库存周转率等方式，降低仓储成本。

（5）线上线下融合发展。随着电商竞争的日益加剧，娃哈哈集团也在根据集团现状，创新出适合自己发展的线上线下相融合的 OAO（Online And Offline）渠道模式。该模式可以具体概括为：以线下实体店、经销商网络为基础，集团为其搭建线上电商平台，实现线下和线上有机融合的一体化"双店"经营模式。该模式将线上线下的资源进行整合和共享，实现了信息的无缝衔接和流通。

娃哈哈集团通过 OAO 渠道模式，将线上平台与线下实体店紧密结合，利用一物

\ 商业模式创新

一码等技术，将线下产品转化为线上流量入口，引导消费者参与线上优惠活动，同时将线上用户数据和分析结果用于指导线下销售策略。这种双向互动的模式为消费者提供了更加便捷、个性化的购物体验，也为商家提供了精准的资源投放策略，实现了线上线下的共赢。同时，娃哈哈还通过线上线下联动的方式，开展各种促销和营销活动，提升品牌知名度和销售额。

（五）娃哈哈渠道商业模式创新的影响

（1）市场拓展与品牌影响力提升。通过创新的渠道商业模式，娃哈哈成功地将产品渗透到更广泛的市场，不仅提高了市场占有率，也显著提升了品牌影响力。其创新的联销体模式使得各级经销商能够紧密合作，共同开拓市场，实现了销售网络的快速扩张。

（2）销售效率与成本控制的优化。娃哈哈对渠道商业模式的创新优化了销售流程，提高了信息的传递速度，使得决策响应更加及时，这不仅避免了传统的大商问题，集团也能减少信息传递和渠道维护的费用支出。同时，优化的物流配送方式降低了物流成本且提高了配送效率，有效地减少了物流成本，提高了集团的盈利能力。

（3）消费者体验提升与忠诚度增强。线上线下融合发展的战略使得娃哈哈能够更好地满足消费者的多样化需求，提升了购物体验。消费者可以通过多种渠道购买到娃哈哈的产品，享受到更加便捷、个性化的服务。这种良好的消费体验有助于增强消费者对娃哈哈品牌的忠诚度。

（4）供应链整合与协同能力提升。娃哈哈通过创新的渠道商业模式，实现了供应链的整合与协同。各级经销商、物流合作伙伴以及电商平台等各方资源得到有效整合，形成了强大的供应链网络。这种整合与协同能力使得娃哈哈集团提高了供应链的灵活性和韧性，能够更好地应对市场变化。

（5）行业示范与引领效应。娃哈哈渠道商业模式创新不仅提升了自身的竞争力，也为整个行业树立了典范。其成功经验为其他企业提供了有益的借鉴和参考，推动了整个行业的创新与发展。

（六）结论与展望

娃哈哈集团在渠道商业模式的创新上取得了显著成效。通过联销体模式的完善、渠道扁平化、加强渠道管控、完善产品物流体系以及线上线下融合发展等措施，娃哈哈集团成功实现了销售网络的广泛覆盖，迅速提升了产品的销售效率和市场竞争力。这些创新不仅使娃哈哈能够更好地满足消费者需求，也为其在激烈的市场竞争中保持领先地位提供了有力支撑。然而，渠道商业模式创新并非一蹴而就的过程，娃哈哈在创新过程中也面临着诸多挑战。例如，如何平衡线上线下渠道的利益，如何保持与经销商的长期合作关系，如何应对市场变化和消费者需求的多样化等。因此，娃哈哈需要不断调整和优化渠道商业模式，以适应不断变化的市场环境。

未来，随着数字化、智能化技术的不断发展，娃哈哈集团在探索渠道商业模式的创新路上将面临着更多的机遇和挑战。娃哈哈集团在未来可以深入发掘数字化技术的潜力，将其广泛地应用于渠道管理、物流配送及消费互动等多个关键环节，从而提升商业渠道的智能化运营水平。与此同时，娃哈哈集团也应积极拥抱新兴渠道，诸如社交电商、直播电商等，以此开辟全新的销售渠道。此外，娃哈哈集团还需要高度重视渠道与产品的协同创新问题。这意味着娃哈哈集团要紧密追踪消费需求的变化和市场发展新趋势，确保产品与渠道之间形成积极有效的互动循环，从而实现将产品更高效地推向市场这一理想效果。

三、蒙牛的渠道商业模式创新案例研究

（一）引　言

蒙牛作为中国乃至全球领先的乳制品企业之一，不断地进行渠道商业模式创新，以此来稳固自己的市场份额，增强自身竞争力。而它的成功也正是国内其他企业能借鉴的，下面对其渠道商业模式创新进行细致的分析。

（二）蒙牛简介

蒙牛乳业集团股份有限公司，简称蒙牛，中国领先的乳制品企业之一，成立于1999年，总部位于中国内蒙古自治区的呼和浩特市。公司主要从事乳制品的生产和销售，产品涵盖液态乳、奶粉、酸奶、奶酪等多个品类。蒙牛以其高品质的产品和强大的品牌影响力而闻名，产品覆盖国内外市场，并在国际乳制品行业中具有一定的影响力。作为国家农业产业化重点龙头企业，蒙牛肩负着"百年蒙牛、强乳兴农"的使命，并借助西部大开发的春风取得了长足的发展。

一直以来，蒙牛致力于提供健康、营养的乳制品产品，通过不断的创新和发展，致力于满足消费者的需求。同时，蒙牛也在可持续发展和社会责任方面积极履行企业公民的责任，致力于推动乳制品行业的健康发展和社会进步。

综上所述，蒙牛是一家具有重要影响力的乳品企业，不仅在国内市场占据重要地位，而且在国际上也具有较高的知名度和竞争力。

（三）蒙牛渠道商业模式的演变

蒙牛渠道商业模式的演变体现在其对数字化转型的推进、深化渠道精耕策略以及渠道下沉等方面。具体如下：

（1）数字化转型：蒙牛在推进数字化转型的过程中，不仅高管团队和业务骨干参与了顶层设计，而且通过技术突破，适应了消费者习惯和企业触达消费者方式的变化。这表明蒙牛在不断探索新的商业方式，以适应数字化时代的需求。

\ 商业模式创新

(2)深化渠道精耕:蒙牛通过渠道精耕策略,数字化赋能经销商,做精存量、做大增量,实现了竞争耐力的提升。这一策略使得蒙牛能够在乳制品领域的长跑中保持领先地位。

(3)渠道下沉:自2017年以来,蒙牛加大了渠道下沉的力度,直控的村镇网点数量快速增加,显著提升了市场覆盖率和品牌影响力。

(4)物流优化:蒙牛通过与菜鸟合作开设前置仓,使得爆款商品能够以更快的速度和更短的距离送达数百万家天猫小店,这降低了物流成本并提高了效率。

(5)全球业务拓展:国际化是蒙牛的核心战略之一,近年来,蒙牛海外业务保持了高速增长,这也是其渠道商业模式演变的一部分。

(6)创新营销方式:蒙牛创造并发扬了包括标王营销、航天营销、打假营销、娱乐营销、奥运隐性营销等一系列营销理念和方式,这些创新的营销方法也是其渠道商业模式演变的重要内容。

综上所述,蒙牛的渠道商业模式演变是一个全面而深入的过程,不仅包括了数字化和渠道策略的调整,还包括了物流优化、国际化战略以及创新营销等多个方面。这些变革使蒙牛能够更好地适应市场变化,提升品牌竞争力,并为消费者提供更优质的服务。

(四)蒙牛渠道商业模式创新的举措

蒙牛渠道商业模式创新的具体举措包括以下几个方面:

(1)多元化渠道布局:蒙牛通过建立多元化的渠道布局,包括传统的零售渠道、电商渠道、直营店和加盟店等,以满足不同消费者群体的需求。具体包括:推动渠道扁平化和通路精耕,蒙牛通过改革渠道结构,减少中间环节,使得产品能够更快速地到达消费者手中。同时,公司也加大了对渠道的精细化管理,以提高渠道效率。加强县镇村渗透,蒙牛将渠道下沉作为其渠道策略的主要目标之一,通过多种方式加强对县镇村市场的渗透,直控村镇网点数量显著增加,截至2021年,蒙牛直控村镇网点数量达到60万家。全面覆盖主流到家业务平台,蒙牛有效地利用了线上线下一体化的发展模式,全面覆盖了各大主流到家业务平台,如每日优鲜、叮咚买菜、美团买菜等,实现了线上线下的协同发展。

(2)供应链优化与重塑:蒙牛致力于优化供应链管理,通过建立高效的供应链体系,降低库存成本,提高产品周转率,确保产品新鲜度和品质。并借助天猫和菜鸟的大数据分析,重塑了供应链,使物流成本下降了40%。这一系列数字化改造不仅提升了运营效率,还加强了与消费者的联系。

(3)产品创新和品牌建设:蒙牛不断进行产品创新,推出符合市场需求的新品种和新产品,同时加大品牌建设力度,提升品牌知名度和美誉度。

（4）数字化转型：蒙牛与阿里巴巴等电商平台合作，利用大数据和全域营销手段，精准满足消费者的个性化需求。通过数字化改造，蒙牛提高了奶牛养殖的效率和牛奶的营养价值，同时优化了销量预测和物流配送，降低了调拨成本。

（5）新市场机会：蒙牛抓住疫情后消费习惯和渠道变化的趋势，加强乳制品营养价值的宣传和教育，加快创新销售渠道的布局。这表明蒙牛在产品创新方面的努力，致力于为消费者提供更高品质、更营养健康的乳品。

（6）市场竞争策略：面对国内外品牌的竞争，蒙牛通过加强对上游奶源的掌控，强化了自身的市场壁垒。同时，蒙牛也关注低温市场的布局，与区域性乳企形成差异化竞争。

综上所述，蒙牛通过这些具体的创新举措，不仅提升了企业的市场竞争力，也为整个乳业的发展提供了新的思路和方向。这些实践证明了蒙牛在数字化时代下不断迭代和自我进化的能力，展现了中国乳业的创新动力与韧性。

（五）蒙牛渠道商业模式创新的影响

蒙牛的渠道商业模式创新产生了多方面的影响：

首先，在企业层面，蒙牛通过数字化转型和渠道变革，增强了市场竞争力，实现了业务增长和市场份额的提升。特别是其核心常温奶业务，作为公司的"压舱石"，不仅稳固了现有的市场份额，还通过创新引领了行业的高端化趋势。蒙牛通过产品创新和品牌建设，不断提升品牌知名度和美誉度，使得消费者更加信赖和认可蒙牛的产品，从而提升了品牌的价值。在鲜奶领域也保持了持续的高速增长，旗下品牌如每日鲜语和现代牧场正快速抢占中高端鲜奶市场份额。

其次，在供应链管理方面，蒙牛利用数字化工具优化了传统渠道、电商平台、到家业务、社区团购等全渠道业务的增长。通过打造可视化、可感知、可调节的供应链平台，提高了数据准确率和作业效率，同时实现了低成本、高效率的经营转化。通过渠道模式的创新能够更好地了解消费者的需求和偏好，推出更符合市场需求的产品，提升了消费者的满意度。不仅提升了蒙牛的内部运营效率，也为消费者提供了更优质的产品和服务体验。

最后，从行业层面来看，蒙牛的创新实践推动了乳制品行业的竞争升级和技术进步。在新兴品类和细分市场的探索上，蒙牛积极布局儿童粉、成人粉以及其他创新产品，寻求新的增长点。同时，随着消费者消费观念的变化和智能技术的普及，蒙牛适应并推动了渠道多元化的发展，如无人便利店、自动贩卖机等新兴渠道的兴起。

由此可见，蒙牛的渠道商业模式创新不仅促进了自身的高质量发展，也为整个乳品行业提供了数字化转型和市场创新的范例，展现了中国乳业不断自我进化的能力与韧性。

（六）结论与展望

蒙牛在渠道商业模式方面的创新为企业带来了更广阔的发展空间和更强的竞争力。通过多元化渠道布局、供应链优化、数据驱动的营销和产品创新等举措，蒙牛能够更好地适应市场需求、提升品牌价值、优化成本效益，并更好地满足消费者需求。

展望未来，随着技术的不断发展，蒙牛将继续深化数字化转型，进一步优化供应链管理和营销策略，提高市场竞争力。与此同时，将继续探索和发展新兴渠道，如社交电商、直播电商等，继续创造并发扬一系列营销理念和方式，以吸引不同层次的消费者，提升品牌形象和市场份额。而国际化战略作为蒙牛的核心战略之一，蒙牛将不断加强国际化战略继续扩大海外市场的业务布局，增强其全球竞争力。最后，作为国内乳业的领头企业，蒙牛将更加注重可持续发展，加强环保和社会责任实践，以实现企业与社会的共赢。综上所述，蒙牛在渠道商业模式创新方面取得了显著成果，未来将继续适应市场变化，加强创新力度，实现可持续发展。

第六章

资源视角下的商业模式创新

\ 商业模式创新

一、目的与要求
1. 理解稀缺型资源的识别与创造的方法与途径；
2. 掌握稀缺资源型商业模式创新的影响因素；
3. 区别单一型和跨界型资源整合商业模式创新；
4. 掌握基于标准、知识产权的商业模式创新途径。

二、教学内容
1. 稀缺资源型商业模式创新；
2. 资源整合型商业模式创新；
3. 标准、知识产权与商业模式。

商业模式创新几乎决定企业的命运，一旦转型成功，企业的发展前景将十分广阔，但凡有一点差错，都可能带给企业不可挽回的损失。而任何一个商业模式的创新都离不开资源的投入，因此资源的重要性不言而喻。基于此，本章从资源视角展开对商业模式创新的分析。资源视角下的商业模式创新在当今的商业环境中具有极其重要的意义，主要体现在以下四个方面：

（1）适应市场变化：随着市场竞争的加剧和消费者需求的多样化，企业需要不断调整和优化自身的商业模式以适应市场变化。资源视角下的商业模式创新可以帮助企业重新审视自身的资源优势和劣势，从而找到新的市场机会和竞争优势。

（2）提高企业竞争力：通过资源视角下的商业模式创新，企业可以更好地整合内外部资源，提高资源利用效率，降低成本，提升产品质量和服务水平。这些都有助于提高企业在市场上的竞争力，赢得更多的市场份额。

（3）推动产业升级：资源视角下的商业模式创新不仅有助于单个企业的成长和发展，还可以推动整个产业的升级和转型。通过创新商业模式，企业可以引领行业的发展方向，推动整个产业链的优化和升级。

（4）增强企业可持续发展能力：资源视角下的商业模式创新注重资源的节约、循环利用和环境保护，有助于企业实现可持续发展。通过创新商业模式，企业可以降低对自然资源的依赖，减少对环境的负面影响，从而增强企业的可持续发展能力。

每个商业模式都需要核心资源，这些资源使得企业能够创造价值、与客户建立关系，并为自身赚取更多收入，主要包括物质资源、人力资源、金融资源、数据资源、知识性资源等。对于物质资源，一般常见的就是场地、设备等这些看得见、摸得着的东西，有效整合物质资源，可以让物质资源利用率达到最大化，减少资源闲置的可能。

对于人力资源，一般指优秀的人才、团队资源等。对人力资源的整合可以有效引导组织内部各成员的目标与组织目标保持一致，实现人力资源的最优配置，提高工作效率。对于金融资源，一般指现金、股票等。这类资源多涉及银行、政府等财政担保。做好金融资源整合，可以实现利益规划，建立线上线下长期合规的业务体系，实现风险转嫁。对于数据资源，2023年12月31日，国家数据局会同中央网信办、科技部、工业和信息化部、交通运输部、农业农村部、商务部、文化和旅游部、国家卫生健康委、应急管理部、中国人民银行、金融监管总局、国家医保局、中国科学院、中国气象局、国家文物局、国家中医药局等部门联合印发《"数据要素×"三年行动计划（2024—2026年）》，该文件强调随着新一轮科技革命和产业变革深入发展，数据作为关键生产要素的价值日益凸显。对于企业本身而言，如果不能有意识地将数据向上向下延伸，就会形成数据孤岛，无法实现企业内外部数据的联动整合，也就无法满足产业链上各企业发展和创新所需。以前房地产销售行业都是通过大量销售人员不断地在外发放宣传册子或以其他方式四处寻找潜在客户，不仅耗费人力还浪费时间，更无法得知客户的真实需求。随着数字化时代的到来，各种App（如安居客）、各种线上线下渠道的结合，在定位、大数据、营销等方面提供智能化的"一站式"服务，使得顾客体验、商户价值创造、精细商户运营方面都有了很大的提升和有力的支持。对于知识性资源，一般指专利、商标、版权等无形的东西。在当前飞速发展的时代，知识性资源对企业商业模式创新的重要性不言而喻。

总之，资源视角下的商业模式创新是企业应对市场变化、提高竞争力、推动产业升级和增强可持续发展能力的重要手段。在未来的商业环境中，企业需要不断进行商业模式创新，以适应不断变化的市场需求和竞争环境。

▶ 第一节　稀缺资源型商业模式

一、稀缺资源的识别与创造

稀缺资源是指那些具有独特性、稀缺性、不可替代性的资源。这些资源可以是实体资产，如黄金、石油等，也可以是无形资产，如品牌、技术、人才等。稀缺资源对企业商业模式的影响主要体现在以下几个方面：

（一）创造竞争优势

拥有稀缺资源的公司可以获得竞争优势，因为这些资源在市场上难以获取或替代。这种竞争优势可以帮助企业在竞争激烈的市场中脱颖而出，获得更多的市场份额和利润。

\ 商业模式创新

（二）提升产品或服务价值

稀缺资源可以提高企业产品或服务的附加值。例如，拥有独特技术的企业可以开发出更高质量的产品，从而获得更高的市场份额和利润。

（三）降低成本

如果企业拥有稀缺资源，那么它可以通过更有效地利用这些资源来降低成本。例如，拥有高质量矿藏的企业可以通过更高效地开采矿藏来降低成本，从而提高盈利能力。

（四）吸引投资

拥有稀缺资源的公司更容易吸引投资者的关注，因为这些公司具有更大的潜力和更好的前景，投资者更愿意将资金投入这些公司。

因此，稀缺资源对企业商业模式的影响是深远的。企业需要不断识别和创造稀缺资源，以获得竞争优势，提升产品或服务价值，降低成本和吸引投资。

商业模式对于企业的价值贡献，来源于价值活动。价值活动体现在价值链中，通过分析价值链中资源整合利用，对稀缺资源进行配置和激活是企业商业模式创新的重要一环。识别稀缺资源的步骤，主要有资源识别与选择、资源获取与配置、资源激活与融合。识别商业模式创新稀缺资源的关键在于以下方面。

（1）坚持以需求为引导，以产品为支撑，以服务为推手的经营理念；以客户需求为导向，利用资本优势，兼并优质资源，实现能力快速突破。

（2）抓住业务需求爆发式增长的机会，扩展相应规模，将服务延伸到价值链中，创新业务模式。

（3）利用市场蓝海机遇、数字经济时代等外界条件，凝聚商业模式创新所需的"稀缺"资源，大力推进业务发展。

识别关键资源，通过横向、纵向、内部、外部资源能力的整合完成资源获取，最后进行资源开发和融合，产生协同效应，实现资源的最优配置，完成价值链的优化，获得成本及差异化的竞争优势。识别稀缺资源的步骤见图6-1：

在商业世界中，稀缺资源通常指的是那些具有独特性、稀缺性、不可替代性的资源。这些资源可以是实体资产，如黄金、石油等，也可以是无形资产，如品牌、技术、人才等。对于企业来说，识别和创造稀缺资源是商业模式创新的关键。而随着消费者需求的变化和时代的更迭，企业需要的稀缺资源也在发生变化，即稀缺迁移。早期企业的发展过程中，受地理等因素影响，相应的稀缺资源成为其长期所需的核心材料。而数字经济背景下，很多企业的稀缺资源发生了迁移和变化。如泡泡玛特自2010年成立以来，持续基于IP（Intellectual Property）产品进行研发，以IP产品的稀有性和盲盒的不确定性来吸引消费者，注重精细，其稀缺资源来自知识资源，不断对产品进行开发设计。

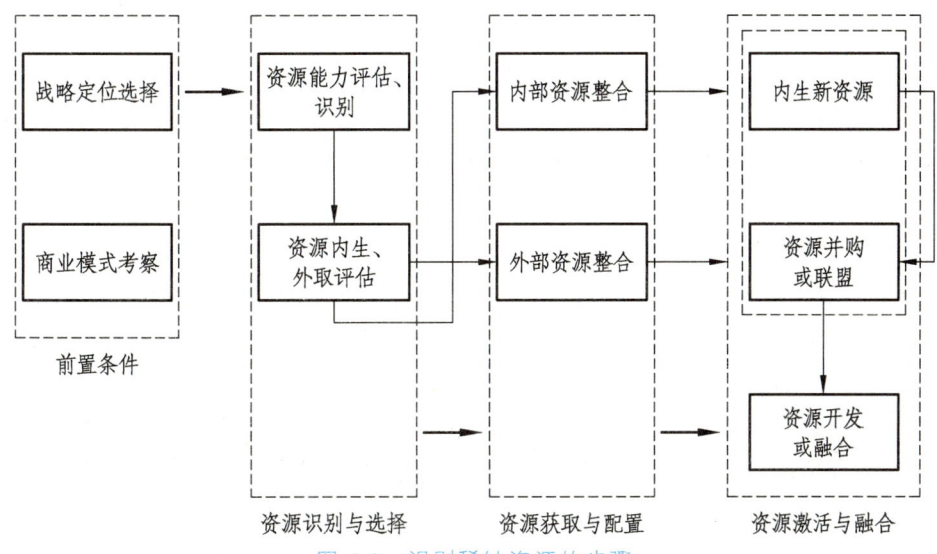

图 6-1 识别稀缺资源的步骤

稀缺资源迁移的趋势包括以下几个方面：

（1）数字化转型。越来越多的组织和企业开始数字化转型，采用云计算、大数据、人工智能等技术，使得对稀缺资源的需求变得更加灵活和高效。

（2）可持续发展。社会对可持续发展的重视日益增加，企业和政府机构越来越关注资源的节约和再利用，推动了对稀缺资源的更有效利用和分配。

（3）供应链优化。通过供应链优化和物流技术的进步，稀缺资源的运输和分配变得更加高效，有助于减少资源浪费和损耗。

（4）绿色技术创新。针对稀缺资源的需求，绿色技术创新不断涌现，例如可再生能源、节能环保技术等，有助于降低对有限资源的依赖。

（5）全球化合作。国际合作与交流日益频繁，促进了跨国间稀缺资源的共享和协作，为资源迁移提供了更多可能性。

因此，企业需要先明确自己的核心资源是什么，并对其进行评估。这包括分析资源的稀缺性、独特性、不可替代性等方面。例如，一家拥有独特技术的企业，其技术就是稀缺资源。其次，企业需要创造新的稀缺资源，这可以通过研发新技术、新工艺、新产品等方式实现。例如，特斯拉公司通过不断研发和优化电动汽车技术，使得其产品成为稀缺资源，从而在市场中占据优势地位。

二、稀缺资源型商业模式创新的影响因素

稀缺资源型商业模式创新的影响因素包含多种，如市场需求、竞争环境、政策法规等。如果市场需求对稀缺资源的需求增加，那么企业就有更大的机会通过创新商业模式来获取更多的市场份额。在竞争激烈的市场中，企业需要不断创新商业模式以保

\ 商业模式创新

持竞争优势。例如，一些企业通过建立品牌、提高产品质量等方式来增加产品的稀缺性，从而在竞争中占据优势。政策法规的变化可能会对企业的商业模式产生重大影响。例如，环保政策的加强可能会推动企业开发更环保的产品和技术，从而改变商业模式。

稀缺资源型商业模式创新的影响因素可以包括以下几个方面：

（一）资源稀缺程度

资源的稀缺程度会直接影响到企业对创新的需求和动力。资源越稀缺，企业就越有动力去寻求创新的解决方案，以更有效地利用有限的资源。资源的稀缺程度对企业创新的需求和动力产生直接影响的原因如下：

（1）压力驱动创新：资源稀缺会对企业的生存和发展构成挑战，因此企业会感受到来自外部环境的压力，这种压力驱使企业寻求创新的解决方案。企业意识到必须创新以应对资源短缺带来的挑战，从而提高了对创新的需求和动力。

（2）寻找替代方案：资源的稀缺迫使企业寻找替代方案来满足需求。这可能涉及开发新的技术、探索新的市场或改变现有的商业模式。企业面临资源短缺时，会被迫思考创新的方式来更有效地利用有限的资源。

（3）竞争优势：资源稀缺可以成为企业获得竞争优势的机会。通过创新，企业可以开发出独特的解决方案，从而在竞争激烈的市场中脱颖而出。因此，资源稀缺会激发企业寻求创新的动力，以获得竞争优势。

（4）成本控制：资源的稀缺意味着成本的上升，因为稀缺资源通常价格较高。为了控制成本并保持竞争力，企业会寻求创新的解决方案来更有效地利用有限的资源，从而降低成本。

资源的稀缺程度会激发企业对创新的需求和动力，因为创新是应对资源短缺带来的挑战、寻找替代方案、获得竞争优势和控制成本的有效途径。

（二）市场需求

市场对特定产品或服务的需求也是影响商业模式创新的重要因素。企业需要对市场需求进行深入分析，找到具有创新潜力的商业模式。市场对特定产品或服务的需求是影响商业模式创新的关键因素，其影响体现在以下几个方面：

（1）市场趋势和变化：市场需求随着时间和环境的变化而变化。企业需要密切关注市场趋势和变化，了解消费者的需求和偏好，以及竞争对手的动态。只有深入了解市场需求，企业才能找到创新潜力，并根据市场的需求进行商业模式的调整和创新。

（2）新兴技术和趋势：新兴技术和趋势的出现可能会改变市场需求和消费者行为。例如，移动互联网技术的普及改变了人们购物和支付的方式，推动了电子商务的发展。企业需要紧跟技术和趋势的变化，将其融入商业模式中，以满足不断变化的市场需求。

（3）市场细分和定位：市场通常由不同的细分市场组成，每个细分市场有不同的需求和特点。企业可以通过深入分析市场细分和定位，找到具有创新潜力的商业模式。针对特定的细分市场定制服务或产品，可以更好地满足消费者的需求，并实现商业模式的创新。

（4）用户体验和反馈：用户体验和反馈是了解市场需求的重要途径之一。通过收集用户的反馈和行为数据，企业可以更准确地了解消费者的需求和偏好，从而指导商业模式的创新和调整。不断改进产品或服务，提升用户体验，是实现商业模式创新的重要手段之一。

市场对特定产品或服务的需求是影响商业模式创新的重要因素。企业需要通过深入分析市场需求，紧跟技术和趋势的变化，以及不断改进用户体验，找到具有创新潜力的商业模式，以适应不断变化的市场环境并满足消费者的需求。

（三）技术进步

技术的发展和进步可以为企业提供新的机会和可能性，帮助其在资源稀缺的环境下创新商业模式。新技术的应用可以帮助企业更高效地利用现有资源，或者开发出新的资源利用方式。技术的发展和进步对企业创新商业模式具有深远的影响，主要体现在以下几个方面：

（1）提高资源利用效率：新技术的应用可以帮助企业更高效地利用现有资源。例如，智能化生产设备和物联网技术可以提高生产效率，减少资源浪费。通过自动化和智能化技术，企业可以实现生产过程的优化，提高资源利用效率，从而降低成本并增强竞争力。

（2）创造新的资源：新技术的应用还可以帮助企业开发出新的资源利用方式。例如，可再生能源技术的发展可以为企业提供新的能源来源，减少对传统能源的依赖。生物技术和循环经济模式也可以帮助企业将废弃物转化为资源，实现资源的再利用和循环利用，从而扩展资源的可用性。

（3）创造新业务模式：新技术的出现和应用常常会引发新的商业模式。例如，共享经济模式和平台经济模式的兴起，是基于互联网和移动技术的创新，为企业提供了全新的商业模式。通过结合新技术和创新商业模式，企业可以开辟新的市场空间，实现增长和发展。

（4）改变产业格局：新技术的引入和应用通常会改变产业格局，重新定义竞争格局和市场规则。企业需要密切关注技术的发展趋势，及时调整自身战略和商业模式，以适应新的市场环境和竞争格局。同时，企业也可以通过技术创新和商业模式创新，积极参与和引领产业变革，实现竞争优势和持续发展。

技术的发展和进步为企业创新商业模式提供了新的机会和可能性。通过应用新技术，企业可以提高资源利用效率，开发新的资源利用方式，创造新的业务模式，改变产业格局，从而实现持续增长和发展。

\ 商业模式创新

(四)竞争环境

竞争对企业的创新活动也具有重要影响。在竞争激烈的行业中,企业更倾向于通过创新来获得竞争优势,以应对竞争对手的挑战。竞争对企业的创新活动具有重要影响,主要体现在以下几个方面:

(1)激发创新动力:竞争的存在会激发企业的创新动力。面对竞争对手的挑战和威胁,企业不得不寻求创新的解决方案来保持竞争力。因此,竞争的存在促使企业更加积极地进行创新活动,以应对竞争对手的挑战。

(2)推动技术进步:竞争激烈的行业通常会推动技术的进步和创新。企业为了在竞争中取得优势,不断寻求新的技术和解决方案,从而推动技术的发展和进步。这种技术进步不仅可以提高企业自身的竞争力,还可以推动整个行业的发展。

(3)促进产品和服务的不断改进:竞争的存在促使企业不断改进和优化其产品和服务。企业需要不断提升产品和服务的质量、性能和功能,以吸引更多的客户并保持客户的忠诚度。因此,竞争推动了企业对产品和服务的持续改进和创新。

(4)拓展市场空间:竞争激烈的行业通常会导致市场份额的竞争,企业需要通过创新来拓展市场空间。通过推出新的产品或服务、开发新的市场或探索新的销售渠道,企业可以在竞争激烈的市场中寻求新的增长点和机会。

(5)加强客户关系:竞争的存在迫使企业更加关注客户的需求和体验。企业通过创新改进产品和服务,提升客户体验,增强客户满意度和忠诚度,从而在竞争中获得优势。

竞争对企业的创新活动具有重要影响。在竞争激烈的环境中,企业更倾向于通过创新来获得竞争优势,以应对竞争对手的挑战,促进技术进步,不断改进产品和服务,拓展市场空间,并加强客户关系,从而实现持续发展和增长。

(五)组织文化与管理能力

企业的组织文化和管理能力也会影响到其创新活动的效果。具有鼓励创新、灵活应变的组织文化以及高效的管理能力,有助于企业更好地应对资源稀缺的挑战,并推动商业模式的创新。企业的组织文化和管理能力对创新活动的效果至关重要,具体体现在以下几个方面:

(1)鼓励创新的组织文化:具有鼓励创新的组织文化可以激发员工的创造力和创新意识。当员工感受到组织对创新的支持和鼓励时,他们更愿意提出新的想法、尝试新的方法,并承担创新的风险。这种积极的创新文化可以促进创新活动的开展,推动商业模式的创新。

(2)灵活应变的组织文化:灵活应变的组织文化意味着企业具有适应变化和变革的能力。在资源稀缺的环境下,企业需要灵活调整战略、业务模式和运营方式,以应对外部环境的变化。具有灵活应变的组织文化可以帮助企业更好地应对资源稀缺的挑战,迅速适应市场变化,并在竞争中取得优势。

（3）高效的管理能力：高效的管理能力是企业成功实施创新活动的关键。管理者需要能够有效地组织和协调创新项目，分配资源、制订计划和目标，并监督和评估创新活动的进展和成果。只有通过高效的管理，企业才能更好地利用有限的资源，推动商业模式的创新，并实现商业目标。

（4）学习型组织：学习型组织注重员工的学习和发展，鼓励知识分享和团队合作。在学习型组织中，员工不断积累新的知识和技能，提升自身的创新能力和竞争力。这种学习型的组织文化有助于促进创新活动的开展，推动商业模式的不断演进和改进。

企业的组织文化和管理能力对创新活动的效果至关重要。具有鼓励创新、灵活应变的组织文化以及高效的管理能力，就可以帮助企业更好地应对资源稀缺的挑战，推动商业模式的创新，实现企业持续发展和增长。

旅游业是一个典型的涉及稀缺资源的行业，如水、能源、土地等资源在旅游过程中都可能成为限制因素。旅游业越来越注重可持续发展，采取了一系列措施来减少对稀缺资源的消耗。例如，推广使用节水设施，采用可再生能源供电，开发环保型交通工具等，以减少对水、能源和土地等资源的需求。通过优化资源利用方式，旅游业可以更有效地利用稀缺资源。例如，推广节能环保型酒店，采用可再生能源供电，开发节能型旅游项目等，以最大程度地减少资源的浪费和损耗。旅游业不断引入新技术来提高资源利用效率。例如，使用智能化系统来管理能源消耗、引入虚拟现实和增强现实技术来减少对旅游实地资源的需求，推广在线预订和电子票务系统来减少纸张和能源的消耗等。旅游业重视社区参与和文化保护，通过与当地社区合作，保护和维护当地的自然和文化资源，从而保障稀缺资源的可持续利用。政府在旅游业中加强监管，出台相关政策和法规，引导旅游业向更加可持续的方向发展。例如，设立旅游资源保护区，实施能源和水资源管理政策，推动旅游业绿色认证和标准化等。通过上述措施，旅游业可以更好地应对稀缺资源迁移的挑战，实现可持续发展，保护环境，促进经济增长。

第二节 资源整合型商业模式创新

一、资源整合的概念

目前学者们关于资源整合的理解主要有三类：第一种理解是 Afuah 等学者（2001）的观点。其研究认为，资源整合的内涵即将企业外部的资源整合统一，企业无须拥有这些外部资源的所有权，但能够间接利用。这种观点主要是揭示企业怎样才能把无法直接控制和支配的资源整合统一，认为企业是否可以从外部获取有关资源的信息非常

\ 商业模式创新

关键，这在很大程度上提高了企业同资源拥有者发生接触行为的可能性，也为企业间接配置这些资源提供了决策论据。第二种理解是Sirmon等学者（2007）提出的观点。其研究认为资源整合指的是获取资源之后，将所获取的资源进行绑聚以形成能力的过程。他们认为资源整合就是将内部所有资源进行整合统一，企业对所有资源都掌握所有权，能够随时随地调配利用资源。第三种理解是Sirmon和Hitt（2009）提出的关于资源整合的概念，将企业内部及外部所有的资源同时展开整合，一致统一。这一观点主要目的是揭示企业如何进行内外部资源整合。饶扬德（2006）提出，资源整合的定义具体为企业主动辨别和筛选不同类型的有效资源，进一步吸纳和配置、激活、结合，使其具备高柔韧性、强条理性，整体趋向于系统化和高价值化，进一步搭建完善出一个全新的资源系统。本章将资源整合分为两类：单一资源整合型和跨界资源整合型。

商业模式的本质是价值创造，构建新的商业模式就是在寻找新的创造价值的方向。创造价值的方向有很多，不同的方向需要不同的资源才能达到终点，因为资源的有限性，没有一个企业可以随便选择方向，创造出价值。企业要通过何种方式、要经过何种途径才能创造最大的价值，这不仅取决于企业管理层的能力，也取决于企业的资源情况。企业在构建新商业模式的时候，不整合资源是无法构建出成功的商业模式的。在构建商业模式的过程中，企业要考虑自身拥有哪些资源，这些资源中有哪些是稀缺的，哪些资源会为企业带来巨大的价值；自身缺少哪些资源，缺少的资源中有哪些是不可或缺的，应该通过何种途径经过最小的成本补齐。企业思考这些问题的过程，就是其构建新商业模式的过程，问题得到了解决，企业的资源就得到了整合，新的商业模式也有了大致的框架。

当今的通信行业，诸如华为、中兴等大企业将精力集中于最优的价值环节产品研发，把对其而言低附加值的环节，如通信工程转让或外包出去，而各种形式的工程企业则致力于中低端的工程服务，目前这种专业化程度实际上并不高，很多工程企业打的是低成本牌，人员服务质量不高，人员稳定性也差。

某通信工程服务商，作为本身已经是通信设备主供应商的××设计院，有着相较于其他一般单纯的提供工程服务为主的工程公司而言，先天的比较优势，包括雄厚的研发支持体系来自于集团所属的研究院、专业的久经历练的运维支撑机制、高水平的运维及网络优化服务队伍、专业高效的工程项目管理能力。而通过考察为运营商以及其他通信主设备供应商服务的价值链活动，其中关键的成本构成因素集中体现在合作分包方人员素质不高、人员稳定性差、外包服务成本高，利润水平下降。那么，通过这条价值链的资源能力整合，设计院需要解决的主要问题是如何保障稳定、优质的人力资源供应，同时，降低人力成本，提高利润率，向专业的、高水平的第三方服务分包领域拓展。

表 6-1 为资源类型和内容。

表 6-1　资源类型和内容

硬资源	企业内部	实验室资源
		现有工程项目驻地实践环境
		资金
		培训场地、培训设备
	企业外部	—
软资源	企业内部	能力资源：包括设计院各专业人力、知识资源、项目管理能力资源
		项目资源：设计院通信工程项目
		营销资源：设计院所管辖的营销办事机构、市场、社会网络
		信息资源：包括信息化支撑平台、组织流程、信息和知识
		品牌资源
	企业外部	合作资源：学校教学人员、培训合作企业、战略联盟企业、就业联盟伙伴、集团通信事业部
		营销资源：所管辖的营销办事机构、市场、社会网络、客户资源；
		集团通信事业部培训资源（人力、知识，能力）
		集团通信事业部研发能力资源
		兼并收购企业能力资源
		研发资源（集团公司下属研究院）

企业选择内生或外取式方式，以及具体获取的方式和考虑问题，取决于具体目标资源的评价标准。内部资源是企业资源获取的基础。对于内部资源的整合，"硬资源"汲取可以以比较直接简单的方式获取，对于"软资源"的汲取，需要公司从经营策略宣贯、自上而下的制度配套、改变组织心智模式入手，逐步完成实质上的整合汲取。

设计院归属的集团通信事业本部是研发、生产、销售一体化的产业化运作模式，通过将产品特性以及市场定位相似的下属企业资源集中起来，以通信产品事业部为整合平台，促进组织、资本以及产业结构相互协同一致，提高经营的效率。这种经营模式使得集团事业部对下属企业的产品定位以及整合调整的规划引导力更强，管理决策执行效率以及资源整合的协同性提高。因此，在上述识别出的需要整合的资源类别中，属于在集团内部整合的"外部"资源，包括集团品牌、营销、社会资源、研发资源等，其汲取形式都以虚拟联盟的方式获取，具体由集团事业部统一协同调配，进行资源配置和利益核算。

对于外部合作资源，包括学校、教学人员、培训合作企业、战略联盟企业、就业联盟伙伴，这些资源在商业模式创新价值设计框架下，属于价值链条协同下的利益共同体，通过签订框架协议，较容易获取和整合。对于合作院校这种外部资源，需要通过商业模式宣讲，市场公关逐步获取，一旦突破，将形成持续稳定的合作关系，产生

\ 商业模式创新

持续效益，同时也对后来的跟随竞争者形成竞争壁垒。对于通过分包合作达成资源联盟的资源，需要考虑运用该资源是否可行并考虑成本收益、是否能持续提供且时间和质量能够满足需求。另外，由于这种联盟结构相对松散，企业本身对其的控制力度较弱，需要根据实际整合的效果，尝试增强控制力的措施和替代策略。

对于目前设计院一些难以或无法通过自己进行开发的资源，实行共同开发甚至通过直接兼并收购获取能力资源。不同于通过资源联盟方式获得资源，兼并收购以发展战略为依据选择的路径，是长期战略选择；并购以增强核心竞争力为基础，其目标在于利用兼并收购迅速产生协同效应，并且这种效应能够保持持续性。

在资源识别和获取后，资源需要充分激活使其匹配、互补、相互增强并转化为企业特有的能力，才能发挥其效能，产生 1+1>2 的效应，进而将资源优势转化为经营优势，经营优势最终变现为经营成果。为了达成上述整合目标，需要通过资源开发融合，形成以紧扣行业需求为出点的高水平职业技能培训能力及就业保障能力；形成具有行业标准制定、架构规划设计、系统集成的开发能力。

二、单一资源整合型商业模式创新

（一）单一资源整合型商业模式

单一资源整合型商业模式是指企业通过整合某一类资源来创造价值并实现盈利的商业模式。这种模式通常以某一核心资源为基础，通过优化资源配置、提高资源利用效率等方式来实现商业模式的创新。单一资源整合型商业模式创新是指企业将特定资源整合并运用于商业模式中，从而创造出独特的竞争优势和价值提供方式。

以下是一些单一资源整合型商业模式创新的例子。

数据整合型商业模式：企业利用大数据技术和分析工具，将海量数据整合并运用于商业模式中，以提供个性化的产品和服务。例如，电商平台根据用户的购买历史和偏好推荐相关产品，以提升购物体验和销售效率。

人才整合型商业模式：企业通过整合优质人才资源，打造高效的团队和人才网络，提供专业化的服务或解决方案。例如，咨询公司通过吸引顶尖专家和顾问，提供专业化的咨询服务，满足客户不同领域的需求。

供应链整合型商业模式：企业通过整合供应链资源，实现生产、物流和销售的协同，提供快速、高效的供应链解决方案。例如，物流公司利用先进的物流网络和技术，为客户提供定制化的物流服务，提高物流效率和降低成本。

技术整合型商业模式：企业通过整合先进技术和创新工具，提供智能化、数字化的产品和服务。例如，智能家居企业整合物联网技术、人工智能和大数据分析，打造智能家居解决方案，提升居家生活的便利性和舒适度。

社交整合型商业模式：企业通过整合社交资源和用户网络，提供社交化的产品和服务。例如，社交媒体平台利用用户生成的内容和社交关系网络，为用户提供个性化的内容推荐和社交互动体验，吸引用户并增加用户黏性。这些例子展示了企业如何利用单一资源整合型商业模式创新，通过整合特定资源提供独特的价值和竞争优势，实现商业模式的创新和发展。相比而言，多种资源的整合更为常见。例如，一些农业企业通过整合土地、劳动力、技术等资源来提高农业生产效率和质量，从而获得更多的市场份额和利润。这种模式的关键在于如何有效地整合和管理资源，以实现资源的最大化利用和价值的最大化创造。

（二）单一资源整合型商业模式实现策略

单一资源整合型商业模式创新是指企业通过对内部和外部某一类资源进行整合和优化，创造新的价值并满足市场需求的过程。

1. 实现单一资源整合商业模式创新的策略

（1）资源识别与评估：首先，企业需要全面识别和评估自身的资源，包括有形资源（如设备、资金）和无形资源（如品牌、技术）。同时，也要关注外部资源，如合作伙伴、市场趋势等。

（2）单一资源整合：在识别资源后，企业需要将内外部资源进行整合，这包括资源的共享、协同和优化配置，以实现资源的最大化利用。

（3）创造价值：通过资源的整合，企业应创造出新的价值，可以是新产品、新服务或新的市场机会，以满足客户的需求并提升企业的竞争力。

（4）持续优化与创新：资源整合只是创新过程的一部分，企业需要持续优化和创新其资源的利用方式。这意味着不断寻求改进和创新，以适应不断变化的市场环境和客户需求。企业应该建立反馈机制，收集来自客户、员工和市场的反馈意见，并将其纳入资源整合和创新的过程中，持续优化企业的资源配置和价值创造方式。

（5）灵活应变与风险管理：在资源整合和创新的过程中，企业需要保持灵活应变的能力，并有效管理风险。由于市场环境的不确定性和竞争的激烈性，企业可能面临各种风险和挑战，因此，企业需要建立灵活的决策机制，及时调整战略和业务模式，降低风险并最大化利益。

（6）建立合作伙伴关系：资源整合和创新往往需要跨越组织边界，涉及与外部合作伙伴的合作和协同。企业应该建立良好的合作伙伴关系，与其他企业、研究机构和政府部门合作，共同开发和利用资源，推动创新和价值创造。

（7）文化建设与员工参与：企业文化对资源整合和创新至关重要。企业应该建立鼓励创新和知识共享的文化氛围，激发员工的创造力和创新意识。同时，企业应该重视员工的参与和沟通，将员工视为创新的主体，激发他们的参与和创新活力，共同推动企业的发展和创新。综上所述，资源整合和创新是企业保持持续竞争优势和增长的

\ 商业模式创新

关键，除了识别和评估资源、整合资源、创造价值外，持续优化、灵活应变、合作伙伴关系、文化建设和员工参与等方面也是至关重要的。企业应该全面考虑这些因素，共同推动资源整合和创新，实现持续发展和增长。

实现单一资源整合商业模式创新，要建立合作伙伴关系、有一定的技术研发与创新能力、优化的市场营销策略、优化的组织结构、完善的人才培养与激励制度，才能成为有效整合单一资源，实现商业利润。

2. 实现单一资源整合商业模式创新的方法

（1）建立合作伙伴关系。与外部合作伙伴建立紧密的合作关系，共同开发新产品或市场。它可以帮助企业共同利用外部资源和专业知识，加速创新过程，拓展市场，提高竞争力，通过共享资源和知识，实现互利共赢。具体而言，企业可以通过建立生态系统来促进合作伙伴关系的发展。生态系统是由多个组织、企业和个人组成的网络，共同协作以创造价值。通过在生态系统中建立紧密的合作伙伴关系，企业可以实现资源共享、协同创新和共同营销，实现互利共赢；企业可以与供应商、客户、学术机构和初创企业等合作，共同解决技术难题、探索新市场，从而提高创新效率和成果；企业可以与合作伙伴分享专业知识、技术专长、市场渠道和客户资源，以弥补自身的不足，并加速创新和市场推广的过程。

（2）技术研发与创新。技术研发与创新是企业实现持续竞争优势和增长的关键驱动力之一，通过技术创新，提升企业的核心竞争力并满足市场需求。具体而言，企业需要持续投入资金用于研发活动，包括人员、设备、材料和技术支持等方面。这种持续的投入可以帮助企业保持技术的领先地位，并不断推动创新的发展。在此过程中，企业可以与科研机构、高校、行业组织等共同开展研发活动，利用外部资源和知识，加速创新的进程。还可以通过引入新技术、新产品或新服务，颠覆传统的行业格局，重塑市场规则，促进行业的创新和升级。在快速变化的市场环境中，企业需要保持敏捷和灵活，及时调整研发方向和策略。企业需要采用敏捷开发等灵活的研发方法，不断试验和验证新的想法，快速响应市场的变化。在技术研发与创新过程中，企业需要重视知识产权的保护。通过专利、商标、版权等方式，保护创新成果和技术秘密，确保企业在市场竞争中的合法权益和竞争优势。

（3）市场营销策略优化。根据市场趋势和客户需求，优化市场营销策略。通过精准的市场定位和推广，提升品牌知名度和市场份额。具体而言，企业需要密切关注市场趋势和变化，了解消费者的需求和偏好，以及竞争对手的动态。通过市场调研和数据分析，企业可以把握市场趋势，及时调整营销策略，满足市场需求；企业需要对市场进行细分和定位，找到适合自身产品或服务的目标客户群体，并通过广告、宣传、促销等手段，向目标客户传递品牌价值和产品优势，包括线上渠道（如搜索引擎、社交媒体、电子邮件营销）和线下渠道（如展会、活动、门店销售）。通过多渠道推广，建立起客户对品牌的信任和认可。此外，企业还需要定期评估营销活动的效果和成果，通过分析数据和指标，了解营销策略的有效性和改进空间。基于评估结果，及时调整和优化营销策略，提升市场竞争力和业绩表现。

（4）组织结构优化。调整企业组织结构，使其更适应资源整合和创新的需求。通过扁平化、网络化等组织结构形式，提升企业的灵活性和创新能力。具体而言，单一资源整合的企业一般为中小型企业，适合扁平化管理结构。通过简化管理层次，企业可以提高组织的灵活性和响应速度，更快地适应市场变化和创新需求。另外，企业还可以建立弹性的网络关系，促进知识共享和创新合作，激发员工的创造力和创新潜力，根据项目需求和市场变化，灵活调整团队成员和结构。还有诸如跨部门协作、文化建设与创新氛围等，提升企业灵活性和创新能力，实现其持续发展和增长，更好地实现单一资源整合模式创新。

（5）人才培养与激励。重视人才的培养和激励，建立一支具备创新精神和执行力的团队。通过培训、晋升等激励措施，激发员工的创新潜力和工作热情。企业为员工提供持续的培训和学习机会，包括内部培训、外部培训和在线学习等形式。通过不断提升员工的专业技能和知识水平，企业可以增强员工的创新能力和执行力，提高团队的整体素质和竞争力；鼓励员工提出新的想法和解决方案，并参与到创新活动中来，从而锻炼员工的创新能力和团队合作能力，激发其工作热情和创造力。此外，公平公正的晋升和奖励机制，是整个企业有活力、良好运转的根本。通过这种机制，可以有效激励员工的工作积极性和创新潜力，进而企业可以留住优秀人才。还可以通过提供良好的工作条件和人性化的福利政策，培养员工的工作满意度和忠诚度，增强员工的归属感和凝聚力。

单一资源整合型商业模式创新需要企业全面识别和评估自身资源，通过内外部某一类资源的整合和优化配置，创造出新的价值并满足市场需求。在实施过程中，企业应关注合作伙伴关系建立、技术研发与创新、市场营销策略优化、组织结构优化以及人才培养与激励等方面。

三、跨界资源整合型商业模式

（一）跨界资源整合型商业模式概述

跨界资源整合型商业模式是指企业利用不同领域或行业的资源，通过整合、组合和重新配置这些资源，创造出新的商业价值和竞争优势的商业模式。这种商业模式的核心在于跨越传统行业界限，利用多元化的资源和能力，构建出创新的商业生态系统。例如，一些互联网企业通过整合线上线下的资源来提供更全面的服务，从而获得更多的用户和市场份额。这种模式的关键在于如何找到不同领域的共同点和结合点，以实现资源的有效整合和价值的最大化创造。这种商业模式对企业的影响是多方面的：

\ 商业模式创新

（1）创新力提升。通过跨界资源整合，企业可以将不同领域的创新成果融合在一起，从而产生更具竞争力的新产品、服务或解决方案。

（2）降低成本。利用外部资源和合作伙伴的资源，企业可以减少自身的研发、生产和运营成本，提高效率。

（3）增强竞争优势。跨界资源整合使企业能够获得其他竞争对手无法轻易复制的资源和能力，从而建立起更为持久的竞争优势。

（4）拓展市场。结合不同行业的资源和渠道，企业可以拓展到新的市场领域，实现业务的多元化发展。

（5）提升用户体验。通过整合不同领域的资源和服务，企业可以为用户提供更为全面、便捷的解决方案，提升用户体验和满意度。

（6）激发创新活力。跨界资源整合将不同行业的创新思维和创新能力结合在一起，激发出更多的创新活力和想法，推动整个产业的发展。

总的来说，跨界资源整合型商业模式为企业带来了更多的机遇和挑战，能够促进企业创新、降低成本、拓展市场，并提升竞争力和用户体验，但同时也需要企业具备良好的战略规划和资源整合能力，以应对复杂的跨界合作关系和市场竞争环境。

（二）跨界资源整合型商业模式实现策略

跨界资源整合型商业模式是指企业通过整合不同领域的资源来创造价值并实现盈利的商业模式。这种模式通常涉及不同领域的合作和交流，通过资源的共享和优化配置来实现商业模式的创新。

实现跨界资源整合型商业模式创新的策略和实现单一资源整合商业模式创新有些类似，但是跨界资源整合型商业模式创新更多的是指企业跨越行业界限，整合不同领域的资源和能力，创造出新的商业模式和价值提供方式。单一资源的整合只用于单一类型的资源，范围较小，更多的集中在内部管理。实现跨界资源整合型商业模式创新需要采取一系列策略，以整合不同领域的资源和能力，创造出新的商业模式和价值提供方式。以下是实现跨界资源整合型商业模式创新的策略：

（1）建立生态系统和合作伙伴关系：建立生态系统和与外部合作伙伴建立紧密的合作关系是实现跨界资源整合的重要策略。企业可以与其他行业的企业、科研机构、初创企业等建立合作关系，共同开发新产品或服务，实现资源共享和互利共赢。

（2）利用平台模式：利用平台模式是实现跨界资源整合的有效途径。企业可以建立开放式平台，吸引各行各业的合作伙伴参与，共同创造价值并分享利益。通过平台模式，企业可以整合不同领域的资源和需求，促进资源共享和交易。

（3）开放创新和协同创新：开放创新和协同创新是实现跨界资源整合的重要方式。企业可以与其他行业的企业、科研机构、初创企业等合作伙伴共同开展创新活动，共享资源和知识，加速创新的进程，推动商业模式的创新和发展。

（4）跨界人才引进和团队建设：跨界人才引进和团队建设是实现跨界资源整合的关键。企业可以引进具有不同领域专业知识和经验的人才，构建具备创新精神和执行力的团队。通过跨界人才的协同合作，企业可以充分发挥团队的创造力和创新潜力，实现跨界资源的整合和创新。

（5）技术创新和数字化转型：技术创新和数字化转型是实现跨界资源整合的重要手段。企业可以利用先进技术，如人工智能、物联网、区块链等，整合不同领域的资源和数据，实现跨界创新和价值创造。通过技术创新和数字化转型，企业可以提高生产效率、降低成本、增强竞争力，实现跨界资源的整合和优化。

（6）市场导向和用户需求分析：市场导向和用户需求分析是实现跨界资源整合的重要方法。企业需要深入了解市场需求和竞争格局，分析用户的需求和行为，发现跨界资源整合的机会和潜力。通过市场导向和用户需求分析，企业可以制定有效的跨界资源整合策略，实现商业模式的创新和发展。

（三）单一资源整合和跨界资源整合型商业模式对比

跨界资源整合商业模式与单一资源的整合步骤上有相似的环节，但是因为跨界资源的整合涉及的范围更大、更复杂，其比整合单一资源的商业模式需要更多的准备工作：

（1）识别关键资源和能力：企业需要识别自身拥有的关键资源和能力，包括技术、品牌、人才、渠道等，以及外部可能获取的资源和能力。

（2）寻找合适的合作伙伴：企业需要寻找在其他领域具有专业知识和资源的合作伙伴，可以是其他企业、科研机构、初创企业等。

（3）构建生态系统：通过建立生态系统，企业可以将不同领域的资源整合在一起，形成闭环式的合作关系。生态系统包括合作伙伴网络、供应链、客户群体等。

（4）制定合作协议和规则：在与合作伙伴进行合作前，企业需要制定合作协议和规则，明确各方的权利和义务，以确保合作顺利进行。

（5）建立平台模式：通过建立开放式平台，企业可以吸引更多的合作伙伴加入，共同参与资源整合和创新活动。平台模式可以促进资源的共享和交易，实现多方共赢。

（6）运用数字化技术：数字化技术如物联网、人工智能、区块链等可以帮助企业实现跨界资源整合。通过数字化技术，企业可以更有效地管理和利用资源，提高资源利用效率。

（7）创新商业模式设计：企业需要设计符合跨界资源整合特点的商业模式，这可能包括新的收入模式、客户关系模式、价值提供模式等，以实现创新和价值创造。

（8）建立品牌认知和信任：品牌认知和信任是跨界资源整合成功的关键因素之一。企业需要通过品牌建设和营销活动，提升消费者对品牌的认知度和信任度，从而吸引更多的合作伙伴和客户。

\ 商业模式创新

（9）持续创新和改进：跨界资源整合是一个持续创新的过程，企业需要不断探索新的资源整合方式和商业模式，及时调整策略和方向，以适应不断变化的市场需求和竞争环境。

以汽车产业为例，应对商业模式创新过程中的资源跨界整合可以通过以下方式实现：① 技术整合与创新。汽车制造商可以与科技公司合作，将汽车与智能技术、人工智能、大数据等技术相结合，打造智能汽车。例如，与软件公司合作开发车载操作系统或智能驾驶系统，与电子公司合作开发车联网技术等。② 能源跨界整合。汽车制造商可以与能源公司合作，推动新能源汽车的发展，例如与电力公司合作建设充电桩网络，与太阳能公司合作开发太阳能汽车充电解决方案等。③ 共享经济模式。汽车制造商可以与共享经济平台合作，推动汽车共享服务的发展，例如与网约车平台合作提供车辆、与汽车租赁平台合作提供租赁服务等。④ 新的交通解决方案。汽车制造商可以与城市规划机构、交通运输公司等合作，推动智能交通解决方案的发展，例如与城市规划机构合作推广智能交通管理系统、与交通运输公司合作开发无人驾驶公共交通工具等。⑤ 创新销售与服务模式。汽车制造商可以与电子商务平台、物流公司等合作，开展新的销售与服务模式，例如与电商平台合作进行在线汽车销售、与物流公司合作推出汽车配送服务等。通过与不同领域的合作伙伴进行资源跨界整合，汽车产业可以实现商业模式创新，推动产业升级，提升产品和服务的价值，满足消费者不断变化的需求，促进产业可持续发展。

与实现单一资源整合型商业模式创新的对比发现，单一资源整合的商业模式创新更多强调的是企业内部的管理和优化，跨界资源整合的商业模式创新更多的对外界、多专业、多行业、多渠道的资源整合。

四、案例——五菱宏光 MINIEV 的出世[1]

五菱成立于 2002 年，由上海汽车集团股份有限公司（以下简称"上汽"）、美国通用汽车公司、广西汽车集团有限公司（制造微型面包车）按 50.1%、44%、5.9%的持股比例组建，总部位于广西柳州。广西汽车集团有限公司是以柳州五菱汽车有限责任公司（以下简称"柳州五菱"）为主体的企业。

沈阳，1985 年加入柳州五菱，1999 年担任公司总经理。在他的领导下，2006 年五菱推出了五菱之光，当年产销均突破 30 万辆，成为当时年销量最大的单一车型，五菱也由此变成了中国"微车之王"，市场份额占比 38%，领先第二名 8%。凭此成绩，五菱赢得了在合资公司里罕见的自主研发、自主品牌的话语权。此后，五菱又成就了被誉为"神车"的五菱宏光，并在 2010 年发布了乘用车品牌宝骏。依靠这两个品牌，

---

[1] 案例来自中欧国际工商学院：五菱宏光 MINIEV：中国汽车新物种。

五菱在2015年实现了200万辆销量。然而，一系列内外部挑战也接踵而至，比如，政府对客货混装车的限制使用，让宜乘宜货的五菱宏光受到挑战；同时，随着消费升级，用户开始追求品牌产品，而五菱和宝骏品牌在乘用车市场尚未对用户构成足够吸引力。因此，五菱在2016年销量增速陡降，后面几年甚至出现了负增长。

新能源汽车成了五菱逆境中的希望。"新能源车将借助互联网实现互联互通，重建出行生态。而中国的互联网已经走到世界前列，因此，这给中国企业做新能源车带来了机遇。"沈阳说。他希望借此契机打造出行新物种和新生态，从而摆脱五菱在传统汽车市场上"无足轻重"的被动局面。

宏光MINI就是承载沈阳这个希望的新物种。在燃油乘用车占主导的市场，这个新物种被沈阳定位成主流产品的补充者，即用于短途出行代步。对于宏光MINI，沈阳还有一个现实诉求，那就是"打穿、打爆市场，形成规模销量"。像中国市场上所有传统汽车企业一样，五菱迫切需要新能源车的大规模销量来应对汽车"双积分"政策的压力。"双积分"政策主要涉及企业平均燃油消耗量（CAFC，Corporate Average Fuel Consumption）积分和新能源汽车（NEV，New Energy Vehicle）积分的计算规则和管理方式。简单地说，燃油车销量越大，单车油耗量越大，CAFC负积分越多；新能源车销量越大，NEV正积分越多。企业净积分为负就要受到处罚。

"从用户需求而不是技术指标出发定义汽车"的宏光MINI，采用多种方式做到了跨界资源整合。

（一）打造球形项目开发团队

为了让团队从一开始就养成面向用户的习惯，在2016年项目立项时，沈阳就刻意挑选了从未做过传统汽车的人组建研发团队，也刻意在内部竖起了一道防火墙，禁止传统汽车团队染指这个团队。为了在研发过程中根据用户需求快速迭代产品，2019年下半年，研发部门改为直接向主抓市场业务的薛海涛汇报。之后，薛海涛组建了一个包含研发、市场、售后、供应商等部门人员在内的项目开发团队。五菱技术中心副总经理、电动车技术负责人赵小羽称这个团队为"球形组织"：用户需求被放在球的中心位置，通过用户需求来拉动球周围各个业务模块同时反应和协同。为了保证球形组织的合作紧密度，研发和市场部门的办公地点被安排在同一楼的上下层或同一层。

（二）向用户开放研发过程

传统汽车研发有严格的保密规定，产品只有上市时才能让用户看到。而赵小羽团队，却在出车效果图时、选车身颜色和材质时，在样车试制时，都邀请目标用户来参与评价。他们组建了用户微信群，将不同阶段的研发成果发到群里征求用户意见。曾经有几个设计方案在内部已定稿，但在群里遭到用户的否定，于是就被推翻了。"我们

\ 商业模式创新

这些没有研发过传统汽车的人,没有觉得保密是个大问题。"赵小羽说:"要以用户为中心当然要向用户开放,只有这样,我们才能及时接收到用户反馈。"之所以敢开放,赵小羽说,也在于他们能保持"足够快"的产品迭代,比如,柳州用户喜欢经常买米粉快餐带回家,但车里没有地方放餐袋,于是在用户群里抱怨车里没有挂餐袋的挂钩,听到这个抱怨后,团队用一个月研发并推出了带挂钩的车。支持"足够快"的能力,不仅源自球形组织,还来源于五菱多年沉淀的产业链资源,以及高度授权并追求实效的文化。五菱自上而下都奉行授权并容错的领导力,因此,每一层管理者决策效率都很高,只要捕捉到用户需求会马上行动。这样的能力,使得他们研发 E 100、E 200 和宏光 MINI 分别用了 1.5 年、1 年和 8 个月,远低于传统汽车 4 年的研发周期。

(三)基于大数据完善首款车

在 E 100 符合上市条件后,五菱并没有立刻让这款车上市,而是先造了 1 万台车放到柳州市场,让普通市民、公务员免费体验三个月或半年,体验者被要求写体验日记、提改进建议。为此他们投入了六七亿元人民币。沈阳认为,这笔投入很值,因为他们不仅获得了大量体验反馈,还获得了车辆使用情况的大数据。这些数据成了五菱完善产品的依据,在免费体验一年后,2017 年 7 月,五菱在柳州正式上市了经过改善的 E 100,一款两门两座车,续航里程为 155 公里,两种配置的指导价格分别为 9.39 万元和 10.99 万元,补贴后售价为 3.58 万元和 4.88 万元。一年后,五菱又在柳州上市了 E 200,续航里程 210 公里,补贴后售价为 4.98 元和 5.98 万元。截至 2019 年年底,这两款车在柳州销量超过 7 万辆,购车者绝大部分都是家里有汽油车的人。在柳州市政府的协调下,很多柳州的企事业单位为员工或企业自己团购这款车,这种车被允许走公交车道。在政府的推动下,市民可在城市街道、小区或商场或写字楼绿化带的边角处找到大量只有正常停车位一半大小的停车位。在停车位周边,充电桩随处可见。

(四)用减法研发宏光 MINI

前面两款车的大数据显示,89%的用户每天出行半径都在 30 公里以内,据此,五菱启动了代号为 E50 的宏光 MINI 研发,设定了比 E 200 更短的续航里程,分别为 120 公里和 170 公里。这两种续航里程都不在补贴范围内,产品售价不能通过补贴降低,因此,要保证有竞争力的价格,制造成本控制变得至关重要。那么,成本该设为多少呢?赵小羽说,2019 年,市场上一辆代步车价格为三四万元,这基本上构成了宏光 MINI 的成本上限。然而,要做一款比 E 100 成本更低的四座车,按照传统造车思路,这怎么可能实现?五菱又一次打破了传统,采取了减法策略:将汽车法规未强制要求的功能配置能省尽省,比如安全气囊、空调冷风、直流快充等。所有的减法都是根据出行场景决定的。比如用户每天在车里不过待半小时,据此省掉冷风;行驶30公里,不需要大功率电机,行驶速度大都在每小时三四十公里,因此即使发生碰撞安全气囊也不会打开,故去掉安全气囊。他们要让车里的每一个配置都不多余。为了取舍一个按钮,他们甚至开了四次会反复推敲。做完减法的E50被赵小羽称作"配备了水电气的毛坯房",不过她强调,这个"毛坯房"也颇具技术含量。比如,他们对车的电池系统进行了面向梯次利用的设计,从而挖掘了电池的全生命周期价值,由此降低了车的成本;另外,他们还根据小车行驶时的各种特殊碰撞场景,设计了有针对性防护的车身架构。"毛坯房"的技术,有的来自前面两款车,有的则是基于大数据的创新。比如,大数据帮助产业链伙伴降低了研发成本,因此,E50的三电成本就降低了30%。

(五)形成GSEV平台

随着E50的诞生,五菱的GSEV(Global Small Electric Vehicle)平台也逐步成型,这是一个将用户、产业链伙伴、经销商和服务商甚至是友商都纳入在内的面向全球的开放式电动车硬件、软件开发平台,汇聚了来自车、用户、充电设施和服务等各方面的数据。GSEV推动五菱向沈阳所说的生态前进了一步。然而,五菱能否通过这个平台成为全球小型电动汽车生态的掌控者和运营者,还取决于他们能吸引并黏住多大规模的用户。因此,宏光MINI成了他们实现生态的关键产品。

(六)将宏光MINI变成潮创玩具

在产品上市前,五菱推出改装车是为了以这种奇特造型吸引年轻用户,但上市后的用户调研数据,让五菱决定要营造潮创文化。数据显示,超过60%的用户在购车后都会对车辆进行装饰性修改;60%的意向用户都会询问改装和装饰问题。于是,五菱决定顺势推动改装,将改装变成用户购车的理由,并营造一个改装不断、互动不断、充满黏性的车企社群。宏光MINI的改装风盛行后,催生了一批改装配件淘宝卖家,但这些卖家各自为政,也没有统一的质量标准可以遵循,因此,五菱决定打造一个改装平台来规范宏光MINI的改装生态。他们已着手搭建平台的质量管理体系、供应链体系,同时,在宏光MINI的直营店内打造改装服务体系,未来要在所有经销商网点开展改装服务。与此同时,在其官方车主社交App Ling CLUB上,五菱陆续推出了官方背书的改装配件。产品的"毛坯房"设计,让潮创文化可以落地,而潮创文化的蔓延,又反过来影响产品设计。赵小羽说,现在设计产品时,会刻意为用户留有潮改空间,预留改装接口,另外,还会在产业链中,引入具有潮创特色的合作伙伴。潮创文化还让五菱将市场细分以进行精准运营。比如,五菱发掘了"五菱少女"细分市场,开发了拥有"五菱春色"车身并增加了倒车影像、安全气囊的高颜值马卡龙车。马卡龙(售价4.36万元)不仅实现了边际利润为正,更让宏光MINI从"人民的代步车"

\ **商业模式创新**

升级为"人民的时尚代步车"。在 2021 年 4 月的第 19 届上海国际汽车工业展览会上，五菱又推出了更加时尚的敞篷车宏光 MINIEVCABRIO。

▶ 第三节　标准、知识产权与商业模式

一、技术、标准和商业模式

（一）相关概念和定义

技术是推动商业模式创新的重要因素之一。随着科技的不断进步和创新，新的技术不断涌现，为企业提供了更多的商业机会和发展空间。同时，标准也是商业模式创新的重要因素之一。标准可以为企业提供规范和指导，帮助企业更好地管理和运营业务。此外，知识产权也是保护企业技术创新和商业模式的重要手段之一。通过申请专利、商标等方式保护自己的知识产权，可以避免侵权行为的发生，同时也可以为企业带来更多的商业机会和利润，图 6-2 为时代发展与技术更迭示意。

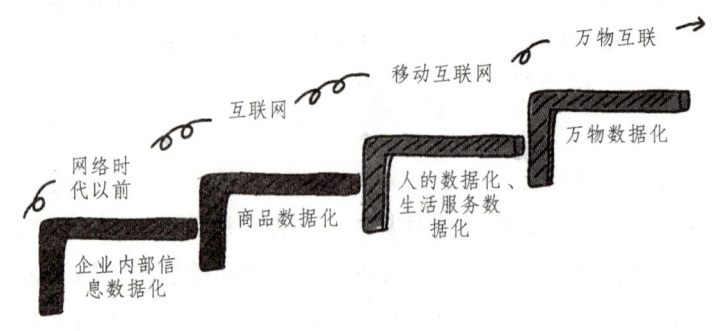

图 6-2　时代发展与技术更迭

当技术发展到一定阶段时，通常会出现多种竞争性技术或解决方案。为了实现技术的互操作性和互通性，产业界往往会制定标准，这些标准包括硬件接口、数据格式、通信协议等。标准的制定可以促进市场的发展和技术的普及，因为它们可以降低产品或服务的成本，提高互操作性，促进产业链的整合与协作。同时，标准也会影响到技术的采用方向，推动技术的进步和演进。

一个典型的例子是智能手机行业中的技术标准对商业模式创新的影响。智能手机的成功不仅依赖于技术的进步，也受益于行业内的标准化。3G、4G、5G 等通信技术标准的制定和普及，使得智能手机可以在全球范围内进行高速数据传输和网络连接。这些标准降低了通信技术的成本，并促进了手机制造商在全球范围内的竞争，从而推动了商业模式的创新。操作系统标准如 Android 和 iOS 的普及，为开发者提供了一个

统一的开发平台。这些标准使得开发者可以更容易地开发和发布应用程序，同时为用户提供了更好的用户体验和生态系统。同时，这也为手机制造商提供了差异化竞争的机会，可以基于特定操作系统进行定制和开发，创造出独特的商业模式。USB、Lightning等接口标准的普及，使得智能手机可以与各种外部设备进行连接和交互。这些标准为手机制造商和第三方开发者提供了更多的创新空间，可以开发出各种配件和外设，拓展智能手机的功能和用途，从而创造出新的商业模式。其他，如指纹识别、面部识别等技术的普及，使得智能手机可以更好地为顾客提供便捷的支付、身份认证等服务，进而推动商业模式的不断创新和演进。

商业模式是指企业为了盈利而选择的组织和运作方式，而技术的发展和标准的制定会直接影响到企业的商业模式。企业需要根据技术的发展和标准的变化来调整其商业模式，以适应市场的需求和竞争环境。例如，随着移动互联网技术的普及，许多企业从传统的线下销售转向了在线销售，采取了基于互联网平台的商业模式。此外，一些企业可能会利用技术和标准的变化来创造新的商业模式，以实现竞争优势和利润最大化。

（二）技术、标准和商业模式的联系

技术、标准和商业模式之间是相互影响、相互促进的关系。它们共同塑造了产业生态系统，推动着经济的发展和创新的进步。因此，企业需要密切关注技术和标准的发展趋势，灵活调整商业模式，以保持竞争力和适应市场变化。

当谈到技术如何推动商业模式的创新时，存在一些关键因素。① 新技术的出现：新技术的涌现常常催生全新的商业模式。例如，互联网的普及催生了电子商务和在线服务的商业模式，而人工智能技术的发展则推动了智能化产品和服务的创新商业模式。② 技术整合：技术整合能力是推动商业模式创新的关键。企业可以将不同的技术整合到一起，创造出更加全面和强大的解决方案，从而开创新的商业模式。例如，物联网技术和大数据分析技术的整合促使了智能家居和智慧城市等新兴商业模式的出现。③ 技术创新的速度和效率：技术创新的速度和效率也对商业模式的创新产生了影响。随着技术创新的加速，企业可以更快地开发和推出新产品或服务，从而探索新的商业模式。

而标准如何推动商业模式的创新呢？主要体现在以下几个方面。① 促进市场竞争：标准的制定通常会降低市场的进入门槛，促进市场的竞争。这种竞争可以通过创新商业模式来实现，企业可以基于标准化的技术构建新的产品或服务，并通过不同的商业模式来区分和竞争。② 市场整合与互通性：标准化技术提高了产品或服务的互通性和互操作性，降低了产品或服务的开发和使用成本，为商业模式的创新提供了更加广阔的市场空间。③ 降低开发成本：采用通用的技术标准可以降低产品或服务的开发成本，加速商业模式的创新。

\ 商业模式创新

在商业模式创新过程中，应对标准竞争可以从以下几个方面采取办法。① 参与产业标准的制定，与行业内的合作伙伴建立标准联盟，共同推动新标准的制定和实施，确保企业在标准制定过程中有话语权，并能够保护自身利益。② 快速跟进标准变化。密切关注行业标准的变化，及时调整企业的商业模式，确保企业的产品和服务能够符合最新的标准要求，保持竞争力。③ 技术创新与标准领先。投入研发资源，不断进行技术创新，以领先于行业标准的要求。通过提供更先进的技术解决方案，满足消费者的高端需求，从而在市场上取得竞争优势。④ 与标准机构合作。与标准制定机构和认证机构合作，积极参与标准的制定和评审，以确保企业的利益得到充分考虑，并且在标准认证方面取得竞争优势。⑤ 不断改进和优化。持续改进和优化企业的产品和服务，以满足消费者不断变化的需求。通过提供更好的用户体验、更高的品质和更具竞争力的价格，赢得消费者青睐，从而在竞争中脱颖而出。⑥ 建立品牌优势。建立强大的品牌形象和声誉，提升消费者对产品和服务的信任度和忠诚度，使得消费者更愿意选择企业的产品和服务，从而在竞争中获得优势地位。

可以看出，技术和标准都能够推动商业模式的创新，但它们的方式和作用略有不同。技术的发展从整合和创新速度等方面推动商业模式的创新，而标准则主要从降低市场竞争门槛、提高市场整合与互通性以及降低开发成本等方面促进商业模式的创新。比如，刀片产业是一个技术密集型行业，技术标准在该行业中发挥着重要作用，推动着商业模式的创新。在刀片产业中，材料的选择对产品的性能至关重要。制定材料标准可以帮助企业确保所使用的材料符合特定的要求，例如耐磨性、耐腐蚀性等。这有助于提高产品的质量和稳定性，同时也降低了产品开发和生产的成本。刀片的尺寸和几何形状对于其在不同应用场景下的性能具有重要影响。制定尺寸标准可以确保刀片与其他设备的兼容性，并且使得不同厂家生产的刀片可以互换使用。这样的标准化提高了产品的通用性，降低了生产成本并促进了市场竞争。刀片的性能指标，如耐磨性、切削效率等，对于用户来说至关重要。制定性能标准可以帮助企业确保产品在特定工况下具有一定的性能保证，并且使得用户可以更容易地选择适合自己需求的产品。刀片的生产工艺直接影响其质量和成本。制定生产工艺标准可以帮助企业优化生产流程，降低生产成本，提高产品的一致性和稳定性。基于以上的技术标准化应用，刀片产业可以实现更高效、更稳定的生产，提供更具竞争力的产品，满足市场对产品品质、性能和可靠性的需求。

二、基于标准、知识产权的商业模式创新途径

基于标准的商业模式创新，有许多新的模式和途径。如平台整合模式、增值服务模式、生态系统建设模式等。平台整合模式，主要是基于已有的行业标准，建立统一的平台，整合各种资源和服务，提供统一的接口和服务标准，以满足市场需求。这种模式可以促进市场的整合与共享，提高资源利用效率。增值服务模式是指在标准化产

品或服务的基础上，提供附加值增值服务，例如定制化、售后服务、培训等，以满足不同客户群体的需求，从而提高产品或服务的竞争力和附加值。生态系统建设模式，是指建立基于行业标准的生态系统，吸引不同类型的参与者加入，共同创造价值。企业可以通过生态系统的构建，实现资源共享、协同创新，提高市场影响力和竞争力。比如，通过制定行业标准或国家标准，将企业的技术成果转化为行业或国家的共同规范，从而获得更多的市场份额和利润。同时，标准也可以为企业提供规范和指导，帮助企业更好地管理和运营业务。

而基于知识产权的商业模式创新的模式或途径有授权和许可模式、技术转让和合作模式、创新保护模式等。授权和许可模式是指将企业的专利、商标或版权授权给其他企业或个人使用，获取授权费用或许可费用，实现知识产权的价值最大化。技术转让和合作模式是指与其他企业或研究机构合作，共同开发、共享技术，并通过技术转让或合作形式实现知识产权的共享和价值变现。创新保护模式是指通过加强知识产权保护，包括专利申请、商标注册、版权保护等措施，保护企业的创新成果和核心竞争力，防止知识产权被侵权或盗用，确保企业的长期发展和竞争优势。

这些基于标准和知识产权的商业模式创新模式、新途径，可以帮助企业充分利用现有的资源和优势，实现市场竞争力的提升，促进企业的持续发展和创新。

通过保护知识产权来推动商业模式的创新是一项重要的策略，可以帮助企业保护创新成果，增强市场竞争力，促进商业模式的不断创新和发展。最为重要的是，可以保护创新成果。知识产权保护包括专利、商标、版权等形式，通过申请专利，企业可以保护其新技术、产品或服务的创新成果，防止他人抄袭或复制。商标保护可以保护企业的品牌形象和市场地位，使其在市场上具有独特的竞争优势。版权保护可以保护企业的原创作品，例如软件、文档、设计等，防止他人非法复制或使用，保护企业的知识产权不受侵犯，从而提高市场准入壁垒。例如，拥有核心专利技术的企业可以通过专利保护来防止其他竞争对手直接复制其技术，从而确保自己在市场上的独立地位和竞争优势。在此基础上，拥有有效的知识产权为企业与其他企业或机构的商业提供了大量的合作机会。企业可以通过技术转让、授权许可等方式将自己的技术或品牌授权给其他企业使用，获取授权费用或许可费用，从而实现知识产权的价值最大化。这种合作形式有助于推动商业模式的创新，拓展市场范围，实现资源共享和互利共赢。通过这种形式的扩展和积累，知识产权保护可以有效鼓励企业增加对创新的投入，推动技术和产品的不断创新。综上，通过保护知识产权来推动商业模式的创新是一项重要的战略选择，可以帮助企业保护创新成果，增强市场竞争力，促进商业模式的不断创新和发展。企业应该重视知识产权保护工作，加强知识产权管理，为企业的长期发展和竞争优势打下坚实的基础。

在智能家居产业中，制定统一的通信协议和数据格式标准对于不同设备的互联互通至关重要。一些公司如 Google 的智能家居生态系统（Google Home Nest）采用了基于标准的商业模式创新。他们基于行业通用的标准如 Zigbee、Wi-Fi 等，建立统一的

\ 商业模式创新

智能家居平台,通过自家的智能设备和第三方厂商的合作设备,构建完整的智能家居生态系统,提供统一的用户体验和服务。这种商业模式创新提高了智能家居设备的互通性和互操作性,促进了智能家居市场的发展,同时也为企业带来了更广阔的市场机会和商业模式创新空间。

苹果公司通过其知识产权的保护和创新,建立了完整的 iPhone 生态系统,包括硬件设备、操作系统、应用商店等。苹果公司拥有众多的专利技术,包括硬件设计、软件开发、用户界面等。通过保护这些知识产权,苹果公司得以将 iPhone 作为中心,构建了完整的生态系统。他们通过 App Store 提供丰富的应用选择,通过 iTunes 提供多媒体内容,通过 iCloud 提供数据同步和存储服务,使得用户可以在各种设备上无缝使用 iPhone 生态系统提供的服务和功能。这种商业模式创新使得苹果公司建立了庞大的用户基础,提高了用户黏性和忠诚度,从而为公司带来了稳定的收入和持续的创新动力,同时也带动了整个移动应用生态系统的发展。

这些实际应用实例说明了基于标准和知识产权的商业模式创新在不同行业的广泛应用,如智能家居、移动通信等,为企业带来了市场竞争优势和商业模式的长期发展。

三、案例——韩都衣舍[1]

2016 年 5 月,韩都衣舍联合创始人之一——董事兼副总经理吴振涛所在小组的 EMBA 课题报告在经历数月的讨论、写作与修改后终于定稿,并完成提交。课题报告的研究对象正是吴振涛所任职的韩都衣舍。小组的同学们认为韩都衣舍是一个服装行业转型升级的范例:从线上代购服装起家,逐渐整合线上与线下资源,建立业内领先的服装电商运营及供应链管理能力。如今又提出韩都衣舍+战略,将自身能力开放给更多外部合作伙伴,通过为其他服装品牌提供线上代运营服务,通过整合资源来打造"具有全球影响力的互联网品牌孵化平台"。

虽然报告已顺利提交,但吴振涛却并没有感到放松,他深知从战略可行到实际运营还有很长的路要走。从前期探索结果来看,不同类型的合作伙伴拥有不同的运营/供应链特征和代运营需求,韩都衣舍应如何甄选并设计相应的代运营策略?又该如何帮助合作伙伴改善供应链管理来支持代运营的落地?吴振涛知道,这些问题的解决是韩都衣舍代运营业务能否持续发展的关键所在。为帮助韩都衣舍实施课题小组给出的建议,吴振涛需要准备一份给韩都衣舍共同合伙人的汇报,这对于公司的战略方向可能会发生很大的影响。因此,吴振涛再次拿起课题报告,对其中的建议进行深度思考。

韩都衣舍创立于 2006 年,总部设在山东济南,起初主要在网上从事服装、化妆品、母婴用品、汽车用品的韩国代购,是一个知名度不高的淘宝小卖家。由于只靠电商很难赚钱,2008 年,公司开始设计自己的服装,并创立韩风快时尚女装品牌 HSTYLE,

---

[1] 案例来自共欧国际工商学院:韩都衣舍:从淘品牌到互联网孵化平台。

由此开启了高速发展的大幕。如今，韩都衣舍的销售额/营业收入由 2008 年的 300 万迅速增长至 2016 年的 14.31 亿，仅 2016 年双 11 当天的交易额就高达 3.62 亿元，并借此成为唯一进入天猫全品类 20 强的互联网服装品牌。净利润方面，近两年也维持着 156.26%和 188.41%的高速增长。员工数量也从 2008 年的 40 人增加到如今的 2 600 多人，增长了 60 多倍。

产品线方面，2012 年起，韩都开始在主品牌 HSTYLE 之外推出韩风快时尚男装品牌 AMH、韩风快时尚童装品牌米妮·哈鲁、欧美风快时尚品牌尼班诗、韩风优雅时尚女装品牌 SONEED 等子品牌，如今旗下运营的互联网服装品牌已扩展至 30 余个，覆盖韩风、欧美风、东方风等，以及女装、男装、童装、妈妈装等品类，成为名副其实的互联网时尚品牌集群。

这些成就的取得关键在于韩都衣舍能够主动整合线上与线下的各类关键资源，通过"互联网+供应链"实现有别于其他电商品牌和传统线下品牌的差异化发展。经过近十年的积累，韩都衣舍已经形成了包括运营互联网品牌所需的快速反应能力、数据分析能力、创新能力、协同能力等关键能力在内的整套运营及供应链管理体系。韩都衣舍称之为"1+5 运营支撑系统"——核心的"1"是以小组制为核心的单品全程运营系统，为其保驾护航的"5"包括敏捷供应链系统、中央储运物流系统、高度整合的供应链运营支撑信息系统、五星级客服系统和韩都映像摄影服务系统等技术。韩都衣舍的 1+5 运营支撑系统主要包含以下内容：

（一）以小组制为核心的单品全程运营系统

以小组制为核心的单品全程运营系统简称"小组制"，这种创新的管理模式将传统的直线职能制打散、重组。每个小组包括一个设计师、一个负责网页设计及宣传的营销专员、一个负责对接供应商和下订单的货品管理专员。这些产品小组相当于韩都衣舍内部的"小微公司"，独立运营、独立核算，初始资金使用额度是 2 万～5 万元，每个月资金额度是上个月销售额的 70%。韩都衣舍每一款产品的款式选择、尺码、产量、库存深度-基准销售价格、打折节奏和力度等全部由其产品小组自己做主。小组提成也会根据业绩提成公式来核算，核心指标包括业绩完成率、毛利率和库存周转率。以产品小组为核算单元、责权利统一的做法使得每位小组成员都能各司其职：设计师对接市场，在网上收集目标消费人群的喜好，以客户需求为导向进行选款设计。货品管理专员对接每一款产品的生产，为多款、多批、小量的订单寻找合适的代工厂。营销专员则对接摄像、页面、IT 等内部支持部门，为每一款产品提供尽可能好的页面展示。由于共享收益，小组成员之间不仅高度协同，还进一步带动了整个公司的前后端协同，使每一款产品在生命周期各环节的运营效率都得到提高。为驱动小组优化，韩都衣舍每个季度还会对各个品类的产品小组进行竞争排名，排名倒数 10%的产品小组会受到警告，连续两季度排在最后 10%的产品小组会被拆散重组。

\ 商业模式创新

为支持小组制的顺利运行，韩都衣舍组建了多个支持服务部门来帮助产品小组，包括企划部、摄影部、技术部、客服部等。每个支持服务部门都有明确的职责，如企划部的职责是对总体产品结构进行宏观调控，解决产品小组数量过多时的内部资源争夺问题，降低各小组过度竞争导致的库存成本和滞销风险。"假如趋势分析表明牛仔裤在今年的服装市场上占比 20%，而韩都衣舍的总上新为 30 000 款，那么牛仔裤今年只能上新 6 000 款，企划部根据这个指标来调控各小组的上新需求，防止过多上新牛仔裤而造成产品结构偏离，库存过量。"为更好地配合产品小组的工作，这些支持服务部门也各自被分成不同的小组，对接不同的产品小组，其绩效与所支持的产品小组的绩效挂钩。

如今，韩都衣舍内部已有近 300 个产品小组，在小组制的推动下全公司每年传统线下品牌的年上新数量不超过 3 000 款，共上新 3 万款产品。相比之下，快时尚领域的领导品牌 ZARA 每年推出 1.8 万款新品。

（二）数据驱动的敏捷型供应链系统

供应链系统建立的动机是解决供应端的管理问题。当每年上新超过万款时，生产环节就无法通过小组直接对接供应商完成，必须要有顶层的采购和生产规划。为此，韩都衣舍成立了供应商管理部门来对供应商进行统筹和优化。第一，选择与韩都衣舍的需求（能够以很快的速度进行多款、小量的订单生产）相匹配的供应商。第二，只占用每家供应商 50% 左右的生产能力，这样做的优势在于韩都衣舍不是百分百地依赖供应商，此外供应商的剩余能力可以作为缓冲生产能力在韩都衣舍需要时扩展。第三，对生产所需的各类面料进行集中采购，这样做一是保证了面料的独特性，二是能够以更优惠的价格按订单所需提供给与韩都衣舍合作的工厂，使工厂的原材料成本降低，而服装产品的面料质量也能够得到保证。

管理机制方面，韩都衣舍通过分为 5A 不同级别，给予不同的订单基准值（如 5A 级每年 5 000 万件订单），且每季度对供应商进行绩效测评，测评指标包括合作规模、合格率、交期完成率等。如果测评下降 1~2 级，下一季订单会在基准值基础上缩减 15%~20%，反之增加 15%~20%。如果连续两个季度测评下降，则暂停合作、缩减 50% 订单甚至停止合作。目前，韩都衣舍的 60 家面料供应商和 240 家工厂都已接入 5A 动态管理体系。

随着各类运营数据的积累，如今在企划部的调度下，韩都衣舍能够通过"爆旺平滞"决策模型对每一款单品的生命周期进行数据化、精细化管理，给各业务端精准的指导。所谓"爆旺平滞"是指在自建的商品运营数据库的基础上，针对商品上架后的各项运营指标（单品销售件数、毛利额、转化率、消费者评价、购物车数量、剩余库存等），按照一定算法进行的"商品动态排名分析"，新品上架后 15 天就进入当季爆旺平滞排名，企划部根据排名指导各产品小组，对于爆款和旺款，根据数据库和算法给予追单率的建议；对于平款和滞款，则根据数据库和算法给予折扣率的建议。爆旺平滞分析使得韩都衣舍的首单货值只占该季度备货的30%，其余的70%都通过计算，分多个波段来追单，"小订单、多批次、不占库存"，而一般互联网服装品牌的首单货值达到50%以上。与传统线下品牌10 000件左右的平均订货量相比，韩都衣舍的平均单笔订货量只有500~800件，甚至最低只有50件。

通过企划部和生产中心的协同，韩都衣舍还实现了订单和产能的精细化匹配，使敏捷型供应链真正得到落地：一方面不同时段、不同产品小组的订单需求都能尽快地找到供应商，另一方面不同时段、不同等级的供应商也都能及时拿到订单。对于产能匹配之后的执行过程，企划部也会予以把控，核心指标包括备货任务达成率、产能使用、样衣、下单进度、成本、返单周期、交期和正品率。信息系统会按年/季/月/周自动生成报表，企划部根据报表撰写分析报告及调整方案，帮助各产品小组/供应商持续优化。在单品生命周期管理与产能匹配等能力保障下，虽然韩都衣舍的订单是多款、多批和小量的，但供应链的响应性、稳定性和质量都较为稳定，平均售罄率达到95%（行业平均水平为50。）

（三）中央智能储运物流系统

为满足互联网顾客对"闪电发货"的速度要求，韩都衣舍在仓储和物流环节也进行了大量的线下资源整合。为提高快速响应效率，韩都衣舍一方面要求各地供应商将产成品送达山东中央仓库进行统一管理，另一方面不断对中央仓库进行改造升级：2010年底搬迁到5 000平方米的新仓，2011年租赁库房1.5万平方米，2012年升级仓储系统，仓库面积扩展到4.5万平方米，2013年在山东齐河租赁了近6万平方米的仓库（韩都衣舍储运中心）。除硬件设施外，韩都衣舍还根据电商物流特点，与全国各大物流、快递公司建立长期合作关系并进行系统对接，仓储部也实行三班倒制度来保障快速响应。目前，韩都衣舍有能力承诺客户支付成功后第一时间（48小时内）将包裹发出，且顾客当天下单当天配货的发货率高达95%以上，客户体验良好。在2016年双11期间，韩都衣舍储运中心创造了200万件货物三天全部发完的骄人成绩。

（四）五星级客户服务系统

以客户服务系统为例，为提高快速响应效率，韩都衣舍为每一个品牌都安排了专属的客户服务小组，一是根据品牌的风格对客服昵称和聊天方式进行定制，二是对消费者购物路径中每个需要服务的环节进行拆分，使客户服务小组中的每位客服都专注于"售前处理买家咨询、售中处理买家修改订单（收货信息、尺码等）、售后处理退换货、CRM维护"中的某一项具体职能。目前，韩都衣舍的客服服务评分高于同行业水平38.6%，2015年售前客服平均接待量达20万，响应时间保持在50秒以内。

\ 商业模式创新

（五）韩都映像摄影服务系统

在摄影服务方面，韩都衣舍同样具备行业领先的能力，不仅对内支持各个产品小组，还于2013年将摄影部升级为独立的韩都映像公司，对外提供整体视觉优化、模特经纪服务和全品类视觉服务，现已是淘宝的金牌服务商。韩都映像拥有180人左右的拍摄/后期团队和300位常规合作模特，为拍摄纯正韩式风格还在韩国首尔拥有1 000多平方米的办公区，这些资源都领先于行业。在工作流程方面，韩都映像从商品接收、整理入库、搭配、静物图、后期修图、商品流转、拍摄执行、回片、片子处理到最后返片的每一步都有操作人，实现了明确的责任划分和严格的成本控制。

第七章

知识视角下的商业模式创新

\ 商业模式创新

一、目的与要求
1. 掌握经验曲线的识别与创造的方法与途径；
2. 理解经验曲线型商业模式创新的影响因素；
3. 区别产品型和知识型商业模式创新；
4. 理解商业模式创新中从产品到知识和从知识到产品。

二、教学内容
1. 经验曲线与商业模式创新；
2. 客户知识视角下的商业模式创新；
3. 知识视角下的商业模式创新；
4. 产品知识视角下的商业模式。

▶ 第一节　经验曲线与商业模式创新

一、学习曲线与经验曲线

　　学习曲线和经验曲线的发展历史可以追溯到 20 世纪初期，它们最初是在生产和工程领域中被广泛研究和应用的概念。学习曲线的概念在一定程度上可以追溯到特勒的科学管理理论。特勒提出了一种通过分析工作流程和提高劳动生产率来优化生产过程的方法。麦克格雷戈在 20 世纪 50 年代提出了"人的动机理论"，强调员工的动机和学习对于生产效率的影响。这为学习曲线的概念提供了一定的理论基础。西蒙在 20 世纪 50 年代提出了"满意的有限理性"概念，强调人类的决策行为是基于有限的信息和有限的理性。这也为后来学习曲线理论的发展提供了理论支持。1961 年，斯特林·利诺克斯在《哈佛商业评论》上发表了题为"学习曲线"的文章，正式提出了学习曲线的概念。他将学习曲线应用于商业领域，并指出随着生产经验的增加，单位产品成本会呈现出递减的趋势。1962 年，埃里克·杰尔德进一步发展了学习曲线的理论，并提出了学习曲线的数学模型，用于描述学习和经验对单位产品成本的影响。1947 年，罗伯特·戈尔德曼在他的研究中首次使用了"经验曲线"这个术语，用于描述工程项目中的生产效率和成本随着时间和经验的积累而变化的情况。1957 年，皮森在他的研究中提出了经验曲线的数学模型，用于描述单位成本随着时间和产量的变化而变化的情况。

彼得·德鲁克在20世纪中叶的管理理论中引入了经验曲线的概念，并将其应用于组织和管理领域。他强调了经验曲线对于组织决策和战略制定的重要性。

学习曲线和经验曲线的发展历史可以追溯到20世纪初期，它们最初是在生产和工程领域中被提出和研究的。随着时间的推移，这两个概念逐渐被引入到商业领域，并在管理理论和实践中发挥着重要作用。今天，学习曲线和经验曲线已成为管理和经济学领域中的重要概念，被广泛应用于企业的战略规划、成本管理和绩效评估等方面。学习曲线和经验曲线是两个在教育心理学和认知科学领域中经常被讨论的概念，它们对于理解个体学习和技能发展过程至关重要。下文将深入探讨这两个概念，解释它们的涵义、特征以及在教育和培训中的应用。

（一）学习曲线

学习曲线是描述学习过程中学习效果与学习时间（或重复次数）之间关系的图形。在学习曲线中，通常横轴表示学习时间或者重复次数，纵轴表示学习效果，可以是技能水平、记忆量、理解程度等。学习曲线的形状可以因学习任务的不同而异，但通常包括以下几个阶段。初始阶段（起始阶段）：学习曲线的起始阶段通常是学习效果增长最为显著的阶段。在这个阶段，学习者可能会迅速获得新知识或技能，并且每单位学习时间所获得的学习效果较高。平稳阶段（中间阶段）：随着学习的深入，学习曲线可能会逐渐变缓，形成一个相对稳定的阶段。在这个阶段，学习者仍然在增长，但增长速度相对于初始阶段有所减缓。收益递减阶段（饱和阶段）：学习曲线的后期阶段，学习效果的增长速度逐渐减缓，并且可能会达到一个学习效果的顶峰。在这个阶段，学习者可能需要更多的时间或努力才能获得更小的学习收益。稳定阶段（成熟阶段）：学习曲线的最后阶段，学习者达到了一个相对稳定的学习水平，学习效果不再有显著的增长。在这个阶段，学习者可能需要持续维持学习以保持所获得的技能水平。

学习曲线的形状和长度受到多种因素的影响，包括个体的学习能力、学习方法、学习资源等。理解学习曲线有助于教育者和学习者更好地规划学习过程，合理安排学习时间，以及调整学习策略以提高学习效果。

（二）经验曲线

经验曲线是描述个体经验积累与时间（或者重复次数）之间关系的图形。类似于学习曲线，经验曲线也可以用来理解个体在特定任务或领域中的表现随着经验积累的变化。经验曲线的特征包括：起始阶段：在开始积累经验的早期阶段，个体的经验可能会迅速增长。这通常是因为在初始阶段，个体对任务或领域的基本概念和技能进行了学习，从而使得经验积累更为迅速。稳定阶段：随着经验的积累，个体的经验增长速度可能会逐渐减缓，并最终趋于稳定。在这个阶段，个体可能已经掌握了任务或领域的大部分内容，并且经验的增长主要来自于对于特定情况的细节调整或者深入学习。

\ 商业模式创新

饱和阶段：在某些情况下，个体的经验可能会达到一个饱和点，即个体无法再通过增加经验来显著提高表现。在这种情况下，进一步的经验积累可能不再对个体的表现产生显著影响。

经验曲线的形状和长度也受到多种因素的影响，包括个体的天赋、学习能力以及所处环境等。理解经验曲线有助于个体更好地规划个人发展路径，识别自身在特定领域中的优势和不足，并制定相应的发展策略。

（三）学习曲线和经验曲线的联系

学习曲线描述了学习和生产经验对于单位产品成本的影响。通常情况下，随着生产量的增加和经验的积累，单位产品成本会逐渐降低。在商业模式中，学习曲线有以下几个重要的应用。

（1）成本优势：学习曲线的应用最为显著的是在成本管理方面。通过不断地生产和积累经验，企业可以降低生产成本，从而提高竞争力。这种成本优势可以转化为更具吸引力的定价策略，或者用于提供更高质量的产品和服务而不增加成本。

（2）技术创新：学习曲线也与技术创新密切相关。随着生产经验的增加，企业更有可能发现和应用新的生产技术，进一步降低成本或提高产品质量。这种技术创新可以推动企业的商业模式向更高效、更灵活的方向发展。

（3）竞争壁垒：对学习曲线的深入理解和有效利用可以成为企业的竞争壁垒。一旦企业建立起了较高的学习曲线，其他竞争对手很难通过简单的模仿或复制来迅速超越。这种竞争壁垒可以帮助企业保持市场份额并保持领先地位。

（4）持续改进：学习曲线的概念也促进了企业的持续改进文化。企业意识到，不断学习、改进和优化是保持竞争优势的关键。因此，他们会不断投资于员工培训、技术创新和流程优化，以保持学习曲线的上升趋势。

经验曲线描述了经验积累对于单位生产成本的影响。与学习曲线相似，经验曲线也在商业模式中发挥着重要作用，并带来了以下几个方面的应用。

1. 品质管理

随着经验的增加，企业更容易发现和解决产品或服务中的质量问题。经验曲线的应用可以帮助企业建立起更加完善的品质管理体系，确保产品或服务的稳定性和可靠性，从而提高客户满意度并降低售后成本。

2. 创新与适应

经验曲线的上升意味着企业对市场、客户和竞争对手有了更深入的理解。这种经验积累使企业更有能力创新和适应市场变化，及时调整商业模式以满足客户需求，并在竞争激烈的市场中保持竞争优势。

3. 客户关系

随着经验的增加，企业更容易建立起稳固的客户关系。通过提供持续优质的产品和服务，并借助对客户需求的深入了解，企业可以与客户建立长期合作关系，增强客户忠诚度，从而为企业带来稳定的收入和增长。

4. 资源利用

经验曲线的应用还有助于企业更有效地利用资源。随着经验的增加，企业更加熟悉自身的资源配置和利用方式，可以通过优化生产流程、降低浪费和提高资源利用率来降低成本，提高生产效率。

学习曲线和经验曲线是商业模式中至关重要的两个概念，二者在商业模式中往往是相辅相成的。企业需要不断学习并积累经验，以降低成本、提高产品质量、增强客户关系并保持竞争优势。在实践中，学习曲线和经验曲线往往相互交织，相互影响，共同推动企业向成功和持续发展的方向前进，它们帮助企业理解和优化生产过程，从而实现长期的商业成功。

二、经验曲线与商业模式创新

经验曲线在商业模式创新中扮演着重要的角色。商业模式创新是企业为适应市场变化、提升竞争力而实行的一种重要策略。而经验曲线的理论可以帮助企业更好地理解市场、顾客和竞争对手的行为模式和趋势，从而指导企业制定更有效的商业模式创新战略。这里，我们将深入探讨经验曲线与商业模式创新之间的关系，探讨如何运用经验曲线的理论来指导商业模式的创新和优化。

经验曲线理论最初是由斯塔基·波特提出的，用于描述个体在特定任务或领域中经验的积累与时间（或者重复次数）之间的关系。而在商业领域，经验曲线的概念同样适用，可以用来解释企业在特定市场或行业中的发展过程和竞争策略。通过分析经验曲线，企业可以更好地了解市场的运作规律和竞争态势，为商业模式的创新和优化提供重要参考。

首先，经验曲线可以帮助企业理解市场的发展阶段和趋势。根据经验曲线的理论，市场通常经历初始阶段的快速增长、稳定阶段的成熟发展以及饱和阶段的增长趋缓等不同阶段。企业可以通过分析市场的经验曲线，了解市场的当前状态和发展趋势，及时调整自己的战略和策略，以适应市场的变化和挑战。例如，在市场的初始阶段，企业可以采取快速扩张的策略，抢占市场份额和用户资源；而在市场的稳定阶段，企业可以更加注重产品和服务的品质和差异化，提高用户满意度和忠诚度；在市场的饱和阶段，企业可以寻找新的增长点和机会，进行产品创新和业务转型，实现持续发展。

其次，经验曲线可以帮助企业理解顾客的消费行为和偏好。根据经验曲线的理论，顾客在购买产品或服务时往往会经历学习的过程，逐步提高对产品或服务的认知和满

\ 商业模式创新

意度。企业可以通过分析顾客的经验曲线，了解顾客的消费行为和偏好，为产品和服务的创新和优化提供重要参考。例如，在产品的初始阶段，企业可以通过提供优惠折扣和试用活动等方式吸引顾客的注意，促进顾客的购买行为；而在产品的成熟阶段，企业可以通过提供个性化定制和增值服务等方式提升顾客的满意度和忠诚度；在产品的饱和阶段，企业可以通过产品升级和差异化创新等方式拓展顾客的消费需求，实现市场份额的增长和品牌价值的提升。

再次，经验曲线可以帮助企业理解竞争对手的战略和行为。根据经验曲线的理论，竞争对手在市场竞争中往往会经历相似的发展过程和学习曲线，逐步提高对市场的认知和适应能力。企业可以通过分析竞争对手的经验曲线，了解竞争对手的战略和行为，为自己的商业模式创新和竞争优势提供重要参考。例如，在竞争对手的初始阶段，企业可以通过加强产品和品牌建设等方式占据先机，建立品牌优势和市场地位；而在竞争对手的成熟阶段，企业可以通过差异化定位和战略联盟等方式保持竞争优势和市场份额；在竞争对手的饱和阶段，企业可以通过并购收购和新兴市场扩张等方式寻找新的增长点和机会，实现市场领先地位和持续发展。

最后，经验曲线可以帮助企业制定商业模式创新的战略和策略。根据经验曲线的理论，商业模式创新往往需要在市场的不同阶段采取不同的策略和措施。企业可以通过分析市场的经验曲线，确定商业模式创新的时机和方式，实现差异化竞争和持续增长。例如，在市场的初始阶段，企业可以通过创新技术和商业模式，打破传统行业壁垒，建立颠覆性的商业模式和生态系统；而在市场的成熟阶段，企业可以通过优化产品和服务，提升用户体验和价值，实现商业模式的精细化和差异化；在市场的饱和阶段，企业可以通过拓展新的业务领域和垂直整合等方式，实现商业模式的创新和转型，开辟新的增长空间和市场份额。

综上所述，经验曲线与商业模式创新之间存在着密切的关系。通过分析市场的经验曲线，企业可以更好地了解市场、顾客和竞争对手的行为模式和趋势，指导商业模式的创新和优化，实现持续增长和竞争优势。因此，企业应该充分利用经验曲线的理论，不断探索和创新，提高自身的竞争力和市场地位。

▶ 第二节　客户知识视角下的商业模式创新

一、客户知识及其内涵

（一）客户知识定义

客户知识是指企业在与客户进行互动和交流的过程中所获得的有关客户的信息、经验和见解。这些知识涵盖了客户的需求、偏好、行为、价值观等方面的内容，对于企业了解客户、满足客户需求、提高客户满意度以及保持竞争优势都具有重要意义。下面，我们将探讨客户知识的内涵，包括其定义、组成要素、获取途径以及应用价值等。

在现代商业环境下，客户知识已经成为企业经营管理中非常重要的一部分。随着市场竞争的日益激烈和消费者需求的不断变化，企业需要不断了解客户的需求和期望，以及时调整自己的产品、服务和营销策略，保持竞争优势和持续发展。客户知识的获取和应用已经成为企业提高市场竞争力和实现可持续发展的关键因素之一。客户知识的定义涵盖了以下几个方面：

（1）信息与数据。客户知识包括企业获取的客户信息和数据。这些信息和数据可以是客户的基本信息，如姓名、年龄、性别、联系方式等，也可以是客户的交易记录、购买行为、消费习惯等。通过分析这些信息和数据，企业可以了解客户的特征和行为模式，为产品和服务的设计、定位和营销提供参考依据。

（2）经验与见解。客户知识还包括企业在与客户互动和交流的过程中所获得的经验和见解。这些经验和见解可以是客户的反馈和建议，也可以是企业员工对客户的观察和理解。通过倾听客户的声音和了解客户的想法，企业可以更加深入地了解客户的需求和期望，及时调整产品和服务的策略和措施。

（3）洞察与认知。客户知识还包括企业对客户需求和行为的深入洞察和认知，这包括了解客户的需求和偏好、了解客户的购买动机和行为动机、了解客户的生活方式和消费习惯等。通过深入了解客户，企业可以更准确地把握市场趋势和客户需求，提供更贴近客户心理的产品和服务。

（4）价值与满意度。最后一个重要的客户知识要素是客户的价值和满意度。客户价值是指客户对企业的重要性和贡献度，包括客户的购买力、忠诚度、推荐意愿等；客户满意度是指客户对企业产品和服务的满意程度和体验感受。通过了解客户的价值和满意度，企业可以更好地评估客户的重要性和贡献度，及时调整产品和服务的策略和措施，提高客户的满意度和忠诚度。

客户知识的定义强调了企业在与客户互动和交流的过程中所获得的各种信息、经验和见解，这些知识对于企业了解客户、满足客户需求、提高客户满意度以及保持竞争优势都具有重要意义。企业应该通过多种途径获取客户知识，包括市场调研与分析、客户反馈与投诉、客户关系管理系统、社交媒体和网络平台、客户访谈与调查等方式，不断优化产品和服务，提升客户满意度和忠诚度，实现企业的可持续发展。

（二）客户知识的内容

客户知识是任何企业成功运营的重要组成部分。它是关于客户的信息、洞察和理解的集合，可以帮助企业更好地满足客户的需求、提高客户满意度并增强客户忠诚度。客户知识的组成要素可以分为几个关键方面，包括客户数据、客户行为、客户偏好和

\ 商业模式创新

客户反馈。首先，客户数据是客户知识的基础，这些数据包括客户的个人信息（如姓名、年龄、性别、联系方式等）、购买历史、交易记录、访问记录等。通过收集和分析客户数据，企业可以更好地了解客户的特征和行为模式，从而为他们提供更个性化、精准的服务和产品。其次，客户行为也是客户知识的重要组成部分。客户行为包括客户在购买产品或使用服务过程中的行为举止，比如浏览网站、点击广告、加入购物车、完成购买等。通过分析客户行为，企业可以洞察客户的喜好、偏好以及购买意向，从而调整营销策略，优化产品设计并提高销售转化率和客户满意度。再次，客户偏好是客户知识的重要组成部分之一。客户偏好指的是客户对产品、服务或购物体验的特定喜好和倾向，包括品牌偏好、产品特性偏好、购买渠道偏好等。了解客户的偏好可以帮助企业精准定位目标市场，量身定制营销策略，并设计出更具吸引力的产品和服务，从而提升客户的购买意愿和忠诚度。最后，客户反馈也是客户知识的重要组成部分之一。客户反馈包括客户对产品、服务或购物体验的评价、意见和建议，可以通过客户调研、满意度调查、社交媒体监测等方式收集。通过及时有效地收集和分析客户反馈，企业可以了解客户的需求和期望，及时作出调整和改进，提升产品和服务的质量，增强客户满意度和忠诚度。

综上所述，客户知识的组成要素包括客户数据、客户行为、客户偏好和客户反馈，这些要素相互交织、相互影响，共同构成了对客户深入理解和洞察的基础，帮助企业更好地满足客户需求、提升客户满意度并赢得客户的长期忠诚支持。因此，建立健全的客户知识管理体系，不断优化客户关系管理流程，已成为企业在竞争激烈的市场环境中取得成功的关键之一。

（三）客户知识的获取途径

获取客户知识是企业与客户建立深入联系、提供个性化服务、增强竞争力的关键。客户知识的获取途径多种多样，涵盖了从传统的市场调研到现代的大数据分析等多个方面，包括传统的市场调研、客户服务和沟通、数据分析和挖掘、社交媒体监测、客户关系管理（CRM）等途径。市场调研是指通过问卷调查、焦点小组讨论、深度访谈等方式收集客户的反馈和意见，了解客户对产品、服务、品牌以及市场趋势的看法和需求。通过市场调研，企业可以深入了解客户的心理和行为，发现市场机会，制定针对性的营销策略和产品规划。客户服务和沟通同样也是获取客户知识的另一个重要途径。客户服务部门通过与客户的直接互动，收集客户的投诉、建议和需求，了解客户的诉求和满意度水平。同时，通过电话、邮件、社交媒体等渠道与客户进行沟通，也可以获取客户的反馈和意见。通过及时有效地响应客户的需求和反馈，企业可以建立良好的客户关系，提升客户满意度和忠诚度。随着信息技术的发展，企业可以利用大数据技术对海量数据进行分析和挖掘，从中发现客户的行为模式、偏好趋势和消费习惯。通过数据分析，企业可以精准把握客户的需求和市场动态，提供个性化的产品和服务，提高销售转化率和客户满意度。同时，随着社交媒体的普及，越来越多的客户在社交媒体上分享自己的购物体验、产品评价和意见建议。通过监测社交媒体平台，企业可以了解客户的真实反馈和情绪变化，及时发现和解决潜在问题，提升品牌形象和声誉。此外，客户关系管理（CRM）系统也是获取客户知识的重要工具之一。CRM系统可以帮助企业建立客户档案，记录客户的个人信息、购买历史、联系记录等关键信息，实现客户信息的集中管理和全面分析。通过 CRM 系统，企业可以深入了解每个客户的特征和需求，制定个性化的营销策略和服务方案，提升客户满意度和忠诚度。

综上所述，获取客户知识的途径多种多样，涵盖了传统的市场调研、客户服务和沟通、数据分析和挖掘、社交媒体监测以及客户关系管理系统等多个方面。企业可以根据自身的情况和需求，综合运用这些途径，不断深化对客户的理解和洞察，提升服务水平和竞争力，赢得客户的长期支持和信赖。因此，客户知识的应用价值体现在多个方面。

首先，客户知识对企业的战略决策具有重要影响。通过深入了解客户的需求、偏好和行为，企业可以更准确地把握市场趋势和客户动态，制定符合市场需求的战略规划。客户知识可以帮助企业发现市场机会，把握竞争优势，指导企业进行产品定位、市场定位和品牌建设，从而实现长期可持续发展。

其次，客户知识对市场营销具有重要意义。了解客户的需求和偏好可以帮助企业设计更具吸引力和针对性的营销活动和广告策略，提高营销效果和销售转化率。通过个性化营销和定制化的服务，企业可以更好地满足客户的需求，增强品牌忠诚度，提升市场竞争力。

再次，客户知识对产品创新具有重要启示。通过深入了解客户的需求和反馈，企业可以及时发现和把握新的市场需求和趋势，推出符合客户期待的新产品和服务。客户知识可以帮助企业从客户的角度出发，设计出更具创新性和竞争力的产品，提高产品的市场占有率和用户满意度。

最后，客户知识对客户关系管理也具有重要意义。通过深入了解客户的需求和行为，企业可以建立更加个性化和贴心的客户关系管理体系，提供更优质、更定制化的服务和支持，增强客户的满意度和忠诚度。客户知识可以帮助企业更好地管理客户关系、提升客户的生命周期价值，实现持续稳健的业务增长。

综上所述，客户知识在企业经营管理中具有重要的应用价值。它可以指导企业进行战略决策、优化市场营销、推动产品创新和提升客户关系管理，从而增强企业的竞争力和持续发展能力。因此，建立健全的客户知识管理体系，不断深化对客户的理解和洞察，已成为企业在竞争激烈的市场环境中取得成功的关键之一。

二、客户知识视角下的商业模式创新

客户知识视角下的商业模式创新涉及多个方面，包括但不限于个性化定制服务、创新营销模式、构建共享经济模式、建立生态系统、数字化转型等。

\ 商业模式创新

（一）个性化定制服务

个性化定制服务是基于客户知识的重要方面之一。通过深入了解客户的需求、偏好和行为，企业可以为客户提供定制化的产品和服务，满足客户的个性化需求，提高客户满意度和忠诚度。个性化定制服务可以体现在产品设计、服务体验、营销策略等方面，让客户感受到个性化关怀和专属定制的服务。例如，一些定制化的产品、定制化的服务方案、个性化的客户关怀等，都是个性化定制服务的具体体现。

（二）创新营销模式

基于客户知识的深入理解，企业可以创新营销模式，以更好地吸引和留住客户。通过了解客户的行为和偏好，企业可以设计出更具吸引力和针对性的营销活动和广告策略，提高营销效果和销售转化率。创新营销模式可以体现在营销渠道、营销内容、营销手段等方面，让客户更容易接触到企业的产品和服务，提高品牌曝光度和市场份额。

（三）构建共享经济模式

共享经济模式是基于客户知识的另一个重要方面。通过了解客户的需求和行为，企业可以构建共享平台，让客户之间共享资源和服务，实现资源的高效利用和价值的最大化。共享经济模式可以体现在共享单车、共享汽车、共享办公空间等方面，让客户在享受服务的同时，也为其他客户提供服务，实现多方共赢和合作共赢。

（四）建立生态系统

基于客户知识的深入理解，企业可以建立生态系统，实现多方共赢和合作共赢。通过了解客户的需求和行为，企业可以与其他企业、组织和个人建立合作关系，共同打造生态系统，实现资源共享和价值共创。生态系统可以体现在供应链、产业链、价值链等方面，让企业与合作伙伴共同发展，实现产业升级和创新发展。

（五）数字化转型

在客户知识的基础上，企业可以进行数字化转型，实现业务的智能化和高效化。通过了解客户的需求和行为，企业可以利用先进的信息技术和数据分析技术，优化业务流程和服务体验，提高运营效率和客户满意度。数字化转型可以体现在数字化销售渠道、数字化客户服务平台、智能化数据分析系统等方面，让企业能够更快捷、更精准地满足客户需求，提高客户体验和忠诚度。

（六）跨界合作与创新

基于客户知识的深入理解，企业可以进行跨界合作与创新。通过了解客户的需求和行为，企业可以与其他行业的企业、组织和个人进行合作，共同开发创新产品和服务，实现跨界创新和价值共创。跨界合作与创新可以体现在产业联盟、产业生态圈、跨界创新平台等方面，让企业能够借助外部资源和智慧，实现更快速、更广泛的创新发展。

（七）关注客户体验与反馈

在商业模式创新中，关注客户体验与反馈是至关重要的。企业通过搜集客户的反馈意见，了解客户的期望和诉求，可以不断优化产品和服务并及时调整和改进商业模式，进而保持与客户的紧密联系和良好关系。

综上所述，客户知识视角下的商业模式创新涵盖了个性化定制服务、创新营销模式、构建共享经济模式、建立生态系统、数字化转型、跨界合作与创新以及关注客户体验与反馈等多个方面。通过深入了解客户的需求、行为和偏好，企业可以重新审视自身的商业模式，创新和优化产品和服务，提升市场竞争力和客户价值，实现可持续发展和长期增长。因此，建立健全客户知识管理体系，不断深化对客户的理解和洞察，已成为企业在竞争激烈的市场环境中取得成功的关键之一。

三、案例——人本集团

人本集团旗下的人本股份有限公司是中国轴承领军企业，世界十大轴承企业，被评为"中国机械工业企业核心竞争力100强企业""全国民营企业500强企业""全国重点行业效益十佳企业""C&U"品牌，被国家商务部评定为"中国轴承行业最具市场竞争力品牌"。在温州、杭州、上海、无锡、芜湖等建有九大轴承生产基地，可生产内径1mm以上各类轴承30 000余种，产品广泛应用于轨道交通、工程机械、工业机器人、风电、医疗器械、节能与新能源汽车等行业。人本拥有国家认定企业技术中心、中国合格评定国家认可委员会（CNAS，China National Accreditation Service for Conformity Assessment），参与制/修订国家及行业标准27项；累计获授权专利及发明2 023项，"高性能滚动轴承加工关键技术与应用"获2020年国家科技进步奖二等奖。

近年来，人本在低噪声、高精度、长寿命、高可靠性等技术积累的基础上，加大对轨道交通、高端数控机床、节能与新能源汽车、大功率风电机组、盾构机等重大装备轴承的攻关，取得了重要突破。旗下商业连锁有十足便利店、人本超市、本村生鲜超市，十足便利店现有门店3 000余家，跻身中国便利店十强。门店广泛分布于浙江、

\ 商业模式创新

江苏、上海等地。旗下人本旭川以设计、制造、安装、销售、维保、改造、投资各类机械式立体停车装置为主营业务，是"中国重型机械工业协会停车设备工作委员会团体会员"。

在知识经济时代，知识成为企业创新的重要驱动力。人本集团作为轴承行业的领军企业，其商业模式创新正是基于知识的深度运用和不断创新。下面将从知识视角出发，详细分析人本集团商业模式的创新之处。

（一）知识驱动的产品创新

人本集团注重知识在产品研发中的应用，通过引进先进技术和设备，加强研发团队建设，不断提高产品的技术含量和附加值。同时，企业还积极与高校、科研机构合作，开展产学研一体化创新，推动轴承技术的不断进步。基于深厚的技术积累和创新能力，人本集团成功提高了轴承产品的技术含量和附加值。这使得其产品更具竞争力，能够满足更高端的市场需求。这种知识驱动的产品创新模式，使得人本集团能够持续推出符合市场需求、具有竞争力的新产品，从而巩固其在行业中的领先地位。

（二）精细化营销和服务创新

人本集团建立了完善的营销网络，包括在全国各中心城市成立的70家轴承营销公司和128家轴承销售办事处及轴承专卖店。此外，企业还在美国、日本和德国等地设有贸易公司，形成了全球销售网络。人本集团通过建立完善的营销网络和服务体系，加强与客户的沟通和互动，深入了解客户需求和反馈。同时，企业还运用大数据、人工智能等先进技术，对客户需求进行精准分析，提供个性化的产品和服务。这种精细化营销和服务创新模式，使得人本集团能够更好地满足客户需求，提高客户满意度和忠诚度。

（三）产业链整合和协同创新

人本集团注重产业链整合和协同创新在商业模式创新中的作用，通过投资、并购等方式，加强与上下游企业的合作，形成紧密的产业链关系。同时，企业还积极与行业协会、标准组织等合作，推动行业标准的制定和实施，促进整个行业的健康发展。这种产业链整合和协同创新模式，使得人本集团能够更好地整合资源、降低成本、提高效率，实现产业链的整体优化和升级。

人本集团的商业模式创新是基于对知识的深度运用和不断创新。企业通过引进先进技术、加强研发团队建设、完善营销网络和服务体系、推动产业链整合和协同创新等方式，成功实现了商业模式的创新。这种创新不仅提升了企业的竞争力和市场份额，还为整个轴承行业的进步做出了贡献。

▶ 第三节　经营知识视角下的商业模式创新

一、经营知识及其内涵

经营知识是指在组织管理和运营过程中所需的广泛知识领域，涵盖了管理学、市场营销、财务管理、人力资源管理等多个方面的知识。它是企业成功运营和持续发展的基础，对于管理者和企业家而言至关重要。

经营知识的内涵包括管理学原理。管理学是研究组织管理、决策制定、人员激励、领导技巧等方面的学科，是企业经营不可或缺的基础。管理学原理涵盖了组织结构、规划与控制、领导与沟通等内容，帮助管理者建立并优化企业的管理体系，提高工作效率，实现组织目标。经营知识还包括市场分析和营销策略。市场是企业生存和发展的根本，因此对市场的深入了解和分析至关重要。经营者需要掌握市场调研方法、竞争对手分析、消费者行为研究等知识，以制定有效的营销策略，提升产品或服务的市场竞争力，实现销售增长和市场份额的提升。财务管理是经营知识的重要组成部分。财务管理涉及资金的筹集、运用和监控，以及财务报表的编制与分析等内容。管理者需要了解财务指标的涵义和计算方法，制定合理的预算和资金计划，确保企业的资金充裕和运作稳定，为企业的发展提供有力支持。另外，人力资源管理也是经营知识的重要内容之一。人力资源是企业的核心竞争力所在，管理者需要掌握招聘、培训、绩效考核、薪酬福利设计等方面的知识，激发员工的工作积极性和创造力，提高员工的工作效率和满意度，实现组织和员工的双赢。此外，经营知识还应包括创新与变革管理。随着市场竞争的日益激烈和科技进步的加速，企业需要不断创新和变革以适应市场的需求和挑战。管理者需要具备创新意识和变革管理能力，引领企业应对变化，把握机遇，实现持续创新和发展。

经营知识可以帮助企业更好地应对市场变化和竞争挑战，提高企业的竞争力。具备丰富经营知识的企业能够更快速地适应市场环境的变化，制定更具竞争优势的战略，从而在竞争中脱颖而出。经营知识可以帮助企业降低经营风险。通过对市场、财务、人力资源等方面的深入分析和把握，企业可以更准确地预测和评估风险，采取相应的措施和应对策略，降低经营风险，保障企业的稳健发展。经营知识可以帮助企业提高运营效率。通过优化管理流程、提高资源利用率、改进工作方法等措施，企业可以提高生产效率、降低成本，从而实现更高水平的经营效益。通过合理的战略规划、市场营销策略和财务管理手段，企业可以为客户提供更优质的产品和服务，实现与客户的共赢，从而创造更大的经济和社会价值。

企业管理者和员工应该保持持续学习的态度，不断积累和更新经营知识，以应对

\ 商业模式创新

不断变化的市场和竞争环境。企业应该建立知识共享和沉淀机制，促进内部知识的流动和共享，提高整体的经营能力和竞争力。企业管理者和员工应该保持开放的创新思维，勇于实践和尝试新的经营理念和方法，不断推动企业的创新和发展。企业可以利用信息化和智能化技术手段，建立和优化经营知识管理体系，提高知识的获取、传播和应用效率，实现企业经营管理的智能化和优化。

综上所述，经营知识是企业经营和管理的基础，涵盖了管理学、市场营销、财务管理、人力资源管理等多个方面的知识。只有不断学习和积累这些知识，不断提升自身的经营能力和管理水平，才能在市场竞争中立于不败之地，实现企业的长期稳健发展。

二、经营知识视角下的商业模式创新

（一）商业模式创新的发展

在经营知识的视角下，商业模式创新是企业在不断变化的市场环境中保持竞争优势和实现持续发展的重要策略之一。商业模式创新涉及企业如何重新设计和组织其商业活动，以创造新的价值并获得持续利润。

商业模式创新是指企业通过重新构思和重塑其商业运营方式、资源配置和利润途径，以创造全新的商业价值，并在市场竞争中获得持续优势的过程。这种创新不仅是产品或服务的改进，还是对整个商业生态系统的重新设计和优化，旨在发掘新的商业机会，提升竞争力，实现持续营利。首先，商业模式创新涉及对企业价值创造方式的重新思考。传统的商业模式可能建立在固有的假设和模式之上，随着市场和技术的变化，这些假设可能会变得过时甚至不再适用。因此，商业模式创新要求企业重新审视其核心价值主张、客户需求以及市场定位，寻找到与时俱进的新的价值创造途径。其次，商业模式创新涉及资源配置和组织架构的重新设计。企业在进行商业模式创新时，需要重新评估和配置其资源，包括人力、资金、技术等方面的资源，以支持新的商业模式的实施。同时，也需要调整组织架构和运营流程，以适应新的商业模式的要求，提高运营效率和灵活性。另外，商业模式创新还涉及利润途径和营利模式的重新构想。传统的营利模式可能存在局限性，无法满足市场的新需求和变化。因此，企业需要探索新的营利模式，可能包括付费模式的创新、广告营销的创新、订阅服务的创新等，以实现持续的营利增长。

总的来说，商业模式创新是企业在面对市场竞争和变革时的一种重要应对策略，它涉及对企业整体运营方式和盈利模式的重新构想和创新。通过商业模式创新，企业可以发现新的商业机会、提升竞争力，实现持续的商业成功。因此，企业应该将商业模式创新纳入其战略规划和运营管理中，不断地进行探索和实践，以适应市场的变化和挑战，实现长期的可持续发展。

商业模式创新在当今竞争激烈的市场环境中扮演着至关重要的角色，它是企业持续发展和成功的关键之一。商业模式创新有助于企业实现差异化竞争。在同质化产品和服务充斥市场的情况下，企业通过创新其商业模式，可以为自己创造独特的竞争优势。通过重新设计和组织商业活动，企业可以提供与众不同的价值主张，从而吸引更多的客户并建立起品牌优势。例如，通过订阅制度、定制服务或者精准定位的方式，企业可以为客户提供更加个性化和符合其需求的产品或服务，从而在市场中脱颖而出，赢得竞争优势。商业模式创新有助于企业适应不断变化的市场环境。随着科技的进步、消费者需求的变化以及竞争格局的不断演变，传统的商业模式可能会变得过时甚至失效。在这样的背景下，企业需要不断地进行商业模式创新，以适应市场的变化并抓住新的机遇。例如，随着互联网的普及和移动技术的发展，许多传统企业开始转向在线销售渠道，开发移动应用，以满足消费者更加便捷和个性化的购物需求。这种转型和创新使得企业能够更好地适应市场的变化，保持竞争力，并实现持续的发展。此外，商业模式创新还有助于企业发现新的增长点和营利模式。传统的营利模式可能存在局限性，无法满足市场的新需求和变化。通过创新商业模式，企业可以探索新的营利模式，开辟新的收入来源，实现持续的营利增长。例如，许多企业通过引入订阅制度、广告营销或者数据销售等方式，实现了收入多元化，并进一步扩大了营利空间。这种创新营利模式的探索和实践，为企业提供了更多的增长机会，推动了其持续发展。综上所述，商业模式创新对企业的重要性不言而喻。它不仅有助于企业实现差异化竞争、适应市场变化，还可以帮助企业发现新的增长点和营利模式，从而实现持续的商业成功。因此，企业应该高度重视商业模式创新，将其纳入到战略规划和运营管理中，不断地进行探索和实践，以实现长期的可持续发展。

（二）商业模式创新的类型

商业模式创新具有多种类型，每种类型都可以为企业带来不同的竞争优势和商业机会。首先，产品与服务创新是商业模式创新中最为常见的类型之一。这种创新涉及对产品或服务本身的重新设计和优化，以满足消费者不断变化的需求和期待。产品与服务创新可以包括产品功能的增强、性能的提升、设计的优化等。例如，苹果公司通过不断推出具有创新性和差异化设计的产品，如 iPhone、iPad 等，赢得了消费者的青睐，并建立起了强大的品牌优势。其次，销售渠道创新也是商业模式创新的重要类型之一。随着互联网和移动技术的发展，传统的销售渠道已经无法满足消费者的需求，因此企业需要不断地探索新的销售渠道，以提升市场覆盖率和销售效率。销售渠道创新可以包括线上销售平台的建设、移动应用的开发、社交媒体的营销等方面。例如，阿里巴巴通过建立线上购物平台和支付体系，打通线上线下的销售渠道，为消费者提供了便捷的购物体验，促进了销售额的持续增长。另外，收费模式创新也是商业模式创新的重要类型之一。传统的收费模式可能会限制企业的营利空间和市场竞争力，因

\ 商业模式创新

此企业需要不断地探索新的收费模式，以提升营利能力和吸引力。收费模式创新可以包括订阅制、租赁制、付费会员制等。例如，Netflix 采用订阅制度，为用户提供了无限畅享的视频服务，从而实现了持续的收入增长，并吸引了大量的用户。平台模式创新也是商业模式创新中的重要类型之一。平台模式创新是指企业通过建立开放式的平台，为不同的用户和利益相关者提供服务和价值，并从中获得收益。平台模式创新可以包括交易平台、社交平台、数据平台等。例如，Uber 通过建立共享出行平台，连接了司机和乘客，为他们提供了便捷的出行服务，实现了双赢的局面，同时也为自己赢得了市场份额和营利空间。商业模式创新的类型多种多样，每种类型都有其独特的优势和商业机会。企业在进行商业模式创新时，需要根据自身的情况和市场需求，选择合适的创新类型，并不断地进行实践和调整，以实现持续的商业成功。

展开来讲，亚马逊在创建初期就通过建立在线书店的商业模式创新，将传统的实体书店转化为线上平台，实现了图书的广泛销售和配送。随着时间的推移，亚马逊不断扩展其业务范围，涉足电子产品、家居用品、服装鞋包等多个领域，成为了全球最大的在线零售商之一。亚马逊通过创新的商业模式，打破了传统零售行业的局限，实现了线上线下的融合，为消费者提供了更加便捷和多样化的购物体验，从而赢得了市场份额和用户信任。特斯拉通过引入电动汽车和自动驾驶技术，颠覆了传统汽车行业的商业模式，实现了从传统燃油车到电动车的转型。特斯拉不仅仅是一家汽车制造商，更是一家科技公司，通过不断创新和技术升级，为消费者提供了更环保、智能和安全的交通工具。特斯拉还通过建立自有的销售渠道和充电网络，实现了从销售到服务的一体化，为消费者提供了更加便捷和全面的解决方案。特斯拉的商业模式创新，不仅带动了新能源汽车产业的发展，也对整个汽车行业产生了深远的影响。Airbnb 是共享经济领域的商业模式创新案例。Airbnb 通过建立在线平台，将房屋出租者和租客进行匹配，实现了闲置房屋的共享利用，从而满足了旅行者住宿需求，为房屋出租者提供了额外收入。Airbnb 的商业模式创新不仅改变了传统的酒店业态，还为个人房东和旅行者之间搭建了互利共赢的平台。通过 Airbnb，旅行者可以获得更加个性化和地道的住宿体验，房屋出租者可以实现闲置房屋的变现，实现了共享经济的理念和商业模式的创新。苹果公司的苹果商店也是商业模式创新的典范之一。苹果通过建立苹果商店零售店面，将产品销售与体验服务相结合，为消费者提供了全方位的购物体验。苹果商店不仅是产品销售的场所，更是一个社区和体验中心，为消费者提供了产品试用、技术支持、培训课程等多种服务。苹果商店的商业模式创新，不仅提升了产品的销售效率和用户体验，还加强了与消费者的互动和沟通，增强了品牌忠诚度和影响力。

综上所述，商业模式创新在不同行业中都具有重要的应用和影响。通过不断地创新和实践，企业可以发现新的商业机会、提升竞争力，并实现持续的商业成功。因此，企业应该高度重视商业模式创新，将其纳入到战略规划和运营管理中，不断地进行探索和实践，以实现长期的可持续发展。

（三）商业模式创新的挑战

商业模式创新虽然能够为企业带来巨大的商业机会和竞争优势，但同时也面临着各种挑战。

1. 商业模式创新可能受到传统行业习惯和文化的制约

在传统行业中，存在着固有的商业模式和经营方式，企业员工和管理者可能对新的商业模式持保守态度，难以接受和适应变革。此外，传统行业可能存在着强大的利益集团和既得利益者，他们可能会阻碍商业模式创新的推进。面对这一挑战，企业可以通过加强员工培训和文化建设，提升员工的创新意识和变革能力；同时，也可以通过与利益相关者进行充分沟通和协商，寻求共识和支持，推动商业模式创新的落地。

2. 商业模式创新可能受到法律法规和政策环境的影响

在一些行业和领域，存在着复杂的法律法规和政策限制，这可能会限制企业的商业模式创新空间。例如，金融行业和医疗行业等受到监管较为严格，新的商业模式可能需要经过复杂的审批和监管程序。此外，政府的政策导向和行业政策也可能对商业模式创新产生积极或消极的影响。为了应对这一挑战，企业需要加强对法律法规和政策环境的研究和分析，合理规划商业模式创新的路径和步骤，避免触碰法律法规的红线，同时也可以通过积极与政府部门和监管机构沟通，争取政策支持和优惠政策。

3. 商业模式创新还可能受到技术限制和成本压力的影响

在一些行业和领域，新的商业模式可能需要依赖先进的技术和信息系统支持，而这些技术可能并不成熟或者成本较高。此外，商业模式创新可能需要投入大量的人力、物力和财力，企业可能面临着巨大的成本压力和风险。为了应对这一挑战，企业可以通过加强技术研发和创新能力，提升自身的技术实力和竞争优势；同时，也可以通过合作伙伴关系和资源整合，共享技术和成本，降低商业模式创新的风险和成本。

4. 商业模式创新还可能受到市场接受度和竞争压力的影响

新的商业模式可能需要时间来被市场认可和接受，而在此过程中企业可能面临着竞争对手的挑战和压力。此外，市场的不确定性和变化性也可能对商业模式创新产生影响，企业需要不断调整和优化自身的商业模式，以适应市场的变化和挑战。为了应对这一挑战，企业可以通过市场调研和分析，了解市场需求和竞争格局，制定针对性的商业模式创新策略；同时，也可以通过灵活的市场营销和销售策略，提升产品和服务的市场认知度和竞争力，赢得市场份额和用户信任。商业模式创新虽然面临着各种挑战，但通过合理规划和有效应对，企业可以克服这些挑战，实现商业模式创新的成功落地，并为自身持续发展和竞争优势奠定基础。因此，企业应该高度重视商业模式创新，加强对各种挑战的预判和应对，不断地进行探索和实践，以实现长期良性发展。

\ 商业模式创新

▶ 第四节　产品知识视角下的商业模式创新

一、知识与产品知识

当谈论知识与产品知识时，会涉及两个关键概念：知识本身的价值以及如何将知识转化为实际的产品或服务。这两者之间存在着密切的关系，相辅相成，共同推动着社会的发展和进步。知识是人类文明的基石，是我们对世界的理解和认识的集合体。它是通过学习、思考、经验和实践积累而来的，涵盖了各种形式的信息、技能和认知。从最基本的日常生活技能到最复杂的科学理论，知识贯穿于人类社会的方方面面，推动着社会的发展和进步。

知识使我们能够理解世界。通过学习和经验积累，我们能够认识到自然界中存在着各种规律和现象，从而理解自然界的运行规律和变化规律。比如，我们通过学习物理学可以了解到万有引力定律和牛顿运动定律等自然定律，通过学习生物学可以了解到生物进化和遗传规律等。这些知识使我们能够更好地理解自然界的奥秘，从而更好地利用自然资源，改善生活条件。知识是人类文明进步的动力。人类社会的进步往往伴随着知识的不断积累和传承。从古代的农业革命、工业革命到现代的信息技术革命，每一次文明的飞跃都离不开知识的发展。知识的传承和创新推动着科学技术的进步，推动着社会的发展。此外，知识也是人类个体发展的基础。每个人从出生开始就不断地学习和积累知识，通过学习和经验积累，逐渐形成自己的认知体系和生活方式。知识使人类能够不断地成长和进步，实现个人价值和社会价值的最大化。知识是人类社会发展和个体发展的基础，是我们理解世界、改变世界的重要工具。我们应该不断地学习和积累知识，不断地提高自己的认知水平和实践能力，为实现个人梦想和社会进步做出更大的贡献。

而产品知识是指在特定产品领域的专业知识和技能，涵盖了对产品的结构、功能、性能、使用方法等方面的深入了解。在现代社会中，随着科技的发展和产业的进步，各种产品层出不穷，产品知识的重要性也日益凸显。

（一）产品设计和制造方面

在产品设计阶段，设计师需要具备丰富的产品知识，了解市场需求、技术趋势以及竞争对手的产品情况，从而设计出符合用户需求和市场趋势的产品。在产品制造阶段，工程师需要深入了解产品的结构和工艺，选择合适的材料和加工工艺，确保产品的质量和性能。比如，在汽车行业，汽车设计师需要了解汽车结构、动力系统、安全系统等方面的知识，以设计出安全、舒适、节能的汽车产品；汽车工程师需要了解汽车部件的制造工艺和装配方法，确保汽车的质量和可靠性。

（二）产品使用和维护方面

用户在购买和使用产品时，需要了解产品的使用方法、注意事项和维护保养方式，以确保产品的正常使用和延长产品的使用寿命。比如，在家电行业，消费者需要了解家电产品的使用说明书，了解家电产品的使用方法和安全注意事项；同时，消费者还需要了解家电产品的维护保养方式，定期对家电产品进行清洁和保养，以延长产品的使用寿命。

（三）市场营销和售后服务方面

销售人员需要具备丰富的产品知识，向消费者介绍产品的特点、优势和使用方法，帮助消费者选择合适的产品；售后服务人员需要具备产品知识，解答消费者的疑问，解决消费者的问题，提供专业的售后服务，增强消费者对产品的信心和满意度。

产品知识对于产品设计、制造、使用、维护、市场营销和售后服务等各个环节都具有重要意义。我们应该不断地学习和积累产品知识，提高自己的产品专业能力，为产品的设计、制造和使用提供更加全面和专业的支持。知识与产品知识都是人类思维和实践的产物，它们之间存在着密切的联系与共生关系，同时也有异同。

（1）相同。知识与产品知识的联系在于它们都是人类对世界认知和实践的产物。知识是人类通过学习、经验积累、思考和实践所获取的关于事物、现象、规律和技能的理解和认识，是人类智慧和文明的结晶；而产品知识则是在特定产品领域的专业知识和技能，涵盖了对产品的结构、功能、性能、使用方法等方面的深入了解。在产品的设计、制造、使用和维护过程中，需要运用各种知识和技能，不断地改进和创新，从而推动产品的发展和进步。

（2）差异。知识与产品知识的不同在于它们的范畴和应用领域不同。知识是一个广泛的概念，涵盖了各种形式的信息、技能和认知，可以应用于各个领域和行业。而产品知识则是指在特定产品领域的专业知识和技能，主要应用于产品的设计、制造、使用和维护等方面。虽然知识和产品知识在某种程度上有所重叠，但它们的应用范围和深度有所不同，需要根据具体情况加以区分和应用。

（3）共生。知识与产品知识之间还存在着相互促进和共生的关系。一方面，知识的不断发展和积累为产品的设计、制造和使用提供了理论和技术支持，推动着产品的不断创新和进步。另一方面，产品的实践和应用又反过来促进了知识的产生和发展，为人类认知世界提供了新的视角和实践经验。例如，在汽车行业，汽车工程师通过不断地研究和实践，积累了丰富的汽车产品知识，推动了汽车产品的设计和制造水平的

\ 商业模式创新

不断提高；同时，在汽车的使用和维护过程中又反过来促进了相关知识和技能的发展，为汽车行业的发展提供了有力支持。

知识与产品知识之间既存在着联系又存在着异同，它们共同构成了人类社会发展和进步的重要基础，需要我们不断地学习和积累，加强理论与实践的结合，推动各行各业的发展和进步。

二、产品知识视角下的商业模式创新

商业模式创新是指企业在经营过程中对商业模式进行重新构思和改进，以创造新的商业价值和获取竞争优势的过程。在产品知识视角下，商业模式创新更加注重将产品知识与商业运作相结合，以满足市场需求、提高产品竞争力和创造更大价值。这里将探讨产品知识视角下的商业模式创新，包括其定义、重要性、实施步骤以及成功案例等，旨在深入分析商业模式创新对企业发展的影响和意义。

在产品知识视角下，商业模式创新的重要性不言而喻。这是因为现代商业竞争环境的不断变化和不断进步的科技发展使得企业必须不断调整和改进其商业模式以保持竞争力和适应市场需求。随着信息技术的飞速发展，知识经济时代已经到来。在这个时代，知识被视为最重要的生产要素之一，而不再是传统的资本和劳动力。在知识经济时代，企业需要不断创新，才能在竞争激烈的市场中立于不败之地。而商业模式创新正是企业在知识经济时代生存和发展的关键。

产品知识是企业的核心竞争力之一，它包括对产品的技术特性、市场需求、竞争对手等方面的深入了解。在产品知识视角下，企业可以更加准确地把握市场需求和产品定位，从而调整和改进商业模式，以适应市场和需求的变化。

商业模式创新可以为企业带来多重价值。它可以帮助企业实现差异化竞争，从而提高产品的竞争力和市场地位。其次，商业模式创新可以帮助企业降低成本，提高效率，从而实现更高的盈利能力。此外，商业模式创新还可以帮助企业拓展新的市场，开发新的客户群体，从而实现企业的持续发展和增长。而要实施商业模式创新，企业需要从多个方面进行思考和改进。首先，企业需要深入了解产品知识，分析市场需求和竞争对手，找出商业模式存在的问题和不足之处。其次，企业需要重新设计和调整商业模式，包括产品定位、市场定位、销售渠道等方面的创新。最后，企业需要持续监测和评估商业模式创新的效果，并根据市场反馈及时调整和优化商业模式，以确保其与市场需求相匹配。

在知识经济时代，商业模式创新对企业发展至关重要。在产品知识视角下，商业模式创新可以帮助企业更好地把握市场需求，提高产品的竞争力和市场地位，实现企业的可持续发展和增长。因此，企业应该重视产品知识的积累和运用，不断探索和创新商业模式，以应对市场的变化和挑战。在产品知识视角下，商业模式创新的实施步骤是一个关键的过程，它需要企业深入理解产品的特性、市场需求以及竞争环境，并通过重新设计和调整商业模式来实现更好地满足市场需求、提高竞争力和创造更大的价值。这里将详细介绍产品知识视角下商业模式创新的实施步骤，以帮助企业更好地应对挑战，实现商业增长和发展。

商业模式创新的第一步是深入了解产品知识。这包括对产品的技术特性、市场需求、竞争对手等方面的全面分析。企业需要了解产品的核心功能和优势，以及与之相关的市场趋势和竞争格局。只有深入了解产品知识，企业才能找到商业模式创新的方向和重点。在深入了解产品知识的基础上，企业需要对市场需求和竞争环境进行分析，这包括对目标客户群体、竞争对手、替代品等方面的调研和分析。通过分析市场需求和竞争环境，企业可以更好地把握市场的动态和趋势，为商业模式创新提供有力的支持和指导。在深入分析产品知识、市场需求和竞争环境的基础上，企业需要确定商业模式创新的方向和重点。这包括重新思考产品定位、市场定位、销售渠道、收费方式等方面的问题，以及确定商业模式创新的重点和优先级。只有明确了商业模式创新的方向和重点，企业才能够有针对性地进行后续的工作。在确定了商业模式创新的方向和重点之后，企业需要开始重新设计和调整商业模式。这可能涉及产品定位的重新定义、市场定位的调整、销售渠道的优化、收费方式的创新等方面的工作。一旦确定了新的商业模式，企业就需要开始实施商业模式创新。这包括组织调整、资源配置、流程优化等方面的工作，以确保新的商业模式能够顺利实施并取得预期的效果。在实施过程中，企业需要密切关注市场反馈和用户反馈，及时调整和优化商业模式，以确保其与市场需求和产品知识的匹配度。

商业模式创新不是一次性的工作，而是一个持续改进和优化的过程。因此，企业需要持续监测和评估商业模式创新的效果，并根据市场反馈和用户反馈及时调整和优化商业模式。只有不断迭代和优化，企业才能够实现持续的商业增长和发展。在产品知识视角下，商业模式创新是企业实现持续发展和增长的关键。通过深入了解产品知识、分析市场需求和竞争环境，确定商业模式创新的方向和重点，重新设计和调整商业模式，并持续监测和评估商业模式创新的效果，企业可以更好地满足市场需求，提高竞争力和创造更大的价值。

三、案例——IT 系统集成企业 Z 公司[①]

Z 公司位于四川省成都市，成立于 2011 年，是一家以计算机信息系统集成、智能化弱电工程系统集成和软件开发为主的高科技民营企业，注册资本 2 080 万。在 Z 公司几年发展中，先后获得了信用等级证书 AAA 级、ISO 9001 质量管理体系认证、ISO 14001 环境管理体系认证、ISO 18001 职业健康安全管理体系认证、信息系统集成

---

① 夏均强. 知识转化视角下 Z 公司商业模式创新研究[D]. 电子科技大学，2021.

\ 商业模式创新

及服务三级资质、涉及国家秘密计算机信息系统集成资质、售后服务五星级认证、信息安全服务集成资质（CCRC，China Cybersecurity Review Technology and Certification Center）和信息系统运维服务资质（ITSS, Information Technology Service Standards）等IT信息化行业专属资质。在2018年以前，Z公司员工总数在15人左右，共有5个部门，分别是销售部、技术部、行政部、财务部和综合部。该公司管理方面比较简单，采用扁平化管理模式，总经理直接管理各个部门。

截至2020年底，全年的营业总额为3 100余万元。按照此规模发展，预计在未来几年，每年Z公司的营业额在3 000万~5 000万，系统集成行业特有的技术含量低、施工成本高导致公司净利润一直偏低。在业务范围方面，Z公司主要仍以传统信息系统集成为主，代理销售如科达、美亚柏科、ITC（声光电视讯系统品牌，隶属于广东保伦电子股份有限公司）、网御星云等厂家产品，此类业务占据公司80%以上经营份额。由于公司长年在政法行业中经营，因此客户群体比较单一，全省检察院行业的系统集成业务占据公司销售额的60%以上。

传统的IT系统集成业务虽然在增长，但总体利润在降低。而且特别是在大型国企、央企（中央管理企业）进入此业务领域后，Z公司的项目成功率逐渐降低，市场开拓也越来越难。系统集成销售额虽然在增长，但公司的各项费用在增加，利润在降低，Z公司获得系统集成项目的难度越来越大，艰难地走在一条看不清未来方向的道路上。2018年底一次偶然的机会，Z公司和G检察院通过协商，决定共同开发法律文书远程送达产品。双方约定产品开发成功后，G检察院免费使用该产品，而Z公司则获得该产品的自主知识产权和销售权。Z公司在之前的经营过程中没有产品研发的经验，此次与G检察院共同研发新产品，虽然Z公司负责人认为在理论上可以实施，但在软件实际研发过程中，仍将面临很多意想不到的困难。在Z公司与G检察院共同将知识转化的过程中，大小研发会议进行了数十次，客户现场实地测试也进行多次，理论与实际存在差异。最终双方克服了所有困难，该产品历经近一年被成功研发出来，Z公司由此取得了该产品的自主知识产权和销售权。

通过此种方式，在2019年，Z公司与D检察院成功研发了公诉出庭指挥系统。有了第一次与G检察院合作的成功经验，Z公司随后也顺利完成公诉出庭支持指挥系统的研发，并取得了该产品的自主知识产权和销售权。2019年底，Z公司与M检察院签订了12309检察自助服务系统开发协议，与前两者类似，开发成功后M检察院以优惠价格获得该产品，Z公司则获得产品的自主知识产权和销售权。2020年初，该产品被研发出来，研发出来后此产品被M检察院推广使用。Z公司不仅取得了此产品的自主知识产权和销售权，也收获了该产品大量应用的成功案例。

Z公司从三个不同的客户那里获得了三个产品的自主知识产权，三个产品的成功和三个客户知识转化。在产品成功研发后，Z公司得到的是这三个产品的自主知识产权。有了这三个自主知识产权，Z公司就拥有了自己的核心价值。自2019年初，Z公司开始研发新产品以来，公司调整了原有的部门架构，从原来的 5 个部门增加至了 7 个，员工数量由以前的 15 人扩充到了 20 人，新任命了一名副总经理，其主要工作职责是负责产品研发部和市场部关于公司自有产品的研发与推广。

根据 Z 公司自成立以来的发展变化过程，可以将其划分为三个阶段。第一阶段，从 Z 公司成立开始至 2018 年。在此阶段期间，Z 公司的所有主营业务全是代理销售和系统集成销售，没有自主研发的新产品出现。第二阶段，从 2018 年下半年至 2020 年初，Z 公司分别与 G 检察院、D 检察院和 M 检察院共同研发出了新产品，研发完成后，该公司拥有了法律文书远程送达、公诉出庭支持指挥系统和 12309 检察自助服务系统这三个产品的自主知识产权。第三阶段，从 2020 年初至今，Z 公司通过拥有的三个产品，实现了自主产品销售的大幅增长，且自主产品销售额超过了原有产品代理销售收入和系统集成销售收入的总额，如图 7.1 所示。

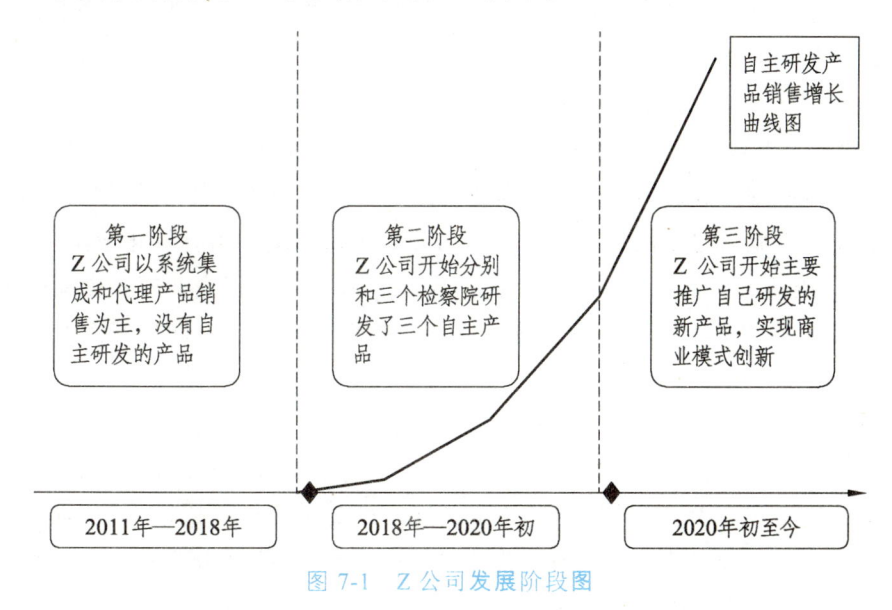

图 7-1　Z 公司发展阶段图

第一阶段是 Z 公司代理销售时期。在这个时期，Z 公司根据某个时段客户不同的需求代理了不同的产品。企业没有自己的核心产品，也没有将知识转化为成果。企业管理者并未过多思考公司的企业文化和愿景、社会责任等，而是想如何生存下去。几年来，根据客户的需求销售不同的产品成了公司一种不成文的惯性。在这种惯性思维下，企业的所有员工跟随公司的思想，为迎合客户提出的购买需求而代理各种不同类型的成熟产品，实现为公司营利的商业模式。在这个阶段，所有员工的思想受到公司这种传统思维的影响，已经形成了一种思维模式，没有人去突破与创新。对新进入公司的员工也存在着较大的思想束缚，如果把一个新员工比作一张白纸，那么 Z 公司在这个阶段，老员工就充当了在这张白纸上填充涂画的角色，导致新员工也没有意识去思考、创新与发展。即使有提出的不同意见，也在这种浓烈的传统氛围中被淹没。

\ 商业模式创新

　　第二阶段是 Z 公司转型准备期。Z 公司得益于在第一阶段通过客户服务积累的信任与口碑，在第二阶段，一些检察院客户找到 Z 公司，希望共同开发智慧检务的创新产品，为公司做创新转型做准备。在第二个阶段中，企业还将客户或专家们高度个人化或高度专业化的隐性知识转变成可以理解的形式。Z 公司的研发部经理的专业是计算机编程，软件编程理论知识功底深厚，但在沟通并将自己的专业术语讲解给客户时往往大费周章。经理认为自己能将计算机专业术语用浅显易懂的方式与客户沟通实属不易，客户说的他能听懂，但用他自己的语言表述给客户确认时，客户往往一知半解。因此他在与客户交流之前，必须将自己专业化的隐性知识转变成可理解的方式进行表述，然后再形成纪要，双方认可。在第二个阶段的外部明示（外在化）表现十分明显，既有公司与客户的拜访或交流记录，又有公司内部的会议纪要。在本阶段，Z 公司的研发人员与客户进行技术探讨与分析，总结并形成文档，将隐藏于大脑中的知识进行显性化；在知识显性化之后，Z 公司又将方案文档中的各种知识进行组合，进而形成一种新的知识。这一过程中，知识转化所表现出来的方式主要以外部明示和汇总组合为主，这两种知识转化过程的完成使得 Z 公司创新出了符合检察系统业务应用的全新产品，这个过程的完成也为该企业的商业模式创新之路创造了良好的基础。具体表现为：以往仅存于脑海之中的思想转化成了方案，再从方案的组合转化成了全新知识，促使 Z 公司创新出全新产品。全新产品的出现成为了 Z 公司商业模式创新的重要基础，因此该企业找到了符合自身企业商业模式的创新之路，由此拉开商业模式创新的序幕。

　　第三个阶段是 Z 公司创新转型期。在第二个阶段，Z 公司已经把三个产品研发出来，第三个阶段是整个公司的全面转型。Z 公司在这个期间基本放下所有代理的产品，主要人力物力全部集中于自有产品的市场拓展，成功地举办了多次产品发布会和技术交流论坛，参与了全国政法装备展并获"智慧检务十大创新案例"奖项。并且法律文书远程送达产品在天府中央法务区成功上线运行，Z 公司的全线产品也和 SWX 公司合作转向全国检察系统市场进行推广。在第三个阶段，Z 公司将显性知识变成具体措施而付之行动。在将显性知识逐步消化转化为隐性知识的整个过程中，企业可以针对自身在市场中的策略、行动计划、创新变革以及改善等方面进行调研，拟定出符合企业自身发展的较为实际的实施办法。Z 公司在将公司自有的显性知识转化为隐性知识内化时，同样也采取了许多相应的措施和策略。一是在公司内部进行市场推广方案讨论，会议由公司部门经理以上的员工参加，讨论出了公司新产品的市场推广策略。会后计划将 Z 公司现有三个产品向全国检察系统市场迅速推广开来，分为北方区和南方区两个市场。在人力资源保障方面，成立北方区市场负责团队和南方区市场负责团队，两个团队同时在各自区域内展开市场销售。此实施办法在 2020 年确定之后，当年立即展开了相应工作。此外，对新进入公司的员工，也同样进行自有新产品培训，包括销售培训、技术培训等，让新入职员工在熟悉本公司产品的同时，也能深深感受到公司现有的商业模式。产品研发部则一直保持与一线市场人员和客户沟通，随时更新和升级新知识的特性和功能。Z公司在本阶段表现出来的知识内部升华（内隐化），是公司将自身的显性知识向隐性知识的转化。在本阶段，Z公司的产品从最初走入市场变得越来越成熟与稳定，因此进入本阶段，也标志着该企业进入了全新的商业模式。第三阶段的商业模式画布如图7.2所示：

重要伙伴：OEM代工厂商、合作公司等	关键业务：法律文书远程送达、公诉出庭支持指挥系统、12309检察自助服务系统及其他公司自有产品	价值主张：通过公司研发的检察业务应用产品，为检察系统客户办公办案提高工作效率，解决客户在工作中的问题	客户关系：定期客户拜访与回访(电话与现场拜访)、公司的服务电话与邮箱、售后免费服务期内上门服务等	客户细分：全国检察院行业客户
	核心资源：公司的客户资源、核心知识产权、公司人力资源等		渠道通路：自有销售团队、发展下游经销商销售、重要伙伴等	
成本结构：硬件采购成本、人力资源成本、办公场地成本、研发成本、差旅费及实施费成本、产品宣传成本、销售费用成本等				收入来源：产品销售收入、服务费收入、软件开发收入等	

图7-2　Z公司发展第三阶段商业模式画布

第八章

产品视角下的商业模式创新

一、目的与要求
1. 理解产品视角下商业模式创新的内涵；
2. 掌握常见的产品创新商业模式的分类；
3. 了解产品对于商业模式创新的重要作用；
4. 理解电商农产品、文创产品、数字产品、快消品的商业模式创新形式。

二、教学内容
1. 产品视角下的商业模式创新概述；
2. 电商农产品商业模式创新；
3. 文创产品商业模式创新；
4. 数字产品商业模式创新；
5. 快消品商业模式创新。

第一节 产品视角下的商业模式创新概述

【案例导入】缺什么做什么的阿里模式

在中国的民营企业中，还相对缺乏世界级大企业。这固然有发展时间短的原因，同时也与大多数企业家只满足于"小打小闹"有关。而阿里巴巴之所以能在短短 10 多年间就脱颖而出，与马云的商业模式是分不开的。创业伊始，马云就强调要用"东方的智慧（管理理念）、西方的运作（管理制度）"来面向全球市场。所以我们看到，阿里巴巴拥有一大批具有世界眼光的高科技人才和管理人才，他们凝聚成了一支强有力的梦幻团队。在管理模式上，阿里巴巴一直要求管理者用过人的智慧、胸怀、眼光来驾驭企业，而不是用职位或控股权去影响别人。在团队管理上，阿里巴巴要求每一个主管职位以上的人都必须在海外接受 3～5 年的教育，或者有过 5～10 年的海外工作经历，然后分成"管理"和"学术"两条事业之路上升，互不相扰。

先看商业模式。阿里巴巴的商业模式可以从业务生态圈和市场定位两方面考察。从业务生态圈考察，阿里巴巴已经形成一个完整的电子商务生态园。在这个生态圈中，不但拥有电子商务平台，还有 UC 浏览器、神马搜索、高德地图、九游、阿里文学、PP 助手六大行业领先的移动互联网产品及平台，以及企业微博等端口导流，拥有围绕电子商务核心业务及支撑电子商务体系的金融业务，以及与之相配套的本地生活服务、健康医疗服务等，囊括游戏、视频、音乐等泛娱乐业务和智能终端业务。这一业务生

\ 商业模式创新

态圈的核心是数据及流量共享，基础是营销服务及云服务，支付宝在其中起着有效数据整合的抓手作用。对比国外的电子商务，阿里巴巴的B2B模式拥有自身特点。在欧美国家，电子商务的诉求点大多放在为大企业服务，放在省钱、省时间上，阿里巴巴则不同，它的诉求点虽然同样是放在为顾客省钱、省时间上（这一点不能变，也不可能变），但面向的是广大中小微企业。在我国，小微企业资金有限，信息渠道缺乏而闭塞，很难独自打开市场。在这种情况下，谁能帮助他们找到更好的销售渠道和市场，谁就一定能在他们成功的同时也获得巨大的成功。所以。当阿里巴巴喊出"让天下没有难做的生意"这一口号时，你仿佛能听到山呼海啸一般的欢呼声。阿里巴巴在线上和线下同时展开宣传推广，积极为小微企业组织贸易培训和指导，并且还专门成立了国内第一家企业学院。从市场定位考察，阿里巴巴的市场定位一开始就显得"高、大、上"。

市场定位理论最早是两位广告经理艾尔·里斯和杰克·特劳特提出的。他们认为，定位是对现有产品的创造性实践。这种产品可以是一种商品、一项服务，也可以是一个机构、一个人，目的是要在顾客头脑中预先给你的产品留下一种印象和位置，说穿了就是要争做"第一"。为什么要争做"第一"？因为企业太多、产品太多，由此带来的信息噪声（广告）也太多；你只有试图让顾客相信你的产品在某些方面是"第一"，才可能先入为主地强行打开市场。阿里巴巴在这方面的做法是成功的。阿里巴巴创业之初就提出要做"102年老店"、要做"全球三甲"之一，这样的气势和后来的一系列动作，很快就在消费者脑海中形成这样一种先入为主的概念：只要一想到在网上做生意或网上购物，就会立刻想到阿里巴巴旗下的淘宝、天猫等。再看营利模式，阿里巴巴的营利模式同样可以从业务角度和市场角度来考察。从业务角度看，阿里巴巴用企业网站和专业站点进行推广，利用搜索排名、"诚信通""贸易通"，帮助其他企业推广、宣传同时，牢牢抓住了一大批中小微企业，并源源不断地从它们身上获取收益。这种市场定位，在帮助广大小微企业走出困境的同时，也为自己带来了丰厚的收益，别人很难学得像。待到B2B市场稳固之后，阿里巴巴及时向C2C市场拓展地盘，既对消费者形成了足够的威胁，也为下一步推广免费战略打下了基础。之所以说这种营利模式难以模仿，主要体现在以下四方面：一是用先入为主的方式抢占地盘，魄力之大别人很难学得像；二是成功开展了企业信用认证，用这种方式敲开创收大门，别人很难学得像；三是全球采购商品在信息和数据方面具有绝对优势，别人很难学得像；四是它的关键词竞争搜索也是相当给力。越是别人难以模仿，它就越能获得建立在自然垄断基础上的巨大收益。从市场角度看，阿里巴巴通过诚信、安全、免费注册、品牌资质认证、快捷服务，吸引了数亿卖家和买家，全球500强企业中有120多家企业是它的会员。它摒弃了传统的向买家收费的模式，在全球首创收取会员费的方式。因为要收取会员费，所以它非常注重为会员提供服务，而越是注重为会员服务，会员费的收取就越是有保障。

由此，可以看出商业模式的重要性。商业模式制胜：三个人拿同样的一两银子做生意，第一个人买来草绳做草鞋，赚了一钱银子；第二个人看到春天来临，买了纸和竹子做风筝，赚了十两银子；第三个人看到人参资源将慢慢枯竭，于是买了很多人参种子，走到人迹罕至的深山播下，七年后收获上好的野山参，收获了30万两银子。人们付出同样的时间和精力，但是却收获不同的利润。第一个人做的是衣食住行的生意，这是必需的需求，总会有市场，每个人都可以做，因此收获一份利，如同现在很多人靠产品与规模取胜；第二个人做的是吃喝玩乐的生意，跟随的是潮流，目标客户范围扩大百倍，而收获十分利，靠眼光取胜；第三个人看到的是未来的商机，敢做而善忍，最终创造了数百乃至于数千的生意，靠的是成功的商业模式。

一、产品视角下商业模式创新的内涵

产品视角下商业模式创新也常体现为服务创新，表现为服务内容及方式及组织形态等多方面的创新变化。设计商业模式的思路之一是不断完善企业的利润点，也就是产品。有些企业的产品和服务或者缺乏对顾客的针对性，或者根本不创造利润，就不是好的利润点。同样的产品，由于利润杠杆不同，或者说由于企业内部运作价值链的差异，导致了产品成本迥异，一个企业可能赚钱，另一个企业可能亏损。这足以说明利润杠杆决定了企业利润的多寡。

在当今竞争激烈的市场环境中，商业模式对于企业的成功至关重要。产品视角下的商业模式更是企业在市场中取得竞争优势的关键所在。那么，什么是产品视角下的商业模式？它又是如何影响企业的市场表现和营利能力的呢？

首先，产品视角下的商业模式，是指企业在设计、开发、生产、销售产品过程中，以产品为核心，通过优化资源配置、提升产品价值、降低成本等方式，实现营利和可持续发展的经营模式。这种商业模式注重产品的核心竞争力和市场需求，通过不断满足消费者的需求，提升产品的市场占有率和品牌知名度。

在实际应用中，企业需要关注市场需求与产品定位、产品设计与创新、生产与供应链管理以及营销与推广策略等方面，不断提升产品的竞争力和市场表现，实现可持续发展。

此外，随着科技的不断发展，企业在产品视角下的商业模式中也需要注重技术创新和数字化转型。通过引入人工智能、大数据、物联网等先进技术，企业可以进一步提升产品的智能化水平，提高生产效率和质量，降低成本，实现更高效、更精准的市场推广和客户服务。同时，企业还需要关注行业的动态变化，不断调整和优化商业模式，以适应市场的变化和发展趋势。通过不断创新和迭代，企业可以在激烈的市场竞争中保持领先地位，实现长期稳定发展。

产品视角下的商业模式是一种全面、系统、具有可操作性的经营模式，它能够帮助企业更好地理解市场需求和消费者心理，提升产品的竞争力和市场表现，实现盈利和可持续发展。在未来的市场竞争中，只有不断创新、不断完善这一模式的企业，才能在激烈的市场竞争中脱颖而出，实现长期的可持续发展。

二、常见的产品商业模式

当前，产品商业模式的类型有很多，包括店铺模式是一种非常直观且传统的商业模式，它指的是在具有潜在消费者群的地方开设实体店铺，并在店内展示其产品或服务。这种模式的优势在于能够直接与消费者进行互动，提供亲身体验和即时服务。然而，随着电子商务的兴起，实体店铺也面临着越来越大的竞争压力，因此，许多商家开始通过优化店面设计、提升服务质量、增加互动体验等方式来吸引和留住顾客。下面，简要介绍常见的产品创业模式：

（一）专卖式商业模式

专卖式商业模式需要具备品牌、产品线全、市场认知成熟等特征。这种模式通过专注于某一特定领域或产品，形成独特的品牌形象和市场定位，从而吸引特定的消费群体。专卖式商业模式通常要求商家具备较高的市场洞察力和品牌管理能力，以应对市场的变化和消费者的需求。

（二）基于广告的商业模式

基于广告的商业模式通过收集用户数据来展示广告，用户无须为所提供的服务或产品付费。这种模式在互联网行业尤为常见，如搜索引擎、社交媒体等平台通过收集用户的搜索记录、浏览行为等信息，向用户展示相关的广告，从而实现营利。

（三）八爪鱼商业模式

八爪鱼商业模式强调每个业务单元都独立运作，但又与主体相连。这种模式通过多元化经营和资源整合，实现企业的全面发展。然而，这也要求企业具备较高的管理能力和风险控制能力，以应对不同业务单元之间的协调和整合问题。

（四）交易型商业模式

交易型商业模式是通过直接向客户销售商品或服务来获得收入。这种模式的收入主要来源于商品或服务的销售差价，因此要求企业具备较高的市场洞察力和产品创新能力，以满足消费者的需求并赢得市场份额。

（五）经纪商业模式

经纪商业模式通过向一方或双方收取佣金或费用来提供中介服务。这种模式在房地产、金融等领域尤为常见，经纪人通过提供专业的咨询和匹配服务，帮助买卖双方达成交易并获取收益。

（六）开源商业模式

开源商业模式是一种将软件源代码公开给任何人查看、修改和增强的方式。这种模式有助于促进软件的创新和发展，吸引更多的开发者参与到项目中来。同时，通过开放源代码，企业也可以获得更广泛的用户支持和社区资源。

（七）区块链商业模式

区块链商业模式是利用区块链技术进行商业模式创新的一种方式。区块链技术具有去中心化、不可篡改和高度安全等特点，可以应用于供应链管理、数字版权保护、金融交易等多个领域，为企业带来全新的商业机会和价值。

各种商业模式都有其独特的优势和适用范围，企业应根据内外部环境选择合适的模式进行运营和发展。同时，随着科技的不断进步和市场的不断变化，企业也需要不断创新和优化自身的商业模式，以适应新的市场需求和竞争环境。每种商业模式都有其特点和适用场景，企业需要根据自身的资源和能力，选择最适合自己的商业模式。

三、产品对于商业模式创新的重要作用

产品是商业模式创新的起点和基础，任何商业模式的构建都离不开产品的设计和开发。产品通过满足消费者的需求，为商业模式提供了存在的前提。只有具备了有竞争力的产品，商业模式才能够得到市场的认可和支持。因此，产品的不断创新和升级，是推动商业模式创新的重要前提。产品通过其功能和特点，为商业模式提供了差异化的竞争优势。在竞争激烈的市场中，同质化的产品往往难以脱颖而出，而具有独特功能和特点的产品，则能够吸引消费者的眼球，提升品牌知名度和美誉度。这种差异化竞争优势，不仅能够帮助企业在市场中获得更多的市场份额，还能够提升企业的营利能力和可持续发展能力。此外，产品也是商业模式创新的重要载体。随着科技的不断进步和消费者需求的不断变化，商业模式也需要不断地进行调整和优化。而产品作为商业模式的重要组成部分，可以通过引入新技术、新设计等方式，推动商业模式的创新。

在论述产品对商业模式创新的重要作用时，我们还需要关注一些具体的案例和统计数据。例如，近年来，一些成功的企业通过不断创新产品，成功打造了独特的商业模式。这些企业通过深入了解消费者需求，研发出具有独特功能和特点的产品，从而实现了市场的快速增长和营利的持续提升。同时，也有一些企业因为忽视了产品的创新，导致商业模式僵化、落后，最终在市场竞争中失利。

产品不仅是商业模式创新的起点和基础，也是推动商业模式创新的重要驱动力。

\ 商业模式创新

因此，企业应当高度重视产品的创新和升级，通过不断推出具有竞争力的产品，来推动商业模式的创新和发展。同时，企业也需要密切关注市场动态和消费者需求的变化，及时调整和优化商业模式，以适应市场的变化和发展的需要。在未来的商业发展中，产品对于商业模式创新的重要性将愈发凸显。随着科技的日新月异和消费者需求的多元化，产品的创新将不再局限于功能和外观的升级，而将涉及更深层次的技术研发、用户体验以及跨界合作等方面。

▶ 第二节 电商农产品商业模式创新

一、电商农产品相关定义

农产品通常是指农业活动中直接获得的以及经过分拣、去皮、剥壳、粉碎、清洗、切割、冷冻、打蜡、分级、包装等加工，但未改变其基本自然性状和化学性质的产品。根据不同的分类标准进行分类，按传统和习惯一般把农产品分为粮油、果蔬、花卉、畜禽产品、水产品和其他农副产品六大类。

从定义可以看出，在农产品销售及流通过程中，从田间到消费者通常要经过批发商、零售商等中间环节，导致流通成本增高，甚至出现有些农产品消费者"吃不起"，而生产者"卖不动"的现象。因此，农产品电子商务随之产生，希望通过网络信息共享缓解生产者和消费者间的信息不对称，减少流通环节，降低流通成本。我国是农业大国，随着我国经济的发展，农产品行业发展空间越来越大。同时，随着互联网技术的进步，农产品企业与其他企业的边界日渐模糊，合作形式日益多样化。近年来，在乡村振兴战略实施的背景下，国家及地方各级政府从政策层面大力支持发展农产品电商，加快农业信息化和农产品电子商务是促进农业加速发展的重要举措。

电商农产品的商业模式在学界亦有诸多论述，郭伟光等（2019）认为，创新商业模式是农产品电子商务成功的关键，通过商业模式构成要素变革实现电商农产品的商业模式创新是可行路径。车国彩（2020）指出，商业模式创新研究持续升温，已成为当前企业转型升级的突破口。与此同时，伴随互联网技术的深入发展，分享经济成为全球一种全新的商业模式并引发社会的广泛关注。在此基础上，探究分享经济下农电商农产品商业模式创新路径，将有助于认识电商农产品如何通过互联网技术创新和商业模式创新实现协同发展。徐燕红等（2022）认为，电商农产品如何借助"互联网+"实现商业模式创新，有着重要的研究意义。并以农产品为研究对象，采用定性分析和定量分析相结合的研究方法，探索"互联网+"背景商业模式创新影响因素，为农产品商业模式创新提供一些借鉴。黄芬芬等（2020）指出当前电商农产品的商业模式存在缺乏专业的摄影技术和网店经营能力、营销方式单一化、产业间连接性不强、消费者的信赖度较低等问题，亟待商业模式创新。

二、C2B 商业模式创新

（一）C2B 商业模式简介

根据业内研究，国内传统农产品流通销售过程（从农产品产出到消费），通常要经历农产品经纪人、批发商、零售终端等多层中间环节，其具体流通过程见图8-1。这类方式具有信息流通不畅、流通成本过高的严重问题，互联网的出现改进了其弊端，并将农产品的流通渠道变成网络状，C2B商业模式由此产生。C2B商业模式即消费者定制模式，是指由消费者发起需求，引导农产品生产者进行生产或电商平台反向采购的交易模式。在这种模式下，农户或农产品生产者根据消费者的订单需求，生产农产品，并通过家庭宅配等方式将产品直接配送给消费者。该模式的运作过程有四个步骤：第一，农户农业种植和饲养形成规模；第二，农户通过互联网平台传播农产品信息，招收会员；这些平台可以是农产品电商平台、社交媒体、农产品直销网站等；第三，会员或消费者通过会员系统或在线平台提前预定自己所需的农产品，包括品种、数量、配送方式等；第四，农户或农产品生产者根据预定需求进行生产，并在产品完成后按照预定需求配送给消费者。配送方式可以是家庭宅配、快递配送等。

| 农产品 | → | 经纪人 | → | 批发商 | → | 零售终端 | → | 消费者 |

图 8-1　农产品流通销售图

该模式具有如下5个特点：① 消费者主导：C2B商业模式的核心在于消费者主导，消费者的需求和偏好是驱动生产和服务创新的关键因素。农户或农产品生产者根据消费者的直接反馈进行产品定制和服务调整，以满足市场的精准需求。② 高度个性化：由于消费者需求的多样性，农产品C2B商业模式提供的产品和服务更加注重个性化和定制化。这种个性化服务能够更好地满足消费者的特定需求，提高消费者的满意度和忠诚度。③ 交互性和参与性：C2B模式鼓励消费者参与到产品开发和创新的过程中，例如通过众包、意见征集、定制设计等方式。这种交互性增加了消费者的参与度，有助于加速产品创新和提高产品质量。④ 灵活的价格机制：在C2B模式中，消费者可以通过竞拍、团购、议价等方式直接影响产品和服务的价格。这种灵活的定价策略有助于形成更加公平的市场价值，同时也有利于提高消费者的购买意愿。⑤ 数据驱动：农产品C2B商业模式注重数据分析，企业通过分析消费者的数据（如购买习惯、偏好、行为模式等）来优化供应链、库存管理和产品开发。数据的运用在C2B模型中起到了决定性作用，有助于企业更好地把握市场趋势和消费者需求。这几个特点极大程度上弥补了大数据时代农产品销售的障碍，C2B商业模式也成为农产品商业模式创新的典范。

\ 商业模式创新

（二）拼好货 C2B 商业模式

拼好货 App 于 2015 年 7 月底正式上线，是典型的 C2B 模式拼单 App，同年 9 月登上 App Store 免费榜排行第一，并在年底就成为生鲜农产品领域实现财务盈亏平衡的少数电商之一。这主要得益于其简捷的拼团流程，迅速获得市场的认可，主要特点包括：① 透明度高：在拼好货上，产地直采的水果会由采购团队去产地实采实拍，真实记录信息，确保用户可以看到商品的真实情况。② 操作简单：App 的流程简单，两步开团，一步参团，便于用户快速完成购买。③ 坏果包赔：如果收到的水果有损坏，用户可以通过客服确认后获得退款，购物无忧。④ 消费者调查：拼好货还设立了消费者调查小组，了解客户对产品的反馈并做调整，确保用户的购物体验不断优化。在拼好货 App 中，用户可以选择心仪的商品进行购买。每个商品都有直接购买价和拼团价，用户通过拼团价购买时，需要在成功支付开团后再邀请朋友参团，参团人数达到组团规定时，订单才会生效。若人数不足，则订单将会在 1~2 个工作日内退款。具体消费者拼团流程如图 8-2 所示。

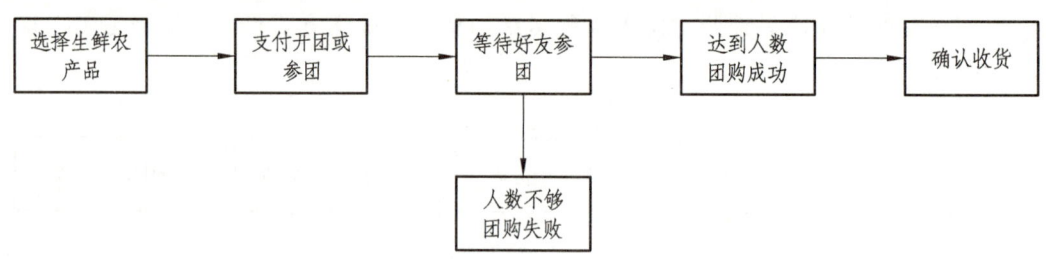

选择生鲜农产品 → 支付开团或参团 → 等待好友参团 → 达到人数团购成功 → 确认收货

等待好友参团 → 人数不够团购失败

图 8-2　消费者拼团流程

产品和服务作为满足生鲜农产品消费者需求的重要载体，拼好货将其当作商业模式创新的切入点，对商业模式创新的实现起到了重要的引导作用。一方面由于消费者对生鲜农产品及其服务的品质、价格以及体验等都提出了更高的要求，另一方面随着电商对生鲜农产品行业的不断渗透，传统自主搜索式购物将面临愈加激烈的竞争。基于此，拼好货创造性地提出了移动社交生鲜电商模式，为消费者提供 C2B 共享式购物体验和高品质生鲜农产品，即消费者通过 App 端、微信商城等渠道进行"拼团"，直接影响生鲜农产品及其服务的品类、价格等属性，使得在"拼好货买东西"不仅是一种购物行为，而且还具有了社交属性。

拼好货市场营销策略创新为其低成本获取消费者奠定了基础，但如何为生鲜农产品消费者创造价值才是商业模式的核心，因此关键流程构建就成为其商业模式创新的落脚点。拼好货以满足消费者需求为导向对关键流程进行重构，依次通过销售服务、生产采购以及运输配送等环节的密切协作为消费者提供适需的生鲜农产品及服务。

价值实现情况是商业模式创新的阶段性成果，拼好货基于对收入和成本的确认考量商业模式发展现状，为其关键流程构建提供改善依据。在此过程中，拼好货为了不断提升生鲜农产品及其服务的品质和体验，进而构建商业模式竞争壁垒，其主要从三个方面持续优化自身核心能力，有效支持产品和服务创新，形成商业模式创新闭环。一是作为电商企业，App、微信商城等购物终端使用的方便程度直接影响消费者购买意愿，拼好货根据消费者使用反馈对前端进行迭代和更新，将整个"拼团"过程缩减到三步，有效提升了前端使用的便捷性；二是拼好货通过成立消费者调研小组、拆分后端仓配业务等方式优化供应链；三是拼好货对拼多多实施并购，借助其游戏运营团队提升电商运营能力，有效解决了长期留存和复购率较低的问题。

三、O2O 商业模式创新

（一）O2O 商业模式简介

随着互联网的飞速发展，O2O 商业模式也越来越受到关注。农产品具有其自身的独特性，例如可复制性差、难于标准化、受地域或季节因素影响大等，O2O 模式是最适合农产品的商业模式之一。农产品 O2O 商业模式是指利用互联网线上平台（如电商平台、社交媒体等）进行农产品的宣传、展示、交易等活动，同时结合线下实体店铺或农业基地进行农产品的配送、体验、售后等服务。这种模式将线上营销和购买与线下经营和消费有机结合，打破了传统农产品销售的时空限制，为消费者提供了更加便捷、高效的购物体验。

该商业模式具有以下特点：① 线上线下相结合：农产品 O2O 商业模式充分利用了互联网线上平台的优势，将农产品的宣传、展示、交易等活动转移到线上进行，同时结合线下实体店铺或农业基地进行配送、体验、售后等服务，实现了线上线下的无缝对接。② 供应链优化：通过 O2O 模式，农产品销售者可以更加精准地把握市场需求和消费者偏好，优化供应链管理，降低库存成本，提高运营效率。③ 社区化物流配送：农产品 O2O 商业模式通常采用社区化物流配送方式，将农产品直接送到消费者手中，缩短了配送时间，降低了物流成本，提高了消费者的购物体验。④ 定制化服务：通过线上平台，消费者可以根据自己的需求和偏好选择农产品，实现个性化定制服务，满足消费者多样化的需求。通过 O2O 商业模式的运行，有助于农产品扩大销售渠道，提高品牌知名度，降低运营成本，提升消费者体验，由此，O2O 商业模式也是农产品商业模式创新的类型之一。

（二）盒马鲜生 O2O 商业模式

盒马鲜生创立于 2015 年，是一家"生鲜电商"O2O 服务平台，消费者可以在官方 App 上下单，由线下门店提供配送服务，也可以在门店选购商品，享受线上优惠。其产品涵盖了超市、餐饮店和菜市场等多个方面，是农产品电商的代表，其特点之一是快速配送，门店附近 3 公里范围内，可以实现 30 分钟送货上门。同时，盒马鲜生还强调全渠道经营，通过社交媒体、小程序等平台推广产品和服务，以吸引和留住客户。

\ 商业模式创新

在运营方面,借助阿里在大数据分析方面的技术,构建用户画像,精准定位消费者的消费需求。在定位方面,盒马鲜生 O2O 商业模式的客户定位于"80 后"和"90 后",产品定位于海鲜、生鲜食材、冻品、半成品食材等。在业务系统方面,主要有线上电商、线下门店体验与消费、粉丝互动营销、半成品销售、食材代加工、食材烹饪配料包等。核心资源由天猫淘宝数据支撑,海鲜、冷鲜产品、冻品、海外直采等供应链,自建仓储物流。营利模式主要是商品销售溢价和商品预售。此外,盒马鲜生还推出了 X 会员计划,会员可以享受包括免费领菜、专享价、专享券等多项权益。盒马 X 会员卡囊括了盒马鲜生、盒马 X 会员店等盒马多个业态服务。具体模式见图 8-3。

图 8-3 盒马鲜生运营模式

农产品O2O商业模式创新主要由经营理念、顾客价值、市场细分、关键资源和关键能力、业务系统、合作伙伴、盈利模式等要素构成。

经营理念作为指导原则，串联整个商业模式。盒马鲜生用科技和人情味带给人们"鲜美生活，新鲜每一天"。顾客价值指顾客获得哪些需求的满足。例如盒马鲜生的新鲜每一刻、让吃变得快乐。市场细分指现有或有待创造的市场区隔，例如盒马鲜生针对有一定经济实力且对产品新鲜度和品质要求高的、拥有家庭的中青年消费者。关键资源与关键能力，例如盒马鲜生拥有的阿里强大的财务和技术支持等。业务系统指完整的、能满足顾客价值吸引顾客的营运系统，例如盒马鲜生基于算法的门店配送、体验式互动餐饮等。合作伙伴指组织以外各式各样的组织成员，例如盒马鲜生稳定的国内外供应商源头直采、知名商业综合体、品牌餐饮等。营利模式指创造营收的方式，例如盒马鲜生高性价比头部产品引流和其他中高档产品销售营利等。

四、"区块链+众筹定制"商业模式创新

（一）"区块链+众筹定制"商业模式内涵

农产品众筹定制是目前国内应用最多的农业众筹商业模式，是指通过互联网和社交网络平台，将农产品的生产、销售与消费者的需求紧密结合，实现农产品从生产到消费的全链条定制服务。这种商业模式利用众筹的方式，提前汇集消费者的订单和资金，为农产品的生产提供明确的市场需求和资金支持，从而降低农业生产风险，提高农产品销售效率。该模式具体运行流程为：① 项目申请与审核：农业生产者或农业合作社在众筹平台上提交农产品众筹项目申请，包括项目介绍、生产计划、资金需求等信息。众筹平台对项目进行审核，确保项目的可行性和合法性。② 众筹发布与宣传：审核通过的项目将在众筹平台上发布，并通过各种渠道进行宣传和推广，吸引消费者关注和参与。③ 消费者参与与支付：消费者在众筹平台上浏览项目信息，选择感兴趣的农产品进行支持。通过在线支付平台支付资金，获得农产品的优先购买权。④ 农产品生产与交付：农业生产者根据众筹平台的订单和资金情况，组织农产品的生产。在农产品成熟后，按照消费者的订单进行包装和配送，确保农产品的新鲜度和品质。其具体运行特点见表8-1。

表8-1 众筹定制商业模式特点

定制化生产	以消费者需求为导向，根据消费者的订单和偏好，进行农产品的定制化生产
预售模式	通过众筹平台，农产品在生产之前就可以进行预售
众筹融资	通过众筹平台筹集资金，为农业生产提供资金支持

近年来区块链作为一个创新的新型工具，在各个领域发挥出了颠覆性作用，区块链技术作为可信任工具，可以为我们提供信任基础。区块链系统是分布式储存系统，

\ 商业模式创新

主要由六层组成,分别为数据层、网络层、共识层、合同层、服务层和应用层。数据层和网络层主要用于数据的采集、校正以及其他相关操作;共识层和合约层用于共识协议、代码、激励机制和智能合约等;服务层和应用层主要是将相关技术应用于实践。首先,区块链去中心化的数据共享平台,可以在数据层上传农场的种植环境、运输、仓储和销售等信息,并且由于区块链具有不可篡改性,使得信息更真实可信,降低信息虚假的可能性。其次,区块链具有去中心化和分布式存储的特点,在区块链电商服务平台的每一笔交易都会进行全系统广播确认,使得交易数据无法被篡改和伪造。农产品众筹定制可以利用区块链技术建立可信的交易记录,提高消费者信任度。最后,区块链技术可以为农户提供基于供应链的贷款解决方案,为农户和银行提供可信的资金流向情况,银行基于此实现信贷风险分析,增加对农户借贷的信任,从而给农户放贷,解决农户的资金问题。综上所述,"区块链+农产品众筹定制"商业模式符合当前农产品商业模式的创新。

(二)众安科技"步步鸡"项目

众安科技,作为互联网保险第一股众安保险旗下的科技公司,首次将区块链技术应用于养鸡业,扶持国内区块链创业公司连陌科技推出了"步步鸡"项目。该项目整合了物联网、区块链、人工智能以及具有国际专利的防伪技术,为消费者提供更具有信任感的食品。众安科技复旦大学区块链联合实验室副主任吴小川表示,未来3年内,众安科技的区块链将支撑上千万个设备数据同时上链,未来将向不同行业应用的扩展推出统一共有接口,实现快速对接链上应用,轻量化切入前端应用系统。据了解,支撑如此规模的应用数据扩展,需要较强的区块链共识速度、交易确认速度的承载能力及链路由的动态可扩展能力,目前能实现这一点的区块链服务在国内尚属少数。

在"步步鸡"项目中,区块链技术发挥了关键作用,被用来构建一个全新的农产品生产、溯源和销售体系。首先,每一只鸡都被佩戴了物联网身份证—鸡牌,该鸡牌能够自动收集鸡的位置、运动数据,并实时上传至区块链。这样,消费者可以实时追踪鸡的饲养环境和生长过程,确保产品的质量和安全。其次,为了保证鸡牌的不可复制性,设备采用了沃朴物联提供的国际专利的防伪技术,结合混沌学防伪、光学防伪等技术,一鸡一牌,拆卸即销毁。此外,区块链防伪标签还融入了国密级算法、混沌原理、激光光学、手机App智能动态图像扫描、云端数据比对等技术,确保了商品从源头到终端的唯一性和真实性。通过这种方式,"步步鸡"项目不仅为消费者提供了安全、可追溯的农产品,也为农产品众筹领域带来了新的发展机遇。区块链技术的应用使得农业众筹项目更加透明、可信,提高了消费者的参与度和信任度,同时也为农产品生产和销售提供了更加高效、便捷的方式。此外,"步步鸡"项目还通过智能合约技术实现了资金的自动管理和分配。众筹投资者可以通过智能合约来确保自己的投资安全,并实时查看自己的投资回报情况。同时,项目方也可以通过智能合约来确保资金的合理使用和分配,提高了项目的透明度和可信度。

第三节 文创产品商业模式创新

一、文创产品的定义

文创产品是指依靠创意人的智慧、技能和天赋，借助于现代科技手段对文化资源、文化用品进行创造与提升，通过知识产权的开发和运用，而产出的高附加值产品。它是源于文化主题，经由创意转化，具备市场价值的产品。文创产品的核心要素包括文化主题、创意转化和市场价值。文化主题是指文化元素与创意的结合，优秀的文创产品需要将文化元素与现代创意设计相结合，以达到更高层次的艺术价值和市场反响。创意转化是指将文化主题和创意设计转化为具有实用功能或艺术欣赏价值的商品或服务。其市场价值在于它们不仅作为文化传播的媒介，同时也满足消费者对于文化和审美需求的追求。

此外，文创产品还有广义与狭义之分，狭义文创产品是符合"文化主题＋创意转化＋市场价值"三特点的物质化产品，而广义文创产品同样符合"文创产品"定义三特点的任何能够满足人们需求的物质实体与非物质形态的服务。

当前热门的文创产品主要包括以下几大类：① 文娱IP（Intellectual Property）衍生类文创：这类文创产品主要以知名的文娱IP为基础，衍生出一系列相关产品。例如，冰墩墩就是基于冬奥会的IP延展设计出来的文创产品。② 活动展览类文创：这类文创产品通常与博物馆、美术馆等机构的展览活动相关。例如，博物馆的专题展览可能会衍生出帆布袋、笔记本、冰箱贴等小型实用性产品。③ 非遗类文创：这类文创产品以某种非遗技艺为基础进行研发。例如，某个非遗传承人可能会沿着其擅长的技艺，如制香，去研发香膏、香薰、线香等系列产品。④ 文旅类文创：这类文创产品主要与旅游相关，常见的形式包括钥匙扣、胸章、纪念币等。游客在旅游时购买的纪念品多属于此类。总的来说，文创产品多种多样，根据不同的需求和角度也会有不同的划分。

二、跨界融合模式

（一）跨界融合模式的内涵

跨界融合模式指的是不同行业、领域或品牌之间通过创新合作，打破原有的界限，实现资源共享和优势互补，从而开发出具有全新特点或功能的产品的过程。这种模式体现了深厚的整体性思想、交叉学科思想和创新性思想，已成为"新时代"的重要发展趋势。通过交叉融合，吸收其他领域的优秀元素，形成新的产品、服务或解决方案。通过与其他领域的合作，实现品牌的多维拓展，提升品牌的知名度和美誉度，为用户

\ 商业模式创新

带来全新的体验，满足用户多样化的需求。实现资源的有效整合与共享，提高资源利用效率。不同行业的资源可以互补、互利，降低运营成本。通过与其他行业的企业合作，共同开发创新的产品或服务，提升产品的技术含量和品质，增加产品的附加值，从而提升企业的竞争力。企业可以进入到新的行业和领域，开辟新的市场。这种跨界融合的方式可以使企业的产品或服务与其他行业的优势资源相结合，满足消费者多样化的需求，同时也为企业带来新的营利空间。

然而，产品跨界融合模式也面临一些挑战，如资源整合、技术研发、市场开拓和法律监管等问题。为了有效地应对这些挑战，企业和组织需要具备创新思维和跨界合作的能力，同时也需要关注市场变化和消费者需求的变化，不断调整和优化产品跨界融合的策略。

（二）毛戈平故宫彩妆

生活充满美学和诗意，如若要唤醒人民对传统文化骨子里的那一份青睐，我们必须将传统文化与现代中国紧密结合，令其绽放新的光芒。文创产品属于当前文化产业的代表。"从传统中创新：艺术与生活结合"的博物馆文创产品设计和开发理念，让文创产品从单纯的文物复制品发展为一系列的文创衍生商品。如今文创产品领域范围已不再局限仿古，而进军彩妆圈已引起一阵时尚新风。现以国货彩妆毛戈平"气韵东方"系列为例，看看其中传统纹样和传统色彩的运用。

毛戈平以源远流长的中华民族文化为灵感，以非凡的创造力，将东方美学理念融入时尚创意中。通过艺术形象的塑造，用潮流时尚的方式展现了中华文化的独特之美。作为国内品质较为高端的非开架产品，毛戈平在2019年推出了与故宫合作的"气韵东方"彩妆。

其中，眼影盘内胆使用了中国的传统纹样压盘，利用压盘增加包装产品设计也有先例，中国纹样则是初次使用。在这盘眼影里使用到了三种中国传统纹样：松针纹、海水江崖纹以及耳熟能详的祥云纹（见图8-4）。这三种纹样和色彩搭配显得富丽堂皇，整个布局都采用点到即止的留白，传承中国"俗物不可有，雅物不可多"的思想，让眼影盘呈现出一种古色古香的韵味。同时，这些纹样源于故宫的传统建筑，作为传统文化符号中的一种，能够引起我们共鸣，也承载着别样的涵义。

图8-4 祥云纹、海水江崖纹和松针纹

"腮红"这一词语听着便充满了少女感，毛戈平玉兰花高光腮红，将传统纹样巧妙组合，选择圆润不大复杂的纹样，给人轻盈质感，且上顶的玉兰花一朵更是纯洁洁白的象征，对产品所针对的消费者受众投其所好。为了表达对吉祥如意富贵的美好诉求，山茶辘轳钱纹蜜粉饼通体金色且辘轳钱纹占的面积大而饱满，流露"大家闺秀"的气派，与眼影大量留白设计不同，纹样整个铺满，这样大胆饱满的构图在形态学上极具张力，自然、富贵的气质也自然从产品流露出来。

三、品牌效应模式

（一）品牌效应模式概述

品牌效应模式是一种商业策略，其核心在于通过品牌的建设和管理，实现对企业价值的提升和市场的拓展。这种模式在当今的商业社会中具有极其重要的地位，是企业实现可持续发展的关键之一。

品牌效应模式的构建，首先依赖于明确的目标受众定义，企业需要明确自己的产品或服务主要面向哪些消费者群体，以及这些群体的要需求和特点是什么，这有助于企业精准定位自己的品牌，从而制定出更符合目标受众需求的营销策略。在确定了目标受众之后，企业需要通过保证商品质量来打造品牌的核心竞争力。同时，企业还需要追赶社会潮流，关注市场动态和消费趋势，确保自己的产品能够与时俱进，满足消费者的需求。除了产品质量和市场定位，品牌形象的塑造也是品牌效应模式的重要组成部分。品牌形象包括品牌的名称、标识、口号等元素，以及品牌在消费者心中形成的印象和感受。企业需要通过各种手段来传播品牌形象，如广告相关活动、社交媒体等，以提高品牌的知名度和美誉度。在品牌效应模式下，企业还需要注重与消费者的情感联系，通过提供优质的服务和体验以及开展各种互动活动，企业可以与消费者建立起深厚的情感纽带，增强消费者对产品、对品牌的忠诚度和黏性。最后，品牌效应模式需要不断地进行评估和调整，企业需要定期对品牌的价值和影响力进行评估，了解品牌在市场上的表现和消费者反馈。同时，企业还需要根据市场变化和消费者需求的变化，及时调整自己的品牌战略和营销策略，以保持品牌的竞争力和活力。

总之，品牌销售模式是一种综合性的商业策略，需要企业在多个方面进行全面考虑和布局，通过明确目标受众，保证产品质量，塑造品牌形象，建立情感联系以及不断评估和调整品牌战略，打造出具有强大影响力的品牌，从而实现商业价值的最大化。

（二）文创产品品牌效应

申遗成功后的良渚古城遗址迎来了新的发展机遇，以良渚博物馆为首，围绕良渚文化、良渚元素的文化创意产业也在迅猛发展，并有了一定的品牌效应。莒礼文化公司以5 000年前的莒地原始陶文及其代表性文物为核心，将独特的文化符号、造型和内涵与金、银、玉器结合，开发出了莒礼系列手造产品。这些产品涵盖了文化创意生活系列、珠宝系列、文房系列、茶道系列等多个领域，以其精湛的工艺和独特的文化

\ 商业模式创新

内涵赢得了市场的认可。莒礼文化公司的成功在于其深入挖掘莒地文化的内涵，将其与现代设计相结合，形成了独特的品牌效应。柯南侦探社是一家以柯南为主题的纪念品商店，通过研发系列化的柯南主题纪念品和商品，如糖果、手机链、帽子、T恤等，吸引了大量柯南粉丝前来购买。此外，商店还通过赋予小镇对外窗口以鲜明的柯南主题印象，策划以柯南为主题的文化展馆以及打造清晰、主题化的游戏系统等方式，进一步提升了品牌效应和吸引力。

这些例子表明，文创产品品牌效应的成功关键在于深入挖掘传统文化的内涵，将其与现代设计相结合，形成独特的品牌风格和文化特色。同时，还需要注重产品的实用性和创新性，以满足消费者的需求和期待。

（三）山西博物院

山西博物院作为一座拥有丰富历史和文化资源的博物馆，面临着如何将资源转化为具有市场竞争力和吸引力的文创产品的挑战。文创品牌创新是一种重要的策略，可以帮助博物馆实现文化价值和社会效益的双重目标。山西博物馆文创品牌创新实践过程由品牌定位、设计开发文创产品、品牌推广与宣传到合作伙伴关系和渠道层层推进。

1. 品牌定位与实践案例

山西博物院文创团队通过对自有文创产品结构的梳理，发现现有产品均是以"物"为素材，以"人"为题却是空白。提起"人"，傅山作为太原人士，明清之际的道家思想家、书法家、医学家，被梁启超先生称为"清初六大师"之一，被时人士林尊仰为一代宗师。同时，山西博物院是傅山书画作品收藏最多、品类最丰、研究最广的科研机构之一。所以，文创团队萌生了打造"傅山文化品牌"的想法，在查阅大量关于傅山的学术论文与图片资料，并调研走访山西中医药大学傅山研究中心和中华傅山园之后，受傅山作品"得造花香"的启发，取"傅山得造"为品牌名称。文创团队最终一致认同，从傅山品牌视觉形象体系文创产品、傅山卡通形象设计和傅山系列文创产品开发三个方面着手，打造傅山文化创意品牌，形成隶属于山西博物院品牌下的子品牌，完善山西博物院的品牌生态体系。首先从傅山人物形象的特点出发，以人物形象剪影为底，在傅山书法中选"傅山"二字加持整体效果，以书画名章的形式呈现"得造"二字，各种元素相结合设计完成傅山文化品牌标识（图8-5），然后第一时间对其进行商标注册和版权保护。在此过程中，为了避免商标相似性，附加了山西博物院的简称"晋博"二字，申请名称为"晋博·傅山得造"。

图 8-5 傅山文化品牌标识

2. 设计开发文创产品，完善创新品牌结构

首先，通过对馆藏的傅山作品进行梳理，结合现有产品结构，自主开发了系列创新品牌衍生品，精心开发了以傅山作品为题材的仿制艺术品、节选傅山书法作品中相关单字的系列创意产品、傅山文化系列漫画题材产品等。无论是通俗的仿制产品还是创意的生活用品，都离不开山西博物院品牌"有主题，成系列"和"博物，艺术，生活"的创新发展策略。

其次，在自主开发常规产品的基础上，利用山西传统工艺进行创新设计是一个重要的策略。通过挖掘本土的传统工艺、与当地的传统工艺大师合作的方式，结合现代设计理念，深入研究山西传统工艺的历史和特点，展现传统工艺的精髓和独特之处。该实践的创新之处在于将传统工艺与现代设计相结合，进行创新和改良。

最后，山西博物院注重产品的品质和工艺，严格控制产品的制作过程，确保每一件文创产品都具有高质量和精细的工艺。注重产品的包装和呈现方式，通过精美的包装和展示，增加产品的吸引力和附加值。这不仅丰富了博物院的文化产品，也为文创品牌的创新提供了重要启示。

3. 品牌推广和宣传策略实施

市场推广和宣传是文创品牌创新的重要环节，通过有效的推广和宣传策略，可以增加品牌的知名度和影响力。山西博物院的傅山文化品牌创建之后，凭借该理念，以多元传播方式取得了初步成效。

傅山卡通形象的设计旨在为品牌附加知识产权属性。在构思傅山卡通形象的过程中，文创团队首先收集了一些关于傅山人物形象的绘画资料。为保证其形象的可识别性，设计过程中要保留原有人物的特征，比如发髻、胡须、大红道袍等，并参考历史中傅山的生平事迹和各方面的成就贡献，获取灵感，生成二维形象，最后运用 3D 制图软件将二维形象转化为三维形象（图 8-6）。卡通形象设计完成后，考虑到当今新媒体快速崛起的环境，文创团队又运用互联网思维开发了傅山文化系列表情包和系列创意插画。例如，说到太原最有名的传统小吃莫过于"头脑"，相传正是由傅山发明，以这一著名小吃为引，将更多山西美食推荐给世人；取傅山学究天人、于学无所不通，结合当下新时代年轻人的潮流文化，博得考生逢考必过的口彩。通过卡通形象的创作和相关知识产权加持，赋予品牌形象活力，于无形间提升了公众文化和生活的品位，提升了山西博物院文创产品的市场竞争力，扩大了山西博物院的社会影响力和知名度。

图 8-6 傅山卡通形象

\ 商业模式创新

4. 合作伙伴关系和渠道策略

合作伙伴关系和渠道策略对于文创品牌创新至关重要。如何更好地与当地企业合作，如何获得更多的资源和市场渠道，如何更好地增强文创产品的销售和推广效果，如何实现互利共赢，是当下和今后发展中需要考虑并解决的重点问题。此外，山西博物院紧跟市场发展，积极拓展线上销售和推广渠道，如淘宝、微店、抖音、小红书等线上平台，以扩大文创品牌的影响力和销售范围。

四、数字化推动模式

（一）数字化推动模式概述

产品数字化推动模式主要涉及将传统产品通过数字技术进行改造、升级和转型，以适应数字化时代的需求和变化。产品数字化推动模式是一个多元化的过程，需要企业根据自身情况选择合适的模式，并结合技术、市场、用户等多个方面推进。同时，随着技术的不断发展和市场的不断变化，产品数字化推动模式也需要不断适应新的趋势和挑战。

（二）文创产品数字化推动

故宫博物院与腾讯公司合作，推出了"'纹'以载道——故宫腾讯沉浸式数字体验展"。这个展览基于故宫博物院的三维采集技术制作而成的建筑及文物的超高精度三维数据，通过高清投影仪、大型环幕、超高清大屏等多种数字媒介，为观众呈现裸眼 3D "数字文物"。观众可以实时与龙纹、回纹等传统纹样互动，甚至"走入"倦勤斋虚拟空间，体验沉浸式的文化之旅。无界书院利用 AR/VR 技术，打造了一个虚拟的古籍阅读平台。用户可以通过头戴式显示器和手柄设备，体验身临其境的古籍阅读。这种方式不仅为用户提供了沉浸式的阅读体验，还通过数字化技术实现了古籍的精细展示和保护，对文化传承作出了积极贡献。江西省博物馆的"数智江博"项目，采用平面扫描、三维扫描与建模、数字拓印等多种技术，对馆内纸质档案、古籍善本、平面类文物等进行高清影像采集和三维建模。这种数字化的方式高保真地留取了文物的几何形态、纹理与色彩特征等，为文物赋予了永恒的"数字生命"，实现了对文物的数字化保护。"丝路踏沙行"是一款全景式沙漠体验游戏，结合了答题闯关游戏与丝路沿线重要城市风采游览。玩家可以穿梭在茫茫大漠戈壁，感受这片土地上的神秘故事与历史魅力。游戏通过数字化技术，为玩家提供了一种全新的、有趣的了解历史文化的方式。

这些案例展示了文创产品数字化推动模式的多种可能性，从数字化展览、虚拟阅读到数字化游戏，都为传统文创产品注入了新的活力和创新元素。这些模式不仅提升了用户的参与度和体验度，也促进了传统文化的传承和发展。

(三)情景故事法融入故宫数字文创的设计实践

情景故事法通过营造场景和特殊语境,使用户的经验或者记忆、情绪与场景产生对话,进而享受"沉浸式"的文创体验。构建基于情景故事法的数字文创设计策略如表 8-2 所示。

表 8-2　基于情景故事法的数字文创设计策略

实施阶段	实施策略	实施步骤	设计目标
情境发展	设定一个多姿多彩的情境	进行情景样本的筛选,定位用户需求	确定开发方向 定位用户需求
情景交流	述说一个引人入胜的故事	拟定"人、事、时、地、产品"情景故事方案	立足历史根源 丰富视觉要素
产品构想	编写一个惟妙惟肖的剧本	营造文化空间,展开设计构想	建立信息构架 触发用户联系
产品设计	设计一个身临其境的产品	提供产品开发阶段的方案塑造	赋予人文情怀 建立使用情景

情境发展:确定开发方向,定位用户需求。清代宫廷生活涵盖了典礼政务、起居服用、游乐宫俗等方方面面,内容庞杂且相互交错,在此以游乐宫俗作为开发了解的主题方向,对其展开初步的产品故事情节设定。根据前面对基于情景故事法数字文创 App 设计步骤和原则的分析,以用户"常晓宫"的实际需求为目的展开特性分析,利用快照的方式捕捉用户需求镜头,得出问题情境示例,并对情境示例进行对应的情境需求提炼和功能转换。将用户需求的产品情境设定为:基于游乐宫俗,用专业权威的历史资料和精美的图文方式,方便用户了解故宫宫廷知识;将强表现力的故事化文案代入故宫游览,触发用户情感共鸣;设定社交平台和自定义式商城板块,满足用户的个性需求。

情景交流:立足历史根源,丰富视觉要素。通过查阅《清代宫廷生活》《清宫二年记》《清朝典制》等相关资料,游艺宫俗包括乐舞、戏曲、摔跤、棋艺、冰嬉等活动。在此选取与故事主题命名契合,易于视觉转移的关于宫廷游艺的典型绘画藏品资料,结合故宫数字文创产品的核心设计要点,从情感体验的元素层级和 App 设计基础通用规范出发,筛选出情景视觉要素。通过可视化构建增强用户的情绪处理能力,激发宫廷情境联想。再根据用户感知和评价的指标要素进一步筛选,最终确定符合故事主旨的视觉元素。

产品构想:建立信息构架触发用户联系。根据"游览故宫"的主题及宫廷生活的故事设定,构建 App 功能架构图,"游春故宫"数字文创 App 功能架构图如图 8-7 所示。对主要交互流程进行步骤区分,并梳理出相应的功能流程图。结合上一步骤对筛选出视觉元素中的颜色、形式、构图、质感进行情景信息的解构、打散和重组,并将其构建出的视觉符号信息反映到数字文创 App 的移动端界面设计上。从梳理出的数字

\ 商业模式创新

文创 App 的易读性、易用性、个性化三个原则出发，对主导航、标签栏、Banner、列表、背景等控件进行互联，帮助用户快速找到功能入口。

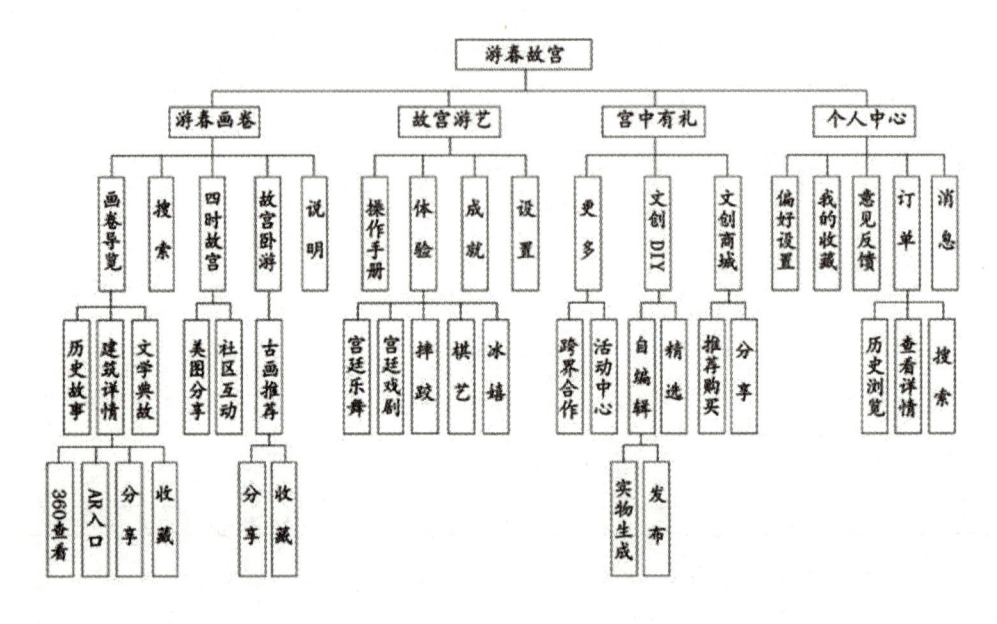

图 8-7 "游春故宫"数字文创 App 功能架构图

产品设计：赋予人文情怀，建立使用情景。结合情景故事法的"游春故宫"数字文创 App 设计，旨在通过塑造 App 整体风格来强化用户情感体验，让用户达到人景合一、身临其境的文化体验感。在界面设计的过程中充分考虑用户使用习惯，对 App 的字体、导航图标进行规范。由于博物馆文创产品的信息获取需求大，App 共设置游春画卷（建筑游览）、故宫游艺（宫廷故事）、宫中有礼（文创商城）三个板块，用户在使用时的切换板块较为频繁，故运用底部导航的方式让用户在页面中有清晰的方向。

第四节　数字产品商业模式创新

一、数字产品的定义

数字文化产业的发展正在深刻影响文化发展生态，改变文化形态，数字技术应用加速了数字文化产业的推陈出新，也让消费者的数字生活更加丰富多彩。具体来讲，在数字影视行业，线上视频与线上直播呈现爆发式增长。短视频营销持续发力，直播平台继续保持增长态势，在直播中加入虚拟动效元素，运用元宇宙概念为消费者开拓更多新的消费场景。在网络文学产业中，科技赋能数字阅读，阅读方式不断更新迭代，使得线上阅读的场景更加多元化，电子书、有声读物等数字阅读方式逐渐成为消费者获取知识的新途径。在虚拟现实产业中，数字游戏、数字文旅等数字产品受到广泛关注。

数字产品即通过数字化手段制作、存储、传输和使用的产品，它们通常是以电子数据的形式存在，通过计算机、手机、平板等电子设备来展示和使用。数字产品的范围非常广泛，包括计算机软件、电子书籍、音乐、电影、游戏、数字化艺术品，还有现在非常流行的在线课程、网络服务等，都可以算是数字产品。

二、网络社交影响力塑造与声誉传播品牌共鸣

社交媒体是数字产品宣传的重要渠道。通过在社交媒体平台上发布有趣、有价值的内容，与受众进行互动，增加产品的曝光率和知名度。此外，可以通过合作、联动等方式与其他品牌或 KOL 进行合作，共同推广数字产品，提升产品的网络社交影响力。

内容营销是塑造数字产品网络社交影响力的关键。通过创作高质量、有价值的内容，解答用户问题，提供专业知识，吸引用户的兴趣和关注。内容营销要注重内容的实用性和趣味性，同时要与目标人群的需求和兴趣相契合，以便更好地吸引用户的关注和参与。互动体验是增强数字产品网络社交影响力的有效手段。通过在线投票、问答活动、抽奖等方式，促使消费者积极参与，增强品牌亲和力。同时，可以通过用户反馈和数据分析，不断优化产品功能和用户体验，提升用户的满意度和忠诚度。

在媒体宣传过程中，定期更新和维护是非常重要的。通过定期发布新的内容、更新产品信息、回应用户反馈等方式，保持与受众的互动和联系。同时，要关注市场动态和竞争对手的动向，及时调整宣传策略，确保数字产品在激烈的市场竞争中保持领先地位。在媒体宣传的过程中，需要明确数字产品的商业模式。考虑使用免费模式（如广告支持模式）、按需模式（如订阅服务、虚拟商品等）、电子商务模式（如在线销售数字产品）等不同的商业模式，根据产品定位和目标受众的特点，选择最适合的商业模式。

任何一种商业模式，都需要注重用户体验和黏性。提供高质量的数字产品和服务，确保用户在使用过程中获得良好的体验。利用数据分析和用户反馈，不断优化产品和服务，提高用户满意度和黏性。通过媒体宣传，建立品牌认知和信任。利用各种媒体渠道来传播品牌故事和价值观，提高品牌知名度和美誉度。与用户建立良好的互动关系，积极回应用户的反馈和需求，增强用户对品牌的信任和忠诚度。利用社交媒体、短视频、直播等新型媒体渠道，以及虚拟现实、增强现实等新技术手段，来丰富宣传内容和形式。

\商业模式创新

三、大数据驱动精准数据赋能宣传战略

（一）数据收集与分析

收集大量的数据，这些数据可以来自网站、社交媒体、广告平台等，包括用户行为、访问和浏览数据、用户画像等。通过深入的数据分析，可以了解用户的兴趣、需求和行为习惯，为后续的宣传工作提供有力支持。

数据收集包括以下很多方面，例如，用户行为数据，通过网站或应用的日志收集，记录用户的使用行为，如浏览页面、点击链接、观看视频、购买商品等；用户反馈数据，通过用户调查、问卷、评论、评分等方式收集用户对产品的意见和建议；市场数据，收集与产品相关的市场数据，如竞争对手的表现、市场趋势、用户需求变化等；传感器数据，如果数字产品涉及物联网设备，可以通过传感器收集环境数据或设备使用数据；第三方数据源，购买或订阅第三方提供的数据服务，以获取更全面的市场或用户数据。

关于数据分析也有很多方法，不同的方法能够对数据进行各个维度的分析。比如描述性统计分析法就是通过统计指标如平均数、中位数、众数、方差等描述数据的特征，以提供对数据的直观理解；交叉分析法的过程则是制作二维交叉表格，将不同变量设置为行和列，通过交叉点体现变量之间的关系；漏斗分析方法，可以分析用户从接触产品到实现最终目标的转化过程，找出可能存在的问题或改进点。探索性数据分析法（EDA）通过绘图和统计手段深入理解数据集的结构、特征和模式，发现潜在的趋势和异常。

若采用数据编码方法，将原始资料进行简化清洗，凝练企业发展的关键事件，并严格遵循编码分析的三个环节展开案例数据分析：首先，根据大数据如何驱动数字商业模式创新这一研究问题，对案例企业数字技术应用、大数据管理等相关实践进行概念化梳理并将数据范畴化为关键条目。其次，将范畴化的条目深入分类为相关主题。例如，需求源点建立、场景链条联动等，同时针对不一致的编码结果进行多次讨论，增强数据的客观性。最后，数据持续补充与分析，最终聚类形成总类属（图8-8），并根据编码结果与既有文献构成研究框架，挖掘背后的理论机制。

（二）精准客户定位

通过数据分析，可以得到客户的精准画像，包括客户的年龄、性别、地区、职业、兴趣等。这样，就可以针对不同的客户群体制定不同的宣传策略，实现精准营销。这也就是常说的个性化推荐寻找目标客户，基于大数据的个性化推荐系统可以根据用户的兴趣和购买历史，为客户推荐相关的数字产品。这种个性化的推荐方式不仅可以提高用户的满意度，还可以增加产品的曝光率和销售量。

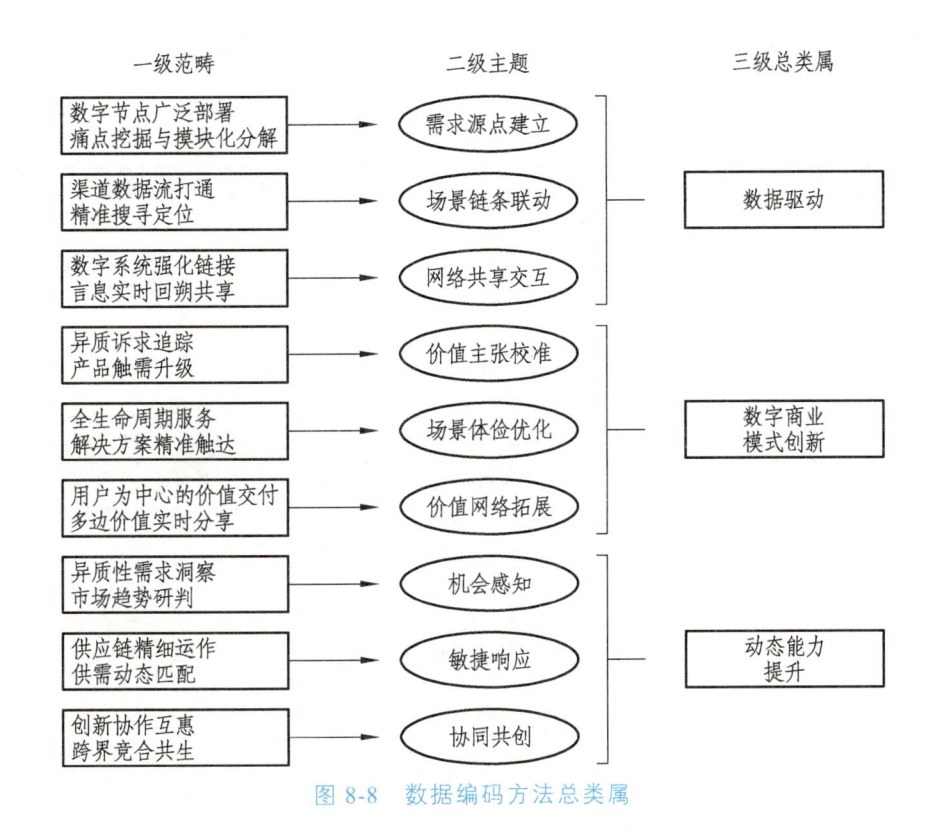

第八章 产品视角下的商业模式创新

```
一级范畴                    二级主题              三级总类属

数字节点广泛部署
痛点挖掘与模块化分解  →    需求源点建立  ┐
                                        │
渠道数据流打通                          ├→  数据驱动
精准搜寻定位          →    场景链条联动  │
                                        │
数字系统强化链接                        │
言息实时回朔共享      →    网络共享交互  ┘

异质诉求追踪
产品触需升级          →    价值主张校准  ┐
                                        │
全生命周期服务                          ├→  数字商业
解决方案精准触达      →    场景体验优化  │   模式创新
                                        │
用户为中心的价值交付                    │
多边价值实时分享      →    价值网络拓展  ┘

异质性需求洞察
市场趋势研判          →    机会感知      ┐
                                        │
供应链精细运作                          ├→  动态能力
供需动态匹配          →    敏捷响应      │   提升
                                        │
创新协作互惠                            │
跨界竞合共生          →    协同共创      ┘
```

图 8-8 数据编码方法总类属

价值主张校准代表用户需求与价值属性变化的持续追踪，借此持续满足用户的生活场景期望所需，依托数字技术赋予产品高于使用价值本身的体验价值、情感价值，提升服务效能。机会感知能力持续促进价值主张新颖化调整，发挥数据可视化、双向传递等特征，在企业服务供给过程中逐渐完善数字价值主张的设计。同时价值主张的校准也为产品开发与服务设计提供了源源不断的创新活力，企业与用户的关系不再是始于并终于产品或服务的售出，而是针对用户的价值诉求，数字平台与渠道触"需"升级，优化平台模块与调整功能属性。全新场景化的智慧产品促进物与用户的链接，基于需求方提出反馈形成从供给创新到用户关系的完整闭环，实现用户体验的个性化转变，为企业打开新颖价值创造的机会窗口（图8-9）。

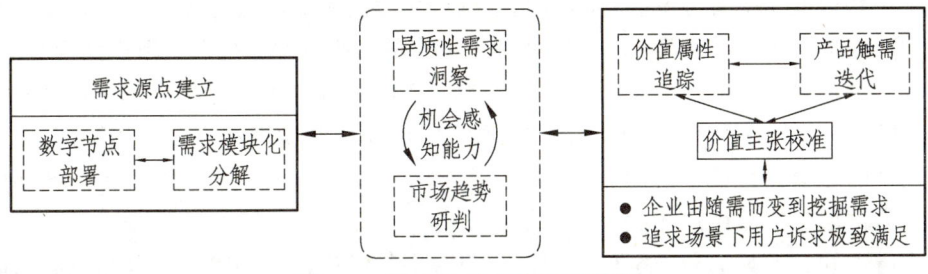

图 8-9 数字价值主张实现机制

\ 商业模式创新

关于数字价值实现机制，有很多典型案例详细证明有关数字节点部署，需求模块化分解等环节见表 8-3。

表 8-3 数字价值主张实现的编码举例

一阶主题	二阶主题	典型证据援引
需求源点建立	数字节点部署	可以实现智慧互联的家电有 N 多种，包含蒸烤箱、冰箱、烹饪机、电磁炉等不同产品，还包括卡萨帝、松下等不同的家电品牌下的产品，这些设备都是我们在布局生态场景中设备互联的关键
	需求模块化分解	广泛采集用户的使用数据、用户特征数据，描绘用户画像，并通过更好地搜集人的健康数据形成身体参数，实现个性化的营养搭配，为用户提供完整的吃的解决方案
价值主张校准	价值属性追踪	通过高端家电的技术引领和全套的互联，拉近了与用户之间的距离。我们提供的服务也会根据用户在场景中的需求不断进化，同时也实现了用户的个性化定制
	产品触需迭代	用户需求的沉淀，跟更多的消费者来实现赋能，连接更多的产品和更多的设备，不再打造传统意义上的电器产品，产品和服务不断向智慧化转型，传统的产品将会被场景替代，行业将被生态覆盖
机会感知能力	异质需求洞察	用户的高端化和个性化的需求不太可能由单一企业满足，这是对当前用户需求的本质性的挖掘，需要跨界寻找发展与合作的机遇
	市场趋势研判	企业的目的就是解决消费者问题，为此进行了持续的用户调研。后来发现，其实很多消费者在厨房面对不同的菜品时，并不知道烤箱怎么使用

以国内较为著名的购物软件"京东"为例，论述作为数字产品的软件"京东"是如何通过大数据驱动实现精准客户定位的。

京东包含了电商所涉及的营销、交易、仓储、配送、售后等环节，每个环节都会产生大量的业务数据，同时用户在网站上进行的浏览、购物、消费等活动，以及用户在移动设备上对应用的使用情况，包括各种系统的操作行为，也会生成海量的行为数据。为了将上述的结构化业务数据以及用户非结构化的用户行为日志进行采集，京东搭建了一套标准化采集方案，能够将业务分析所需的数据进行标准化采集，并将数据传输到大数据平台，以便后续的加工处理及上层的数据应用。在京东用户行为日志中，每天记录着数以亿计的用户来访及海量行为。京东通过对用户行为数据进行分析和挖掘，发掘用户的偏好，逐步勾勒出用户的画像。将用户画像模型充分应用到产品当中，根据族群的差异化特征，帮助业务部门找到营销机会、运营方向，全面提高产品的核心影响力，增强产品用户体验。

众所周知，大数据精准定位能够简化很多交易过程，但同时也具备相应的风险。首先，大数据的收集和处理往往会涉及大量的个人信息，这就可能引发数据隐私和安全问题。如果个人信息泄露，极有可能被不法分子利用，进行各种欺诈活动，这对个人财产和人身安全都会构成威胁。其次，大数据的精准定位可能会导致"大数据杀熟"的现象。简单来说，就是商家利用大数据了解消费者的消费习惯后，对老客户提供更高的价格，这对消费者来说显然是不公平的。最后，大数据的精准定位可能会让消费者陷入"信息茧房"的困境。简单来说，就是大数据会根据消费者的喜好推送相似的信息，这可能会让消费者忽略掉一些重要的、不同观点的信息，从而限制其视野和思维。

（三）产品拟人化合作宣传

利用大数据找到与数字产品相关的合作伙伴，共同进行宣传，以扩大宣传范围，吸引更多的潜在客户，更可以将数字产品拟人化，与其他的产品类型合作进行宣传。

一个比较成功的案例就是虚拟偶像"洛天依"，作为一个标准的数字产品以偶像形式横空出世，与很多 IP 合作宣传达成共赢的效果，形成了一种新的数字产品模式，即数字产品拟人化。

随着互联网的发展，传统媒介向新媒体扩展，拟社会互动的关系从"单向依附"走向了"交互共生"。拟社会互动是指媒介角色和受众之间存在一种类似面对面交往的虚拟人际互动，受众借由拟社会互动与媒介角色形成"幻觉式亲密关系"，以满足自己的部分情感需求。拟社会互动理论被广泛应用于用户与产品关系的研究，这种拟社会互动关系能够影响用户情感，提升购买意愿。虚拟社群的涌现使用户在特定多元场景中更容易产生拟社会互动意愿，形成相互作用、相互共生的依存关系。其次，类人性是发展拟社会互动的先决条件，人际互动拟仿、身份认同构建是影响拟社会互动的重要因素。数字拟人品某种意义上是一种替代性的"镜中我"，用户借助与数字拟人品的人际互动拟仿，寄托情感、代入自我价值，创造出现实中无法触及的亲密互惠情绪，不断逼近"理想自我"，从而实现精神代偿。个人自我投射带来理想化的自我期待和身份认同的同时，也需要通过社会学习实现群体认同，多元场景下的虚拟社群为社群规范下的相互认同、"集体理想"提供了空间，从而强化与维系了自我身份认同。此外，得益于数字技术、二次元文化和同喻文化，数字拟人品特有的开放性与安全性也迎合了新世代主动参与、自我代言、依恋转移的需求，从而收获了广泛的成长关注。

数字拟人品的内容维度是其商业变现的核心要素，故商业模式内容创新视角对数字拟人品成长机制探究具有重要意义。首先，相较于旨在优化交易活动体系的商业模式结构、治理维度，以提供新价值和引入新价值活动为核心的商业模式内容创新更能回答数字拟人品价值创造的本源问题。商业模式内容维度聚焦于商业模式所创造的价值属性及其与价值相关的活动属性，外在地表现为"企业价值回答的新思路"。商业模式内容创新重在提出新的价值主张，开展新的价值活动，提供新价值包括改善交易结构、增加与产品或服务新的价值联结等，引入新活动包括增加特约供应商、改变采购

\ 商业模式创新

方式、与其他行业的商业伙伴合作等。其次，数字拟人品自身内容化的特性，决定了商业模式内容创新是以虚拟偶像为代表的数字拟人品跃迁式成长的重要途径。数字内容产品具有较大的衍生市场和高度的可分割性，数字拟人品丰富的 IP 内容主要通过多元场景下社群用户互动产生。"消费者是生产者、创意者也是受益者"，用户参与内容创作、发展参与式文化是数字拟人品进行内容创新的重要方式，用户参与的社群逻辑是企业价值创造的基本思路。"形式遵循意义"，用户价值互动过程中，创造产品的功能价值、学习价值的同时也会传递情感价值。

（四）利用 AI 技术

AI 技术可以帮助我们更好地利用大数据进行宣传。例如，AI 聊天机器人可以自动回复用户的咨询和问题，提高客户满意度；AI 广告投放系统可以根据用户的兴趣和行为自动调整广告内容和投放渠道，提高广告效果。

AI 技术可以为数字产品提供智能化的营销手段。利用 AI 聊天机器人，数字产品可以为用户提供 24 小时不间断的在线客服服务，解答用户的疑问，提供购买建议。这种智能化的服务不仅可以提高用户满意度，还可以降低企业的运营成本。AI 技术还可以为数字产品打造全新的营销场景。通过虚拟现实（VR）和增强现实（AR）技术，数字产品可以为用户带来沉浸式的购物体验。用户可以在虚拟环境中试穿、试用产品，感受产品的实际效果。这种营销方式不仅可以吸引用户的眼球，还可以提高用户的购买意愿。

总的来说，大数据的精准分析和 AI 的智能化应用为数字产品的营销注入了新的活力。它们共同为数字产品提供了精准的用户画像、个性化的营销策略和创新的营销场景，从而实现了对数字产品的精准赋能。在未来，随着技术的不断进步和应用场景的不断拓展，大数据和 AI 将在数字产品的营销中发挥更加重要的作用。

四、市场共享

（一）市场共享的内涵

市场共享的历史可以追溯到古代，但现代的共享经济模式在 21 世纪初开始兴起。在过去，人们经常通过共享资源来满足各自的需求，比如共享耕地、工具、食物等。这种形式在农村和社区中很常见。随着互联网和移动技术的迅速发展，人们能够更轻松地连接到全球网络，这为共享经济的兴起提供了技术基础。在线平台和应用程序使个人和组织可以更容易地分享资源和服务，并且能够通过评价和评级系统建立信任关系。2008 年全球金融危机造成了经济不稳定，导致许多人寻求新的经济模式。共享经济因其低成本和高效率而备受关注，成为了吸引人的选择。一些共享经济平台的成功案例，吸引了大量用户和投资者的关注。这些平台为人们提供了新的方式来共享住宿和交通，进一步推动了共享经济的发展。在人们日益关注可持续发展和资源利用效率的背景下，共享经济模式被认为是一种可行的解决方案。通过共享资源，可以减少资源的浪费和消耗，从而降低环境影响。

市场共享通常指的是共享经济，这是一种经济模式，通过共享资源和服务来实现资源利用的最大化。市场共享通过在线平台或应用程序连接个人和组织，使不同行业能够共享物品、技能、空间或者其他资源。这种共享可以涵盖多个领域，包括共享交通工具（如共享汽车、自行车、滑板车）、共享住宿、共享办公空间、共享餐饮（如共享厨房）等。市场共享模式的好处包括更高效地利用资源、降低成本、提高资源利用率、促进社交联系等。然而，它也带来了一些挑战，比如管理资源所有权、保证共享过程中的安全和可靠性、解决法律和监管问题等。

（二）数字产品的市场共享

数字产品的市场共享涵盖多个领域，其中最典型的就是数字产品的联名跨界融合。数字产品联名跨界融合是指不同行业、领域或技术的数字产品之间进行融合，通过创新的方式打破传统界限，实现资源共享、优势互补和协同发展。这种融合可以为数字产品行业带来许多新的发展机遇和增长点，为数字产品的发展注入新的活力。

在数字产品跨界融合中，可以看到许多成功的案例。例如，愈来愈多的 AI 虚拟主播走进大众视野，从直播带货到新闻播报，从娱乐声控主播到跨年春晚再到品牌广告，吸引着消费者和人们的注意。2023 年全国两会期间，人民日报新媒体联合业界前沿团队推出的 AI 数字主播"任小融"正式"上岗"，任小融的聊天不只有文字，还有实时的虚拟人物播报，用户仿佛正在与一位健谈的主播面对面聊天；杭州亚运会开幕之际，中国新闻社上线虚拟主播"新妹"，在 2023 年 9 月 23 日发布的首期"新妹带你看亚运"节目中，惟妙惟肖、神形兼备的"新妹"引发众多网友点赞。中央广播电视总台 5G 新媒体平台"央视频"推出总台首个拥有超自然语音、超自然表情的超仿真主播"AI 王冠"，其原型就是来自总台的财经主持人王冠，"AI 王冠"在播报新闻时的神态、声音与真人几乎无异，让人难辨真假，并且拥有强大的信息汇聚能力。

国家广播电视总局发布的《广播电视和网络视听"十四五"科技发展规划》明确提出，推动虚拟主播广泛应用于新闻播报、天气预报、综艺科教等节目生产，创新节目形态，提高制播效率和智能化水平。此外也提到，要探索短视频主播、数字网红、直播带货等虚拟形象在节目互动环节中的应用，增加个性化和趣味性。

随着人工智能、大数据、云计算等技术的不断发展，数字产品跨界融合也呈现出更加广泛和深入的趋势，数字产品合作可以促进不同行业、领域或技术之间的交流和合作，推动其创新和发展，它们的跨界融合还可以产生新的商业模式和增长点，提高产品的附加值和竞争力，满足用户多样化的需求，为企业带来更多的机会和收益。当然，数字产品跨界融合也面临一些挑战，如何确保不同产品之间的兼容性和稳定性，如何保护用户的隐私和数据安全，技术应用催生出虚拟现实空间犯罪的新变化等问题。

\ 商业模式创新

第五节 快消品商业模式创新

一、快消品的定义

快速消费品，也叫快消品，是指使用寿命较短，消费速度较快的消费品。顾名思义，是将产品包装成一个个独立的小单元来进行销售，更加着重包装、品牌化以及大众化对此的影响。快消品包括包装的食品、个人卫生用品、烟草以及酒类饮料。快消品依靠消费者高频次和重复地使用与消耗，通过规模市场量来获得利润。与快速消费品概念相对应的是"耐用消费品"，通常使用周期较长，一次性投资较大，包括但不限于家用电器、家具、汽车等。快消品与其他类型消费品相比，购买决策和购买过程有着明显的差别。快消品属于冲动购买产品，对周围人的建议不敏感，主要取决于个人偏好，不需比较类似产品，产品的外观或包装、广告促销价格、销售点等对销售起着重要作用。

二、无人零售和自动化模式

（一）无人零售模式的涵义

无人零售模式，是指在消费者购买过程中完全不需要通过人力，采用自助购物方式进行购买的零售模式。这种模式以人工智能（AI）和无线技术为主要构成要素，将商品展示、识别、技术、支付集于一体，打造智能化的独特销售环境，让消费者主动购物。无人零售模式是随着科技进步，人工智能在零售门店中的运用而形成的新零售模式。这种新模式的门店不需要员工提供服务，消费者自动结算，24小时营业，为消费者提供了更为方便的购物场所。这种模式的消费过程取决于数字化，利用大数据等技术为消费者提供个性化、差异化服务，更能满足消费者的需求。

（二）无人售货商业模式的具体运行机制

依据快消品的特点，建立无人售货机制，选址应具备人流量大且人流量稳定，占地面积较小，不影响所在地的正常运营等特点。

无人销售的购物流程与技术息息相关，消费者必须使用智能手机进行操作才能完成整个购物过程。大多数消费者对无人销售的概念并不陌生，主要锁定的是年轻的消费人群，可以走进大学校园和年轻人居多的小区，也可以积极赞助大学校园活动和社区活动。一般来说，人流量越大的地方，售货机的生意也会越好。但同时也要考虑人流量的稳定性，比如选择人流量稳定的区域，而不是仅仅追求高峰期的短暂人流量。

比较理想的场所是学校、影院、医院、旅游景点、汽车站、火车站，等等。通过无线远程管理后台实时监控自动售货机的销售数据和状态，定期下载数据报表进行分析，销量大的商品不一定单利润高，单利润高的商品不一定销量大，根据数据对他们的配额进行合理分配以达到总利润的最大化。选择信誉良好、质量可靠的供应商进行合作，确保所采购的商品符合安全和质量标准，建立完善的供应链追溯体系，确保商品从生产到销售的每一个环节都可追溯，一旦出现问题可以迅速定位和解决。对负责无人售货机运营的员工进行培训和教育，提高他们的商品安全意识和责任意识。定期对员工进行商品安全知识的考核和评估，确保他们具备足够的商品安全知识和技能。

在价格策略方面，一是加强供应链管理能力，提高供应链的运作效率，降低成本，形成价格优势；二是善用相对价格，相对价格是指与其他同类商品相比的价格水平，而不是商品本身的价格。以售卖普通的盒饭为例，将 6 元和 25 元盒饭放到一起，25 元的盒饭几乎无人过问，而 6 元的盒饭也被很多人怀疑是否有质量问题。这时可以在 6 元和 25 元之间增加一种 12~18 元的盒饭，三种价位不但让顾客有了更大的选择空间，而且做到了满足不同层次的顾客需要，价高的商品也比较容易让人接受了。

（三）无人零售的具体实践——以可口可乐为例

可口可乐，作为全球知名的快消品品牌，早已在无人售货机领域展开了广泛的布局。通过无人售货机，可口可乐不仅为消费者提供了更加便捷的购买方式，还通过各种创新的营销策略，进一步提升了品牌形象和销售额。在新加坡，可口可乐关注到了一群特殊的消费者群体——移民工人。这些工人背井离乡，为城市的建设付出了辛勤的汗水，但由于种种原因，他们往往处于社会关注的边缘。可口可乐意识到，为这些工人提供"从天而降"的快乐，不仅能够让他们感受到温暖和关怀，还能够进一步拓展品牌的市场份额。于是，可口可乐在新加坡的建筑工地上设立了无人售货机。这些售货机外观醒目，易于识别，且放置在工人们经常出入的地方。在商品选择方面，可口可乐充分考虑了移民工人的需求和喜好，提供了多种口味和规格的可口可乐饮品。

此外，为了增加与消费者的互动和黏性，可口可乐还推出了一系列创新的营销策略。例如，他们与社交媒体平台合作，推出了线上互动游戏和抽奖活动。消费者只需在无人售货机上扫描二维码，即可参与游戏并有机会赢取丰厚的奖品。这不仅提高了消费者的购买意愿和忠诚度，还为可口可乐品牌带来了更多的曝光和口碑传播。可口可乐还通过无人售货机收集消费者的购买数据和行为偏好。这些数据有助于他们更好地了解消费者需求和市场趋势，从而制定更加精准的营销策略和产品计划。可口可乐通过无人售货机销售充分展示了该品牌对于消费者需求的敏锐洞察力和创新营销策略的运用能力。这种将传统快消品与现代科技相结合的销售模式不仅为消费者带来了更加便捷和愉悦的购物体验，还进一步提升了品牌的竞争力和市场地位。

三、品牌重塑驱动

（一）品牌的内涵

品牌伴随着市场经济与人们认识的发展，其内涵经历了一个逐步丰富的过程。品牌最初是指商品的标记，在游牧部落时代的西班牙就已得到使用，主要是指在牲畜身上印上独特的烙印，以便在交换时能够区别于他人的牲畜，英文当中的品牌"Brand"就是指"烙印"的意思。《营销学辞典》将品牌定义为：识别一个或一群产品的名称、术语、象征、记号，以区别于其他竞争者的产品。奥格林在品牌传统解释的基础上突破性地提出品牌形象理论，认为"品牌"是一种错综复杂的象征，它是品牌的属性、名称、包装、价格、历史、声誉、广告风格的无形组合。品牌同时也因消费者对其使用印象及自身的经验而有所界定。科特勒在《市场营销学》中将品牌定义为：销售者向购买者长期提供的一组特定的利益和服务的允诺。

品牌不仅仅是消费者对某类产品及产品系列的认知程度，更是品牌拥有者的产品、服务或其他优于竞争对手的优势，能为目标受众带去同等或高于竞争对手的价值。这些价值包括功能性利益和情感性利益。品牌是一个具有经济价值的无形资产，它通过抽象化、特有的、能识别的心智概念来表现其差异性，从而在人们意识当中占据一定位置。品牌文化也是品牌内涵的重要组成部分，它是品牌拥有者、购买者、使用者或向往者之间共同拥有的、与此品牌相关的独特信念、价值观、仪式、规范和传统的综合。品牌文化代表了品牌自身的价值观、世界观，品牌文化能超越时空的限制，给消费者带来更多的高层次满足、心灵的慰藉和精神的寄托。品牌还有其使命和价值观。品牌使命是品牌主体在社会历史和现实生活中所承担的重大责任，它为品牌的存在提供了理由，也为组织的决策提供了依据；品牌价值观则是品牌在追求经营成功的过程中所推崇的基本信念和奉行的目标，是品牌文化的核心。

总的来说，品牌的内涵涵盖了多个方面，包括消费者对产品的认知、品牌的文化、使命和价值观等。这些元素共同构成了品牌的独特性和吸引力，使品牌在竞争激烈的市场中脱颖而出。

（二）快消品品牌基于当今时代背景下的特点

随着社会经济和互联网技术的快速发展，人们的生活方式发生了变革，消费需求也在不断升级，而快消品市场竞争非常激烈，品牌众多，产品同质化严重。2023年，中国快消品营销行业及市场规模为6 684亿元，2019—2023年的年复合增长率为5.5%，预计2024年快消品营销市场规模将达到7 254亿元。中国快消品营销主要以快消成熟品为主，市场份额占比71.9%，快消新品和快消成熟品均经历了营销及销售开支的稳步增长，而快消新品在这方面的增长率更高，其营销市场份额为28.1%。

当今快消品品牌具有以下几个显著的特点：① 数字化和电子商务的兴起。随着消费者越来越多地转向在线购物和数字渠道，快消品品牌不得不加快其数字化转型。这意味着品牌需要在电子商务平台上建立强大的存在，并利用数据分析和个性化营销来更好地了解和满足消费者需求。② 可持续发展和社会责任。现代消费者更加关注产品的可持续性和品牌的社会责任。因此，快消品品牌需要考虑减少环境影响，采取可持续的生产方法，并在供应链中推动更高的社会和环境标准。③ 消费者健康和安全的关注。健康成为消费者的主要关注点之一，特别是在食品和个人护理产品领域。品牌需要提供清晰的产品信息和质量保证，以建立消费者的信任和忠诚度。④ 个性化和消费者参与。消费者越来越希望与品牌建立更深入的连接，并参与产品开发和营销活动。因此，快消品品牌需要通过社交媒体和其他互动平台与消费者进行沟通，并倾听他们的反馈和建议。⑤ 快速变化的市场环境。市场竞争激烈，消费者需求快速变化，这要求品牌具备灵活性和敏捷性，能够迅速调整战略和产品组合，以应对市场动态和竞争压力。⑥ 视觉化产品。消费者在购买快消品时，很容易受到卖场气氛的影响。品牌需要注重产品的包装设计、陈列方式等，以吸引消费者眼球，提高产品的吸引力。⑦ 品牌忠诚度不高。相对于耐用消费品而言，消费者对快速消费品的品牌敏感度不高，产品的可替换性大。品牌需要通过持续的创新和优质的服务，提高消费者的忠诚度和复购率。

总之，当今快消品品牌需要在数字化转型、可持续发展、消费者健康安全、个性化消费者参与以及快速变化的市场环境中找到平衡，并持续创新以保持竞争优势。

（三）品牌重塑驱动战略

1. 品牌形象重塑战略

品牌形象重塑是指企业或品牌为了适应市场变化、满足消费者需求、提高竞争力或解决品牌形象老化等问题，对原有品牌形象进行重新定位、设计和推广的过程。品牌形象设计拥有渠道多样化、元素统一化和信息可视化等需求，以及手绘次元、极简和微交互等发展趋势，应当合理利用新媒体及时分享。对于快消品品牌企业来说，在充分认识当今时代品牌特点的同时，还应与它的行业特点与消费者消费行为特点相结合，才能开展适合自身的品牌形象重塑。

快消品品牌在当今背景特点下进行品牌形象重塑时，可以采取以下策略：① 数字化转型。品牌可以加强在电子商务平台上的存在，并通过社交媒体和数字营销渠道与消费者进行互动。建立一个用户友好的网站和移动应用程序，提供个性化的购物体验和定制服务，以吸引更多的消费者。② 强调可持续发展。品牌可以强调其可持续性和社会责任，通过减少包装、采用可再生能源、支持环保组织等方式展示其对环境保护的关注。这样的做法不仅有助于提升品牌形象，还能吸引那些注重环保的消费者。③ 健康与安全保障。品牌可以加强对产品质量和安全的保障，提供更多的健康食品和安全个人护理产品，同时加强与健康专家和权威机构的合作，为消费者提供可靠的健康信息和建议。④ 个性化服务和参与体验。品牌可以通过定制化产品、个性化营销和用户参与活动等方式，与消费者建立更深入的连接。通过在社交媒体上发起用户生成内容

\ 商业模式创新

的活动，鼓励消费者分享他们与品牌的互动和体验，从而增强品牌的认知度和影响力。
⑤ 持续创新和市场敏感度。快消品品牌需要不断创新，以满足消费者不断变化的需求和市场趋势。品牌可以积极关注新兴技术、新产品和新市场的发展，并及时调整战略和产品组合，保持市场敏感度和竞争优势。

2. 品牌传播重塑战略

在当今时代，快消品品牌传播的环境发了巨大变化，而有效的品牌传播可以对品牌塑造与品牌价值提升起到巨大促进作用，在新的环境下如何开展有效的品牌传播成为业界关注的焦点。首先，基于互联网战略下的品牌传播策略主要包括做好品牌风格定位与形象确立，结合传统传播渠道提升服务品质，关注文化建设，提升受众体验以及开展数字化传播等。以小米手机为例，其就是基于互联网思维的品牌传播策略，采取适度饥饿营销，提升品质与服务，加强品牌文化建设，整合跨界思维；再以滴滴出行为例，滴滴注重品牌的差异化和个性化定位，制作贴合品牌形象的内容，促进分享，强化互动，提升粉丝黏性以及遵循互联网时代碎片化的阅读习惯开展内容创作。

品牌传播重塑可以分为两个方面：

（1）"互联网+"转型。

在充分认识互联网时代品牌传播特点的基础上，快消品企业应当结合自身行业特点，关注消费群体需求，制定自身的品牌传播策略：① 强化互动性，提升品牌粉丝黏性。一方面在传播内容上加强针对性，提高内容与品牌形象、消费者群体特点的关联度，利用大数据等技术带来的优势，对特定目标群体提供个性化的服务提高传播质量。另一方面在传播形式上考虑互动便利性，包括信息触达与用户交互的便利，例如建立虚拟社区、发展意见领袖、鼓励 UGC（用户生产内容）等，提高品牌传播的渗透力，提升品牌粉丝的黏性。② 把握精准性，积累品牌用户数据。一方面要注重品牌传播管理的统一性，对于微博、微信等新媒体传播渠道以及原有的电视、广播、户外灯传统传播渠道，应当建立统一的传播渠道管理体系，进而充分利用新媒体传播精准性的特点，实现精确传播。另一方面要树立积累传播数据的意识，做好品牌传播相关数据的收集与分析，为品牌传播工作的改进以及后续的营销与转化等建立基础。③ 利用承载性，增加品牌传播价值。一方面要树立成果导向，在开展品牌传播过程中，不仅要输出可量化的传播数据分析，还要不断探索传播与营销的结合，不断试错与迭代实现营销成果转化，增加品牌传播价值。另一方面要树立开放思维，在品牌传播上尝试跨界合作，追踪热点，引领潮流，打造合力。

（2）品牌跨界融合。

快消品品牌跨界融合是一种创新的策略，可以帮助品牌拓展新的市场和受众群体，提升品牌的知名度和竞争力。通过跨界融合，快消品品牌可以打破传统行业界限，拓展新的市场机会，同时提升品牌的创新形象。以下是几种快消品品牌跨界融合的方式：
① 与其他行业品牌合作：快消品品牌可以与其他行业的品牌进行合作，共同推出联名

产品或联合营销活动。例如，与知名时尚品牌合作推出限量版包装的产品，吸引更多时尚消费者的关注。② 跨界联合推广：快消品品牌可以与娱乐、体育、艺术等领域的知名人士或事件进行合作，通过赞助活动或参与跨界合作项目，提升品牌曝光度和影响力。③ 品牌扩展：快消品品牌可以考虑在相关领域进行品牌扩展，推出新的产品线或服务。例如，一家饮料品牌可以推出个性化定制的饮品服务，满足消费者对个性化产品的需求。④ 创意营销活动：通过创意的营销活动，将快消品品牌与其他领域的元素进行有机融合，吸引消费者的注意。例如，举办与艺术、音乐、电影等相关的主题活动，提升品牌的吸引力和情感共鸣。⑤ 数字化创新：利用数字技术和互联网平台，将快消品品牌与其他行业进行融合，推出数字化产品或服务。例如，与科技公司合作开发智能家居产品，提升品牌的科技含量和创新形象。

四、区域性快消 B2B 模式

（一）B2B 模式的涵义

B2B（也有写成 BtB，是 Business to Business 的缩写）是指企业与企业之间通过专用网络，进行数据信息的交换、传递，开展交易活动的商业模式。它将企业内部网和企业的产品及服务，通过 B2B 网站或移动客户端与客户紧密结合起来，通过网络的快速反应，为客户提供更好的服务，从而促进企业的业务发展。

我国快消品 B2B 还处于发展的起步阶段，快消品 B2B 主要分为自营模式和撮合模式。前者通过自建快消品的仓库和物流运输体系，自行采购快消品品牌来为小店提供商品货源，通过快消品差价来获取营利，优势在于商品质量好、服务流程准、货源稳定等。比如京东新通路便是自营模式下的快消品 B2B。而撮合模式便是电子商务最原始的商业模式，仅仅以平台为供应商与小店建立交易信息沟通渠道，透过佣金手续费、供应商增值服务等方式来获得收益。在撮合模式下，各个快消品品牌商能够自主制定价格，对不同顾客实施差别定价，小店客户也能够获得更多的快消品品类和品牌选择。表 8-4 为快消品 B2B 自营模式和撮合模式的对比分析。

表 8-4 快消品 B2B 自营模式和撮合模式的对比分析

	自营模式	撮合模式
商业模式特征	自营平台自主控制商品质量，自有团队控制供应服务质量，自建仓储物流体系控制送达时间，分销覆盖面广泛	快消品品牌和种类多元 快消品供应商能够自主定价 信息较为透明
商业模式劣势	库存风险和资金压力 可选品类有限 价格信息不透明	商品质量缺乏保障性 运输网络受到限制 运输费用高
盈利点	商品销售差价	佣金手续费 供应商增值服务

\ 商业模式创新

（二）中商惠民区域性快消服务模式

1. B2B 订货平台

在"惠配通"平台上，社区便利店可随时完成所需各类商品的下单进货，而且平台会根据下单的先后顺序，立即派送自营车辆，半小时送达。此外，平台保证了无条件配送，这与传统的经销商相比，给社区便利店带来了极大便利。同时厂超、农超直接对接让社区便利店能够买到更安全、更可靠的商品。这种模式能够充分发挥实体店在地理位置、商品展示和即时配送等方面的优势，同时结合互联网的信息传播和数据分析能力，实现资源的优化配置和高效利用。

2. B2C 消费者平台

最初，"惠生活"APP 平台专为消费者定制，到 2017 年，中商惠民战略控股"爱鲜蜂"，帮助"爱鲜蜂"拓展经营，从此进一步拓宽线上渠道。社区居民可通过"爱鲜蜂"App 随时随地下单购买，然后定位最近的"爱鲜蜂"便利店铺就会接单配送，平台保证 30 分钟内完成配送。该平台更加深化了社区服务，为社区居民带来了极大便利。这种模式能够满足消费者对于快速、便捷、实惠的购物需求，提升消费者的购物体验和满意度。

3. B2F 便民服务平台

"惠付通"综合服务平台，可以帮助社区居民足不出户就能享受到各种便民服务，如生活缴费、彩票购买、代办车险、快递收发、鲜花派送以及小型娱乐场所，等等，帮助社区便利店进行多元化经营，提升其竞争力。中商惠民以全国近百万家社区超市（便利店）为基础，依托互联网整合社区实体店资源，定位社区家庭的便民服务，使居民足不出户就能享受水、电、燃气、公交卡缴费，机票、彩票、火车票预订等各项便民业务。

（三）商业模式创新

表 8-5 描述了中商惠民的 9 个商业模式要素，基于 Osterwalder 提出的九要素模型，主要包括价值主张、客户关系、分销渠道、目标顾客、收入来源、核心资源、关键业务、伙伴关系、主要成本。企业的一切生产经营活动都是围绕顾客价值主张进行的。中商惠民的价值主张是"便民、利民和惠民"。一直以来，中商惠民贯彻国家的政策纲领，一心一意为人民考虑，并且秉承"惠生活、益民生"的历史使命，将企业自身的发展和社会的发展结合起来，将互联网新技术与实体结合起来，在社区便利店可以办理生活缴费、买卖彩票、办理宽带、电话充值业务、鲜花派送、快递收发、小型娱乐场等业务和活动，为社区居民带来了方便，同时为社会节约了资源和时间，真正做到了"便民"。中商惠民采用品牌商到平台，工厂到平台对接的模式，从源头进行控制，

防止食品安全事故的发生，同时大大缩短了供应链的层级，使渠道更加扁平，提高了品牌商在社区便利店的渗透力，增加了社区便利店的营利能力，提高了竞争力，真正做到了"惠民"。此外，中商惠民以贵州省罗甸县麻怀村为试点构建了精准扶贫平台，并结合当地地理优势和精品特产，推出迎香牌火龙果，逐步实现农产品的全渠道和全品类销售，帮助农民增加收入，促使经济发展，既履行了社会责任，又做到了"惠及民生"。

表 8-5 商业模式要素

商业模式要素	中商惠民
价值主张	便民、利民、惠民
目标顾客	社区便利店、终端消费者
分销渠道	电脑订货系统、手机 App、微信小程序、电话
客户关系	新媒体（微博、微信）、杂志、App 平台留言、线下地推
资源配置	统仓统采、重资产模式、去中心化、精细化运营
核心能力	人员能力、数据能力、商品与客户能力、数据能力、仓配能力
伙伴关系	品牌商、支付机构、金融机构
收入来源	商品买卖差价、虚拟产品销售、金融产品销售、合作服务费
成本来源	人力、物流、技术、税务、研发、商品运营

第九章

商业模式创新中的政府治理

一、目的与要求

1. 掌握商业模式创新的边界；
2. 理解商业模式创新中政府的作用；
3. 了解监管与商业模式创新的关系。

二、教学内容

1. 商业模式创新的边界；
2. 商业模式创新的政府规制；
3. 监管与商业模式创新。

▶ 第一节　商业模式创新的边界

商业模式创新的边界指的是在商业模式创新过程中所涉及的限制、条件或者范围。这个概念涵盖了在创新过程中需要考虑的各种因素，包括法律法规、市场需求、技术能力、竞争格局，等等。

在商业模式创新中，边界可以影响创新的范围和可能性。这些边界可以是外部的，如法律法规对某些行业的限制，市场需求的变化，或者是内部的，如组织结构、文化、资源等方面的限制。边界还可以是技术的限制，包括可行性和成本等方面的考量。商业模式创新的边界对企业的影响有正面和负面两方面。

商业模式创新的边界的正面促进作用：① 竞争优势增强。通过超越传统的商业模式边界，企业可以创造独特的价值主张，从而获得竞争优势。这有助于企业在市场上脱颖而出，吸引更多客户并提高市场份额。② 市场创新。扩展商业模式的边界可以激发创新，促使企业开发新的产品或服务，并进入新的市场领域，有助于企业实现增长和多元化。③ 资源优化。重新定义商业模式边界有助于企业优化资源配置，降低成本并提高效率。这可以增加企业的盈利能力并提高长期竞争力。④ 客户体验提升。商业模式创新边界的扩展可以带来更个性化、更便利的客户体验，从而增强客户忠诚度并提高客户满意度。亚马逊是一个成功的商业模式创新的典范。它将传统的线下书店模式转变为在线电商平台，并引入会员服务、云计算等业务，不断扩展其商业边界。亚马逊通过持续的商业模式创新，成为全球最大的电商平台之一，改变了人们购物的方式，对传统零售业造成了巨大冲击。

\ 商业模式创新

商业模式创新的边界也有负面限制作用：① 风险增加。超越传统边界可能会面临更多的不确定性和风险，包括市场接受度、技术可行性以及竞争反应等方面的风险。② 资源投入增加。商业模式创新可能需要大量的资源投入，包括资金、人力、时间等。如果创新失败，企业可能面临巨大的损失。③ 组织适应困难。扩展商业模式边界可能需要企业进行组织结构和文化上的调整，这可能会导致内部阻力和适应困难。④ 法律与监管挑战。超越传统边界可能会引发法律和监管方面的挑战，包括知识产权、数据隐私、市场准入等方面的问题，需要企业进行合规性考量和应对。在数码相机市场面临巨大挑战的情况下，尼康（Nikon）作为一家传统相机制造商，试图通过拓展商业模式的边界来适应市场变化。尼康决定进军镜头租赁市场，以提供更多选择给摄影爱好者和专业摄影师，同时增加额外的收入来源。然而，这个尝试遇到了一些挑战。比如，尽管租赁相机镜头的概念在一些市场上取得了成功，但在其他市场上，消费者对此并不感兴趣，他们更倾向购买设备而不是租赁。并且，进入镜头租赁市场后，尼康面临着激烈竞争，包括一些专门从事相机设备租赁的初创企业，以及其他数码相机制造商提供的租赁服务。对于尼康这样的传统制造商来说，提供租赁服务需要良好的技术和客户服务支持，包括设备维护、在线平台、客户支持等方面，需要额外投入资源来建立和维护这些支持系统。

商业模式创新的边界对企业有着积极的推动作用，但也伴随着一定的风险和挑战，尤其是政府监管方面。因此，本章主要对其扩展边界过程中政府所扮演的角色进行介绍，分析商业模式创新过程中政府的管理作用。

一、商业模式创新的社会风险

商业模式创新的社会风险指的是在企业进行商业模式创新过程中可能产生的对社会稳定、公平和可持续发展造成的负面影响。这些风险可能涉及各种方面，包括但不限于社会公正、经济不平等、环境污染、人权侵犯等。商业模式创新的社会风险可以涉及从局部到全球的各个层面，影响不同的利益相关者，包括企业员工、消费者、社区、环境等。其影响范围非常广泛，涉及多个领域。如：经济领域，商业模式创新可能加剧贫富差距，导致少数人拥有巨大财富，而大多数人却陷入贫困的"经济不平等"现象；也可能新的商业模式中雇佣非正规员工或削减福利待遇，导致劳工权益削弱。环境领域：商业模式创新可能导致资源过度消耗、能源浪费和排放增加，对环境造成负面影响，如空气和水污染、土壤退化等；一些商业模式创新可能破坏生态系统平衡，危及物种生存，破坏自然景观。社会领域：商业模式创新可能引发社会不满情绪，加剧社会紧张和不安定，导致示威抗议、暴力事件等；商业模式创新可能导致传统文化和价值观念受到冲击和侵蚀，引发文化认同危机。技术领域：商业模式创新可能涉及大规模数据收集和使用，导致用户隐私权受到侵犯，出现隐私泄露；一些新兴技术的应用可能加剧数字鸿沟，使得部分人群无法享受到技术带来的益处。此外，商业模式创新还可能引发监管挑战。政府需要调整法律法规来适应新的商业实践，同时避免滥用权力或者监管过度带来的负面影响。

企业商业模式的创新可能会带来一些社会风险，主要包括以下几个方面：

（1）就业影响。某些商业模式的创新可能导致传统产业的衰退，从而造成就业岗位减少和劳动力转移的问题。例如，随着在线购物的兴起，传统零售业的销售额可能下降，导致一些实体店铺关闭，从而影响相关从业人员的就业。

（2）数据隐私和安全。一些商业模式创新可能涉及大量的个人数据收集和利用，存在数据隐私安全的风险。例如，社交媒体平台的商业模式通常依赖于用户数据的收集和分析，但如果这些数据被滥用或泄露，可能会引发用户隐私泄露和个人信息安全问题。

（3）不当竞争行为。某些商业模式创新可能会导致不正当竞争行为，破坏市场秩序和公平竞争环境。例如，一些互联网平台可能通过价格倾销或独家合作等手段排挤竞争对手，损害其他企业的利益，影响市场的公平竞争。

（4）社会不公平。商业模式创新可能会加剧社会不公平现象。例如，一些共享经济平台可能通过灵活就业模式吸引大量低收入群体加入，但这些从业人员往往缺乏社会保障和福利保障，容易陷入低收入和不稳定的就业状态，加剧社会的收入分配不均。

（5）环境影响。某些商业模式创新可能会对环境造成影响。例如，电子商务的发展可能导致物流和交通拥堵问题加剧，电子废物和包装垃圾增加，对环境保护造成压力。

而商业模式创新产生社会风险后，又会对一些领域带来巨大的影响：

（1）经济不平等。商业模式创新可能导致某些企业或个人获得巨大的财富和权力，加剧了社会经济的不平等，导致资源分配不公平和社会紧张。

（2）环境破坏。一些商业模式创新可能会带来环境负面影响，如大规模生产导致的资源浪费、能源消耗和排放增加，以及物流运输带来的碳排放等，加剧了全球变暖和环境污染问题。

（3）劳工权益受损。一些商业模式创新可能会削弱劳工的权益，包括降低工资、延长工作时间、减少福利待遇等，加剧了劳资矛盾和社会不稳定。

（4）文化冲击。商业模式创新可能会对当地文化产生冲击和影响，如引入外来文化产品和价值观念，导致传统文化和社会价值体系受到侵蚀。举例来说，Uber 的商业模式创新带来了社会风险。虽然 Uber 提供了更便捷的打车服务，但它也引发了诸多争议，包括对传统出租车行业的冲击、劳工权益问题（如司机待遇、劳动条件等）、城市交通拥堵和环境污染等。这些问题导致了社会上的不满情绪和抗议活动，引发了对 Uber 商业模式的质疑和监管审查。

企业商业模式的创新可能会带来一些社会风险，包括就业影响、数据隐私和安全、不当竞争行为、社会不公平和环境影响等方面的问题。所以，在进行商业模式创新

\ 商业模式创新

时，企业需要充分考虑社会影响，采取相应的措施和对策，促进创新发展和社会稳定的双赢。

二、商业模式创新与社会规则之间的关系

为了实现创新发展和社会稳定的双赢，企业需要在商业模式创新和现有社会规则之间找到平衡。商业模式创新通常是为了适应市场变化、满足消费者需求、提高竞争力，但必须在现有的法律法规和社会规则框架内进行。以下是处理商业模式创新和现有社会规则的关系的方法：

（1）遵守法律法规。企业在进行商业模式创新时必须遵守现有的法律法规，包括贸易法、消费者权益保护法、知识产权法等。例如，金融科技公司在推出新的支付服务时需要遵守支付结算法规定的相关规定。

（2）透明度和责任。企业应当在商业模式创新中保持透明度，并承担相应的社会责任。例如，在数据驱动的商业模式中，企业需要明确数据收集和使用的目的，并保障用户数据安全和隐私。

（3）与政府合作。企业可以与政府部门合作，共同制定和完善相关规则和标准。例如，共享经济平台与政府合作，制定共享经济的相关规范和标准，保障市场秩序和消费者权益。

（4）社会沟通与接受度。企业应当与社会各界进行沟通，提高社会对商业模式创新的接受度。通过公开透明的沟通，企业可以减少社会对创新的抵触情绪，提高创新的可持续发展性。例如，电动汽车企业通过与政府、消费者和社会组织的沟通，提高了公众对电动汽车的接受度，并促进了电动汽车产业的发展。

（5）监管创新。政府可以通过监管创新来适应商业模式创新的发展，政府可以利用监管、补贴等机制，为企业提供一定的创新空间，同时控制风险，促进商业模式创新的健康发展。

三、案例——蚂蚁科技[1]

2013年，以支付宝为主体的小微金融服务集团成立。2014年，此集团被改名为"蚂蚁金融服务集团"（简称：蚂蚁金服），2019年4月，全球用户数超过了10亿，70%的用户使用3项及以上的蚂蚁金融服务产品。

蚂蚁金服的产品几乎都是其利用互联网技术对金融创新的产物。蚂蚁金服的创新触角，已经从支付延伸到了财富管理、小微贷款、保险、信用生活等诸多领域。接下来，蚂蚁金服还将如何创新？其商业模式创新的边界在哪里？

---

[1] 案例来自中欧国际工商学院：蚂蚁金服：创新的边界在哪里。

（一）金融创新的市场背景

互联网金融创新，即所谓的 FinTech（金融科技）在 2013 年引爆了中国市场，2015 年底，互联网金融的市场规模超过 12 万亿元，用户数超过 5 亿，跃居世界第一，金融市场画像见表 9-1。2017 年，中国的 FinTech 公司增至 5 000 家。

表 9-1 中国互联网金融市场画像

互联网金融模式	互联网金融细分模式	市场占比
第三方支付		89.2%
财富管理	基金	4.50%
	其他（私募、信托）	0.10%
融资	P2P	2.25%
	小微贷款	2.25%
	众筹	0.10%
其他	保险	0.10%
	在线或直销银行及其他	1.50%

出现在 FinTech 行列中的不仅有互联网巨头，还有创业公司、传统非金融或金融企业。这些公司不仅彼此竞争，也对传统金融机构发起挑战。比如，阿里巴巴集团董事局主席马云就曾说，"如果银行不改变，我们就改变银行"。不过，从 2016 年起，在监管压力下，FinTech 公司纷纷宣布向 TechFin 转型，后者的涵义，按照蚂蚁金服的解释，就是"只做 Tech（技术），帮金融机构做好 Fin（金融）。"

（二）互联网金融监管

对于互联网金融，中国政府最早持开放、包容态度。转折发生在 2016 年，当年政府工作报告提出要"规范发展互联网金融"。此后，一系列监管政策相继出台，如对现金贷持续收紧、对第三方支付"断直连"等，监管力度逐年增大。2019 年 5 月，中国人民银行原行长、中国金融学会会长周小川甚至发文指出，"警惕 BigTech 赢者通吃"。

在中国市场之所以能爆发金融科技创新，一方面在于新技术的不断涌现，以及因为电子商务和移动电子商务的兴起而产生的大量互联网金融应用场景；另一方面，也是更为直接的原因在于，中国传统金融市场存在诸多需求痛点和空白点。

2018 年 1 月的一份世界银行报告显示，在 5 600 万中国中小微企业中，有 41% 的企业存在信贷困难，超过 2 300 万中小微企业或是无法从正规金融体系获得外部融资，或是从正规金融体系获得的融资不能完全满足需求。中小微企业融资缺口接近 12 万亿元人民币。信用缺失是导致中小微企业融资难的原因。企业到银行去融资要么通过抵押担保，要么通过信用担保。而中小微企业既无资产抵押，又缺失信用信息。当 80 后、90 后成为消费主力时，他们对消费金融的需求更加强烈。但根据蚂蚁金服的数据，

\ 商业模式创新

中国商业银行 90%以上的消费信贷被 4 亿人获得，超 7 亿人消费信贷或不足或缺乏，因为他们缺乏信贷记录，银行对他们的触达、风控成本均较高。中国个人可投资资产从 2006 年的 26 万亿元，增加到 2017 年的 188 万亿元（估计）余复合平均增长率达 20%。伴随着金融资产的增加，居民对金融资产的财富管理需求日益增大，但与此同时，中国的投资或其他财富管理渠道相当匮乏。

支付宝的诞生，是阿里巴巴体系内需求倒逼的结果。阿里巴巴是马云于 1999 年在杭州创立的中国第一、全球地位仅次于亚马逊的电子商务平台。淘宝是阿里巴巴旗下的 C2C 电商平台，最初因为买卖双方缺乏信任而少有交易。为了解决信任问题，淘宝参考当时竞争对手 eBay 旗下在线支付工具 PayPal 推出了支付宝，之后，淘宝就出现了 768%的月增速。

2011 年，支付宝获得了央行第一批颁发的支付牌照。之后，支付宝的活跃用户数一路飙升，2018 年在中国移动支付市场的份额达 53.78%，排名第一，腾讯金融（含微信支付）紧随其后。支付宝的增长，不仅缘于其产品创新所带来的使用便捷性，还在于其对支付场景的创新所带来的应用范围扩大，用户可以在支付宝上进行各种生活缴费、订车票、订餐、租房，由此，支付宝变成了生活服务平台。支付宝的增长，不仅缘于其产品创新所带来的使用便捷性，还在于其对支付场景的创新所带来的应用范围扩大。

2017 年，支付宝从线上扩展到线下，针对小商户推出了"收钱码"。只要商户有一个手机号和银行卡号，支付宝就可以帮其关联一个"收钱码"。线下交易时消费者扫描"收钱码"，钱就直接被划到商户的银行卡里，大大方便了消费者和商户。为了增加用户使用频次，支付宝还推出了蚂蚁森林公益行动，用户通过步行、地铁出行、使用支付宝在线服务等行为，获得"绿色能量"，并据此在支付宝种一棵虚拟树。这棵树长到一定程度后，支付宝会以该用户的名义在荒漠种下一棵真树，并向用户颁发公益证书。发展到 2019 年 5 月，按照蚂蚁金服总裁胡晓明给出的数据，支付宝已成为中国民生服务的第一入口，每 4 名中国人就有 1 人使用支付宝，支付宝在中国的用户有数亿，年龄最大者为 95 岁。

2013 年 6 月上线的余额宝，是支付宝在金融领域创新的第一个"爆品"。设计余额宝初衷，是为了解决"双十一"开始时前 15 分钟内的交易瓶颈。此前"双十一"开始时，由于银行无法在短时期内（5 分钟）提供巨大资金支付流量，导致用户无法支付、交易被卡甚至平台陷入瘫痪。兼具货币理财和支付功能的余额宝能吸引用户的大量资金，这些资金能在短时间内起到备付金作用，满足瞬时大支付流量的需求，从而消除了瞬时交易瓶颈。理财是定期的，而支付是即时的，这一对矛盾在传统金融体系内无法调和，但蚂蚁金服却利用大数据技术将它们实现了兼容。不仅如此，他们还将投资门槛降至 1 元。余额宝上线首日，引来了几十万用户，上线 10 天后，用户数突破了 100 万，半年后则达 4 000 万。"再也没什么理由把钱存银行了"，当时一位用户说。余额宝上线当年底，银行储蓄存款累计少增 6 860 亿元。从 2015 年起，蚂蚁金服搭建了向金融机构开放的财富管理平台。在此平台上,面向用户,蚂蚁金服提供了千人千面的产品服务,比如其目标投产品,可以让用户自己选择收益率,然后蚂蚁金服据此为用户匹配合适的金融产品。

面向金融机构客户,财富平台不仅提供支付宝的用户流量,还开放底层技术和服务能力,帮助他们提升运营效率。截至2018年底,入驻财富平台的基金公司超过100家,而平台累计服务理财用户近1亿人,用户平均持仓资金为五六千元,而同时期金融机构的理财门槛为5万元。

芝麻信用是支付宝的一个衍生品。使用支付宝的用户,都会在支付宝上沉淀大量的数据。基于这些数据,再加上从其他途径获得的数据,支付宝就能对用户进行信用评估并给出芝麻信用分。此举让3亿多"信用白户"拥有了信用记录。芝麻信用分是蚂蚁金服对用户提供金融服务的依据。比如,分数高于600分者有机会享受免押金租房、租车等信用租服务,不同芝麻信用分的人能获得不同的花呗、借呗额度。花呗是个人信用消费产品,与银行信用卡类似,不过,花呗用户与信用卡客户的重叠率低于5%。用户选择花呗付款,可以享受41天免息及分期还款服务。2018年底,花呗用户数过亿。借呗是个人信用贷款产品,芝麻信用分600以上就可以开通借呗,申请500元~20万元不等的贷款额度。通过借呗借款只需要3秒。2015年成立的网商银行是蚂蚁金服的另一类信贷创新业务,定位于服务小微和"三农"(农业、农村、农民),不做500万元以上的贷款业务。这是一个没有线下网点的互联网银行,不能做存款业务,只能做贷款和理财业务,资金最初来源于投资人的投资、银行同业拆借和发行ABS(Asset Backed Securitization,资产证券化)产品,2018年6月以后,执行"凡星计划",与其他金融机构合作放贷或做理财业务。

截至2019年4月,网商银行累计服务超过1 600万家小微企业和个体经营者,其中约80%为网商银行独有客户,与传统银行存在交叉的客户只占10%。单户授信1 000万元以下的企业是银监会(2018年改为中国银行保险监督管理委员会)认定的普惠金融应该覆盖的小微企业,而中国前五大行服务的小微企业授信额度一般在3 000万元,浙商银行等股份制银行服务的小微企业授信额度为500万元,台州农商行等地方银行服务的小微授信额度为50万元。而网商银行单户授信为100万元以下的企业占比96%。在网商银行贷款中,单次放款10万元以下者占比96.4%,放款5万元以下占88.9%,总体户均余额仅为2.5万元。针对小微企业融资需求急的特点,网商银行创新推出了"310"贷款模式:3分钟申贷、1秒钟放款、全过程0人工干预。此模式的平均运营成本为2.3元,其中2元为技术投入费用。

2017年,网商银行跟随支付宝"收钱码"服务线下小微商户,只要后者使用"收钱码"进行交易,网商银行就能依据其店铺位置、交易金额、交易频次、买家结构等信息对其进行风险画像并据此授信,使用"收钱码"越多授信额度越高。截至2017年末,网商银行资产总额为781.7亿元,资本充足率达13.5%,年营业收入为42.75亿元,净利润4.04亿元,同比增长28%。截至2019年3月,网商银行累计放贷2 600多亿元。

\ 商业模式创新

(三) 在全球市场延伸创新

蚂蚁金服在国内市场的创新模式和产业 2014 年起开始沿着两条路径向海外输出：一跟随中国游客出海，在当地市场向他们提供服务；二在"一带一路"沿线，跟本地公司合作，通过投资和赋能，让他们为本地人提供金融服务。为了在海外市场服务中国游客，蚂蚁金服首先跟当地银行合作，让支付宝成为当地的支付工具，接着用人工地推的方式将支付宝的支付条码放进当地商家，这样中国游客就可以直接扫支付宝二维码在当地支付。

在"一带一路"沿线，印度是蚂蚁金服输出的第一个国家，2015 年他们两次向印度最大的移动支付和商务公司 Paytm 投资 9 亿美元，成为其第一大股东，之后，他们派出至少 20 人驻扎在 Paytm 总部，花了一年半时间将支付宝模式复制给 Paytm。没合作前，Paytm 的用户数为 2 000 万左右，合作一年后其用户数翻了 6 倍。在印度做成后，蚂蚁金服本想拿着印度经验在其他国家复制，然而，各国的实际情况和需求差异很大，因此，蚂蚁金服不得不一地一策地创新，比如，为马来西亚打造了一个当地版支付宝 TNGD，为菲律宾和孟加拉国已有的电子钱包赋予了更多互联网金融的新功能等。

此外，蚂蚁金服还与阿里巴巴联手，在马来西亚打造了第一个 eWTP（electronic World Trade Platform，电子世界贸易平台）试验区。eWTP 运营 1 年，就帮助 2 000 多家当地中小企业参与了全球贸易，"一家公司此前一年的出货量可能在 10 个集装箱左右，而现在通过 eWTP 平台四五个月销量就达到 45 个集装箱。"马来西亚数字经济发展局 COO 说。2019 年 1 月，蚂蚁金服上线了其从马来西亚到巴基斯坦的区块链跨境汇款业务，实现了跨境汇款 3 秒到账。传统金融渠道的跨境汇款一般需要 2～5 个工作日。2019 年 2 月，蚂蚁金服以 7 亿美元收购了英国跨境支付公司 WeridFirst。至此，蚂蚁金服的全球金融合作伙伴已增至 250 余家。通过他们，蚂蚁金服连接了全球 54 个国家和地区的数十万商家。

(四) 面临的挑战

作为金融科技的创新者，蚂蚁金服正在步入数字金融领域的无人区。在这里，他们不仅面临技术不确定的挑战，还要面临监管空白的挑战。

作为一家靠科技驱动的公司，蚂蚁金服需要在技术赛道上持续布局，然而，在这个技术快速变化的时代，"今天谁可以预测未来五年科技带来的变革？"蚂蚁金服 CEO 井贤栋说道，而胡晓明也指出，"在很多基础科学研究领域，我们还存在一些盲区"。因此，如何走出盲区、分辨未来技术，如何布局赛道成为他们一大挑战。

行走在无人区的蚂蚁金服，还需要面对金融监管规则空白的挑战。没有规则不意味着蚂蚁金服可以为所欲为，特别是在金融领域。蚂蚁金服的创新产品每每上市，几乎都会跟既有规则发生碰撞。一直以来，蚂蚁金服都在致力于解决业务发展的合法合规、正当性问题，这样的努力未来仍然必需。

(五)界定创新边界的挑战

对外输出金融科技能力的蚂蚁金服,最终是要打造金融生态。那么,在这个生态创建和维护过程中,为了保证生态的平衡、健康和持续发展,蚂蚁金服应该如何设定自己的创新边界?是继续在金融产品上创新,还是在金融科技服务上创新?哪些事情应该由自己来做?哪些事情应该交由生态伙伴来做?显然,如果这些问题不能合理解决,那么健康的生态就很难形成。

第二节 商业模式创新的政府规制

商业模式创新的政府规制指的是政府对商业模式创新活动进行管理和监管的行为和制度。随着商业模式的不断创新和发展,政府需要通过法律法规、政策措施和监管机制等手段,对商业模式创新活动进行规范和指导,以保障市场秩序、维护公共利益、促进经济社会的健康发展。这种规制可以涉及多个方面,包括但不限于产业准入、市场竞争、消费者权益、数据隐私、知识产权、金融风险、环境保护等。政府规制的目的是在保持商业模式创新活力的同时,防止不良竞争行为、社会风险和公共危害的发生,维护市场的公平竞争环境和社会的稳定可持续发展。研究商业模式创新的政府规制具有重要的意义,主要体现在以下几个方面:

(1)促进经济发展:商业模式创新是推动经济发展的重要动力之一。政府规制可以为商业模式创新提供稳定的法律环境和政策支持,降低创新风险,促进企业开展商业模式创新活动,推动经济结构调整和产业升级,进而促进经济发展和就业增长。

(2)维护市场秩序:商业模式创新的快速发展可能导致市场秩序混乱和竞争失衡。政府规制可以通过制定相关法律法规和监管措施,规范商业模式创新活动,维护市场竞争秩序,保障公平竞争,促进市场健康发展。

(3)保护消费者权益:商业模式创新可能带来新的消费者权益问题和风险。政府规制通过建立健全的消费者保护制度和监管机制,保护消费者的合法权益,提高消费者满意度和信心,促进消费市场的稳定和健康发展。

(4)引导科技创新:商业模式创新和科技创新密切相关。政府规制可以为科技创新提供良好的政策环境和创新激励机制,引导企业加大科技投入和创新力度,推动科技创新成果向市场转化,促进科技创新与商业模式创新相互促进、相互支持。

(5)促进社会稳定:商业模式创新可能引发社会矛盾和不稳定因素。政府规制可以通过引导和规范商业模式创新活动,防范和化解社会风险,维护社会稳定和安全,实现经济社会的全面发展和和谐进步。

综上所述,研究商业模式创新的政府规制对于促进经济发展、维护市场秩序、保

\ 商业模式创新

护消费者权益、引导科技创新、促进社会稳定等具有重要意义，有助于推动政府管理水平和服务能力的提升，促进经济社会的健康稳定发展，其重要性不言而喻。政府对商业模式创新的规制，可以带来多重促进作用：商业模式创新的政府规制可以帮助企业了解和遵守相关法律法规，规范经营行为，避免违法违规，从而促进合规经营；政府规制可以维护市场竞争秩序，防止不正当竞争行为的发生，保障公平竞争环境，促进企业健康发展；商业模式创新的政府规制有助于保护消费者的合法权益，防止企业利用创新手段损害消费者利益，提高消费者信心和满意度；政府规制可以为科技创新提供良好的环境和政策支持，鼓励企业进行技术研发和创新实践，推动科技创新成果向市场转化；商业模式创新的政府规制有助于防范和化解社会风险，保障社会稳定和安全，促进经济社会的持续健康发展等，维护了市场秩序和社会稳定，推动了经济社会的全面发展。

商业模式创新的政府规制主要涉及法律法规、监管机构、行政许可、标准制定、税收政策、行业监管和指导等。

（1）法律法规：政府通过制定相关的法律法规来规范和管理商业模式创新活动。这些法律法规涉及公司法、知识产权法、电子商务法、消费者权益保护法等方面，旨在保护市场秩序、维护公平竞争、保护消费者权益等。

（2）监管机构：政府设立相应的监管机构来监督和管理商业模式创新活动。这些监管机构包括工商管理部门、知识产权管理部门、市场监管部门等，负责对商业模式创新活动进行监管、执法和管理。

（3）行政许可：一些商业模式创新活动需要经过政府的行政许可才能合法开展。政府根据相关法律法规的规定，对商业模式创新活动进行审批和许可，确保其符合法律法规的要求，保障公共利益和社会安全。

（4）标准制定：政府参与和推动商业模式创新的标准制定工作。政府可以制定行业标准、技术标准等，以引导和规范商业模式创新活动，促进产业发展和技术进步。

（5）税收政策：政府通过税收政策来引导和支持商业模式创新活动。例如，对于科技创新型企业和高新技术企业，政府可以给予税收优惠政策，减免税收或者给予税收抵免，鼓励其进行商业模式创新活动。

（6）行业监管和指导：政府可以通过行业协会、行业联合会等组织对商业模式创新活动进行行业监管和指导。政府与行业组织共同制定行业自律规范、行业准入条件等，促进行业健康发展和商业模式创新活动的规范运行。因此，政府在商业模式创新活动中扮演着重要角色，通过法律法规、监管机构、行政许可、标准制定、税收政策等多种方式来规范和管理商业模式创新活动，保障公共利益和社会稳定。

对于商业模式创新的政府规制的分析，相关步骤如下：首先，可以分析政府发布的法律法规对商业模式创新的规制。具体包括哪些法律法规适用于商业模式创新活动？这些法律法规的内容和要求是什么？是否存在针对特定行业或领域的法规？这些法规是否限制了商业模式创新的范围或方式？其次，可以分析政府设立的监管机构对商业模式创新的监督和管理情况。具体由哪些监管机构负责监管商业模式创新活动？这些监管机构的职责和权限是什么？它们如何开展监督和执法工作？是否存在监管不力或者监管缺失的情况？进一步可以分析政府对商业模式创新活动的行政许可情况。哪些商业模式创新活动需要经过政府的行政许可才能合法开展？行政许可的条件和程序是什么？政府是否存在行政许可的滞后或者不透明现象？此外，还可以分析政府参与和推动商业模式创新的标准制定情况。政府在哪些方面参与商业模式创新的标准制定工作？这些标准的制定过程和内容是怎样的？是否存在标准不统一或者标准不合理的问题？最后，可以分析政府通过税收政策来引导和支持商业模式创新活动的情况。政府是否对商业模式创新活动给予税收优惠政策？这些税收优惠政策的具体内容是什么？是否存在税收政策执行不力或者不公平的情况？通过对以上几个步骤分析，可以全面了解商业模式创新的政府规制情况，发现存在的问题和挑战，提出相应的改进措施和建议，促进商业模式创新活动的健康发展和社会进步。

一、商业模式创新的政府作用

商业模式创新中政府的作用，更多的是指政府在商业模式创新过程中所扮演的角色和发挥的作用。政府在商业模式创新中的作用可以是引导、支持、监管和促进，具体包括以下几个方面。

（1）引导和支持。政府可以通过政策引导和支持商业模式创新的发展。例如，通过制定创新政策、提供创新资金、建立创新平台等方式，激励企业进行商业模式创新，并为其提供相应的支持和资源。

（2）监管和规制。政府需要对商业模式创新活动进行监管和规制，以保障市场秩序、维护公共利益、防止不正当竞争行为。例如，加强对商业模式创新的合规监管、维护消费者权益、保护知识产权等。

（3）促进合作与协调。政府可以促进不同利益相关方之间的合作与协调，推动商业模式创新的合作共赢。例如，政府可以组织产、学、研、用等各方开展合作研究，促进技术创新和商业模式创新的融合。

（4）推动产业升级。政府可以通过产业政策和发展规划，推动相关产业的升级和转型，促进商业模式创新的广泛应用。例如，鼓励传统产业向高新技术领域转型，推动数字化、智能化、绿色化等方向的发展。

（5）提供公共服务。政府可以提供相关的公共服务和基础设施，为商业模式创新提供良好的环境和条件。例如，提供创业孵化器、科技园区、技术转移中心等服务，为创新企业提供必要的支持和服务。政府在商业模式创新中发挥着重要作用，通过引导、支持、监管、促进等多种手段，推动商业模式创新的发展，促进经济社会的健康发展和可持续增长。

因此，研究商业模式创新的政府作用具有重要的意义。商业模式创新是推动经济

\ 商业模式创新

增长和产业升级的重要驱动力之一。政府可以通过引导和规范商业模式创新活动，促进创新创业，培育新的经济增长点，推动经济结构优化升级，实现经济持续健康发展。商业模式创新和科技创新密切相关。政府可以通过制定相关政策措施和支持措施，鼓励企业加大科技投入和创新力度，推动科技创新成果向商业模式创新转化，促进产业技术进步和创新驱动发展。商业模式创新的快速发展可能导致市场秩序混乱和竞争失衡。政府可以通过制定相关法律法规和监管政策，规范商业模式创新活动，维护市场竞争秩序，保障公平竞争环境，促进市场健康发展。商业模式创新可能带来新的消费者权益问题和风险。政府可以通过建立健全的消费者保护制度和监管机制，保护消费者的合法权益，提高消费者满意度和信心，促进消费市场的稳定和健康发展。商业模式创新对产业升级和转型发展具有重要推动作用。政府可以通过制定产业政策和发展规划，引导企业加大技术改造和转型升级力度，推动产业向高端、智能化方向发展，提升产业竞争力和国际地位。商业模式创新的发展可能会引发社会矛盾和不稳定因素。政府可以通过引导和规范商业模式创新活动，防范和化解社会风险，维护社会稳定和安全，实现经济社会的全面发展和和谐进步。研究商业模式创新中的政府作用，不仅可以促进经济发展，引导科技创新，维护市场秩序，保护消费者权益，推动产业升级，促进社会稳定，还有助于推动政府管理水平和服务能力的提升，促进经济社会的健康稳定发展。

对于商业模式创新中政府的作用的分析，可以从政策引导与支持、监管与规范、科技创新支持、消费者保护与服务、社会责任引导等方面展开。

（1）政策引导与支持。研究政府在商业模式创新中所制定的政策、法规和政策工具，包括资金支持、税收优惠、创新奖励等方面的作用。分析政府如何通过政策引导和支持商业模式创新，促进企业创新活动的开展。

（2）监管与规范。研究政府在商业模式创新中的监管和规范作用，包括制定相关法律法规、设立监管机构、执行执法和监督管理等方面，分析政府如何通过监管和规范保障市场秩序、维护公平竞争，促进商业模式创新的健康发展。

（3）科技创新支持。研究政府在科技创新方面对商业模式创新的支持作用，包括科技政策、研发资金、技术标准等方面的作用，分析政府如何促进科技创新成果向商业模式创新转化，推动产业技术升级和创新驱动发展。

（4）消费者保护与服务。研究政府在商业模式创新中对消费者权益的保护和服务作用，包括建立健全的消费者保护制度、监管机制和投诉处理机制等方面的作用，分析政府如何保护消费者的合法权益，维护市场信心和稳定。

（5）社会责任引导。研究政府在商业模式创新中对企业社会责任的引导作用，包括企业社会责任政策、社会公益活动和可持续发展战略等方面的作用，分析政府如何促使企业在商业模式创新中充分考虑社会责任，积极履行企业社会责任。从以上多个方面研究商业模式创新中政府的作用，可以全面了解政府在商业模式创新中的作用机制和效果，为政府制定更加科学有效的政策措施提供参考和依据。

二、商业模式中的政府监管

商业模式中的政府监管,指的是政府对商业模式的运作和实施过程进行监督和管理的行为。在商业模式中,政府监管通常涉及合规监管、市场监管、消费者保护监管、信息安全监管、环境保护监管等。

(1)合规监管。政府对商业模式的合规性进行监管,确保企业在经营过程中遵守相关法律法规、规章制度和行业标准,这包括企业的注册登记、经营许可、税务纳税、劳动用工、产品质量安全等方面的合规要求。

(2)市场监管。政府对商业模式的市场行为进行监管,维护市场秩序和公平竞争环境,这包括反垄断监管、价格监管、广告监管、虚假宣传监管等,防止不正当竞争行为和市场操纵行为的发生。

(3)消费者保护监管。政府对商业模式中涉及消费者权益的行为进行监管,保护消费者的合法权益,包括产品质量监管、售后服务监管、消费者投诉处理等,确保消费者在购买和使用产品或服务过程中的权益得到保障。

(4)信息安全监管。政府对商业模式中涉及个人信息和数据安全的行为进行监管,防止个人信息泄露、数据滥用等,包括网络安全监管、数据隐私保护监管、信息披露要求等,保障用户的信息安全和隐私权。

(5)环境保护监管。政府对商业模式中涉及环境保护的行为进行监管,防止环境污染和资源浪费,包括环境评估监管、污染物排放监管、资源利用监管等,促进企业实施绿色生产和可持续发展。

政府需要加强对商业模式创新的监管,进而起到维护市场秩序、保护消费者权益、防范风险、促进创新可持续发展、提高政府管理水平等作用。具体来说,商业模式创新的快速发展可能会导致市场秩序混乱和竞争失衡。政府加强监管可以规范商业模式创新活动,防止垄断行为、不正当竞争和市场乱象的发生,维护公平竞争环境,促进市场健康发展。商业模式创新可能会带来新的消费者权益问题和风险。政府加强监管可以保护消费者的合法权益,防止企业利用商业模式创新损害消费者利益,提高消费者满意度和信心,促进消费市场的稳定和健康发展。商业模式创新的过程中可能会存在一些风险和负面影响,如数据隐私泄露、安全漏洞、社会稳定问题等。政府加强监管可以及时发现和防范这些风险,保障公共利益和社会安全。通过合理规范和监管,可以避免商业模式创新的过度泛滥和恶性竞争,保障创新的合理利用和长期发展,推动经济社会的持续健康发展。通过加强监管和执法力度,政府可以更好地履行职责,维护市场秩序,保护消费者权益,推动经济社会的全面进步。

以阿里巴巴为例,政府对阿里巴巴等大型互联网企业的创新进行监管主要基于以下几个原因。

\ 商业模式创新

1. 市场垄断和反竞争行为担忧

阿里巴巴作为一家拥有庞大用户基础和市场份额的互联网平台企业,其创新可能会影响市场竞争格局。

阿里巴巴在电商、支付、云计算等领域拥有强大的市场主导地位,其市场份额和用户规模远超其他竞争对手。这使得阿里巴巴具有影响市场价格、产品规格和服务标准的能力,从而对整个行业的竞争格局产生重大影响。阿里巴巴构建了庞大的平台生态系统,涵盖了电商、支付、物流、云计算等多个领域,形成了闭环式的商业模式。这种平台生态系统的建立使得阿里巴巴在不同领域之间具有数据流通和资源整合的优势,从而难以为其他企业所复制和挑战。政府担心阿里巴巴可能利用其市场地位实施垄断行为,阻碍其他企业的进入和发展,从而损害市场竞争的公平性和有效性。例如,阿里巴巴可能通过垄断定价、不正当竞争和排挤竞争对手等手段,对市场进行操控和掌控,造成市场竞争失衡。随着阿里巴巴市场地位的进一步巩固和扩大,政府对其监管压力也相应增加。政府可能采取一系列措施,如加强反垄断调查、规范市场秩序、推动市场开放等,以维护市场竞争的公平性和有效性。如果阿里巴巴过度垄断市场,可能会抑制其他企业的创新动力和竞争意愿。其他企业可能因为难以进入市场或被排挤而放弃创新和投资,从而影响整个行业的创新活力和发展前景。

综上所述,政府对阿里巴巴等市场主导企业的创新进行监管主要是为了防止垄断行为的发生,维护市场竞争的公平性和有效性,促进经济的健康发展。

2. 数据隐私和个人信息安全

阿里巴巴作为一家大型互联网企业,其创新可能涉及大量用户数据的收集和利用,存在数据隐私和个人信息安全的风险。政府关注阿里巴巴的数据安全措施和隐私保护政策,加强监管以保障用户权益和社会稳定。

阿里巴巴作为一家互联网平台企业,通过其电商、支付、社交等业务平台,收集了海量的用户数据,包括个人身份信息、消费习惯、社交关系等。这些数据被用于个性化推荐、精准营销、用户画像分析等用途,但如果数据收集和利用范围不当,可能会侵犯用户隐私。阿里巴巴需要建立完善的数据安全保护措施,包括数据加密、访问权限控制、数据备份与恢复等措施,以保护用户数据不受未经授权访问、篡改或泄露的风险。政府可能会关注阿里巴巴的数据安全保护措施是否足够,是否符合相关法律法规的要求。阿里巴巴需要制定和执行严格的隐私保护政策,明确用户数据的收集和使用范围,保障用户的隐私权和个人信息安全。政府可能会要求阿里巴巴向用户公开其隐私保护政策,并加强对其执行情况的监督和检查,以保障用户权益和社会稳定。阿里巴巴可能与其他企业或机构进行数据共享和流通,以实现更广泛的数据应用和商业价值。然而,数据共享和流通涉及数据安全和隐私保护等问题,政府可能会要求阿里巴巴建立严格的数据共享和流通机制,确保数据安全和用户隐私不受侵犯。随着数据安全和隐私保护意识的提高，政府可能会加强对阿里巴巴等大型互联网企业的监管力度，提出更严格的合规要求和数据安全标准，以确保用户权益和社会稳定。政府可能会要求阿里巴巴主动配合监管部门的检查和调查，及时解决数据安全和隐私保护方面的问题。综上所述，政府可能会关注阿里巴巴的数据安全措施和隐私保护政策，加强监管以保障用户权益和社会稳定。阿里巴巴需要加强对数据安全和隐私保护的管理和控制，与政府合作共同维护数据安全和用户权益。

3. 金融风险管控

阿里巴巴的创新涉及金融科技领域，如支付服务、网络借贷等。政府担心这些创新可能带来的金融风险，如资金流动性风险、信用风险、市场风险等，因此加强监管以维护金融市场的稳定和健康发展。

阿里巴巴作为一家大型互联网企业，其创新涉及金融科技领域，包括支付服务、网络借贷等。阿里巴巴等互联网企业通过支付服务等创新，可能会吸纳大量资金并进行跨境支付、跨境结算等业务。如果资金管理不善或资金链断裂，可能会导致资金流动性风险，影响金融市场的稳定。网络借贷等金融科技创新可能涉及大量个人和企业的信用信息，如果借贷方出现违约或风险事件，可能会引发信用风险，影响金融机构和投资者的信心，进而影响金融市场的稳定。阿里巴巴等互联网企业通过金融科技创新，可能会改变传统金融机构的商业模式和市场格局，引发市场动荡和不确定性。

为了维护金融市场的稳定和健康发展，政府可能会加强对金融科技创新的监管。政府可能会出台相关法律法规和监管政策，明确互联网企业在金融科技领域的经营范围、服务标准和监管要求，以规范行业发展和提升市场透明度。政府可能会要求阿里巴巴等互联网企业加强风险管理和控制，建立健全的风险管理制度和内部控制体系，及时发现和应对潜在风险，保障金融市场的稳定性。政府可能会要求阿里巴巴等互联网企业加强信息披露，向监管部门和投资者公开其金融业务的运营情况、风险状况等重要信息，提高市场透明度和投资者保护水平。政府可能还会加强对金融科技领域的监管执法力度，加大对违法违规行为的查处和打击力度，维护金融市场的秩序和稳定，提高市场参与者的合规意识和风险防范能力。

综上所述，政府加强对阿里巴巴等互联网企业金融科技创新的监管，旨在维护金融市场的稳定和健康发展，防范金融风险，保障投资者权益和社会经济的持续稳定增长。

4. 社会责任和公共利益

作为一家具有影响力的互联网企业，阿里巴巴不仅仅是一家商业实体，还承担着一定的社会责任。政府可能会关注阿里巴巴的社会影响和公共利益问题，以保障社会

\ 商业模式创新

稳定和公共利益的实现。阿里巴巴作为一家互联网巨头，其发展壮大产生了大量就业机会。政府可能会关注阿里巴巴的就业政策和实践，确保其创造的就业机会数量充足、质量良好，同时关注员工的福利待遇和职业发展。阿里巴巴作为电商平台，直接关系到消费者的权益保护。政府可能会关注阿里巴巴的产品质量和安全、消费者权益保障机制、消费者维权渠道等，加强对其的监管，确保消费者合法权益不受侵害。阿里巴巴在电商、支付等领域的市场地位举足轻重，其行为对市场秩序的维护和规范具有重要影响。政府可能会关注阿里巴巴的市场行为是否合规、是否存在不正当竞争行为等，加强监管，以维护市场的公平竞争环境和秩序。阿里巴巴的发展与国家经济发展密切相关，政府可能会关注其发展战略是否符合国家发展规划，是否有利于促进经济增长和社会稳定。同时，政府也可能会要求阿里巴巴履行企业社会责任，积极参与公益事业，回馈社会。

综上所述，政府对阿里巴巴的创新进行监管主要基于对市场垄断和反竞争行为的担忧，对数据隐私和个人信息安全的关注以及金融风险管控的需要，还有对社会责任和公共利益的考虑。通过加强监管，政府可以有效引导企业的创新行为，促进社会经济的健康稳定发展。

三、案例——IBM 在中国

"在中国，如果你实施的战略与政府议程背道而驰，就无异于逆水行舟。信息技术能够帮助政府议程中的大部分事务获得实现。当然有些领域不会对外国公司开放，但我们并不缺乏支持政府议程的机会。不过，你必须区分优先主次，确定你可以获得增值、赚取利润的突破口。我们不是慈善机构；我们来到这里是为了赚钱，并实现增长。"IBM 公司亚太区总部新兴市场战略和业务开发副总裁迈克·坎农布鲁克斯（Michael Cannon-Brookes）曾说。

IBM 是国际商业机器公司（International Business Machines Corporation）的简称，是一家跨国科技和信息技术公司。IBM 成立于 1911 年，总部位于美国纽约州阿蒙克市，是世界上最大的信息技术和咨询服务公司之一。IBM 主要从事信息技术、软件开发、硬件制造、云计算、人工智能、区块链、物联网和大数据等领域的业务。公司产品包括计算机硬件（如服务器、存储设备）、软件解决方案（如操作系统、数据库管理系统、企业应用软件）、信息技术服务（如咨询、外包、技术支持）、云服务和人工智能等。IBM 在各个行业都有广泛的业务覆盖，包括金融、医疗、零售、制造、政府部门等。

从 IBM 大中华区董事长周伟焜向执行管理委员会发送的邮件中，截取部分内容如下：自 20 世纪 80 年代，中国开始向外国公司开放以来，IBM 大中华区得以将企业的各项活动与中国政府的重大政策紧密结合。多年来，我们为政府出台的重大政策提供决策支持，IBM 的业务也从中受益，具体表现在直接投资、本地制造和出口、技术提供和转移以及研发本土化的全面提升。不仅如此,我们在中国教育和 IT 人力资本开发领域展开的公益活动明确表明了我们旨在推动中国发展的长期承诺。我们可以自豪地说,在这方面,IBM 领先于绝大部分跨国企业。

你们应该可以从 2006 年初以来中国媒体的广泛报道中读出这样的信息——中国领导层已经开始大力推行两项覆盖面更为广泛的政策计划:建设社会主义新农村以及构建和谐社会。

这两项计划的出台时机以及性质为我们提供了一个绝好的契机,让我们有机会评估若干相关问题,即 IBM 公司在中国如何定位,以及如何将我们作为企业公民所应承担的责任与我们作为企业所实施的战略和经营结合起来。我们不会改变自己的基本思想,即作为一个企业,我们将一如既往努力做得更多,而不仅仅只是遵守在中国或其他任何国家经商最基本的法律要求。不仅如此,从 IBM 全球使命和身份的角度出发,我们希望能够这样说,我们正在帮助中国规划发展,助力其未来的增长。

然而,至于说到如何达成企业的使命和商业目标,我们有很多备选方案。我们为自己设定了 2010 年前市场规模增长 1.5 倍,新兴市场经营收入实现翻番的目标。对于中国区来说,这意味着要把营收从 15 亿美元提高到 30 亿美元,占 IBM 全球营收的 3%。我们处在这样一个大背景下:当前中国 IT 市场的价值已经达到 160 亿美元,近年来的平均增长率为 14%,2010 年前有望成为全球第六大市场。中国已经成为一个主要的硬件市场,更多支出将转而用于解决方案、软件和服务。

最近,我们的中国战略已经获得 IBM 管理层的批准,此项战略内容如下:

(1)实现均衡稳定的增长。

① 快速扩张覆盖范围,丰富产品和服务内容;② 在中小型企业领域实现快速增长;③ 高价值软件和服务的营收占比从 25%增长到 50%;④ 建立合伙关系,培养世界级客户。

(2)加深与政府的关系。

① 探索并确立具有创新意义的新业务模式;② 利用中国的技能和资源为全球提供硬件和服务。

现在,我们必须思考,如何通过结合中国政府新颁布的、更广泛的社会重大任务,以实现我们公司的使命和商业目标。因此,在会议即将召开之际,我设定了以下主题以供探讨:

我们设定了一个目标,要让中国以三种方式来大力推动 IBM 的增长:作为一个市场、一个创新源泉以及一个为全球提供产品和服务的基地。我们怎样才能既达成自己的增长目标,又与中国建设社会主义新农村以及构建和谐社会这两项首要任务保持一致呢?思考中国政府当前瞄准广泛领域——农业、医疗保健、教育、基础设施、环境、当地政府——从中我们是否有可能开拓一些新的业务?我们是否应该避开某些领域?

当前,我们将两种活动明确分开,公益活动(由公众事业合作部和大学合作部管理)以及与政府关联的业务发展(由政府与公众事业部管理)以及销售和营销方面的

\ 商业模式创新

活动。我们是否应该在各个运营环节——采购、制造、营销和销售中进一步强调对社会发展政策的思考？如果确实如此，又该如何去做？我们的公益项目是否应该成为我们达成政府期望（IBM 中国作为企业公民的社会责任）的主要手段？或者，我们是否应该将我们的公益项目更直接地与我们的业务增长目标相联系？

为了实现我们的战略目标和企业使命，中国政府以及国内的利益相关者必须将 IBM 视为"值得信赖的顾问"，这样我们才能发挥作用，为政策发展献策献力，而不是将我们看作只考虑自身利益、一味追求商业利益的说客。我们怎样才能让他们形成这种观念？

我们是否应该寻求同其他公司展开更大的合作，还是继续相对独立地行动？我们在哪些领域适合开展合作？合作的目的又是什么？

IBM 大中华区公众事业合作部和大学合作部本着长期造福中国社会的宗旨，独立或与中国政府联手开发和支持各项公益计划。这些计划并不是作为公司的内部商业案例，也不是为了给 IBM 带来近期或中期业务。有些是 IBM 全球计划在中国的具体落实，其他一些则是根据中国国情量身定制的。以下是 IBM 大中华区公众事业合作部和大学合作部当前在中国地区监督实施的几项主要计划的摘要。

与教育部的合作项目。IBM 与中国教育部签订了若干理解备忘录，第一份备忘录签订于 1995 年，并在 2000 年进行了修订，第二份备忘录签订于 2005 年。通过签订这些备忘录，IBM 正式展开相关教育活动，其总体目标是开展 IT 教育和培养 IT 人才。主要包含两个领域：高校和基础教育。高校方面：自 1984 年起，IBM 开始向中国的大专院校捐赠电脑设备、硬件和软件，如今此项合作的范围已扩大到 50 多所高校。共有 57 万名学生参加了与 IBM 技术有关的讲座和培训，5.8 万名学生被授予 IBM 专业证书，4 000 位教师参加教师培训课程。IBM 对大部分课程给予重金支持，为大学生参加各项课程、认证考试提供高额折扣。IBM 与教育部合作，在中国高校中开设了一个新的跨学科专业——服务科学、管理与工程（Management Science and Engineering, MSE）专业，并设计了具体的课程安排。IBM 的研究组织与中国 50 多所高校直接合作开发项目。相关例子包括：与西安交通大学联合开发的——"蓝天"基础教育资源共享平台（Blue Sky Open Platform for Basic Education），与北京大学软件和微电子学院联合开展的针对网络无障碍（Accessibility）的研究项目。涉及多家高校的合作项目还得到了共享大学研究资助项目（Shared University Research Project）的支持，比如针对生命科学、供应链管理以及其他研究领域的项目。IBM 为参加共享大学研究资助项目的 24 所高校开展合作研究充当协调者。IBM 为该项计划提供指导、协助项目管理，为跨组织的研究项目提供硬件和软件支持，现在有 67 个项目正在进行当中。该计划还支持各个 IBM 研究中心与其他合作伙伴（如香港大学）之间的研究人员交流活动。迄今为止，IBM 共接纳了 1 000 多名高校实习生（本科和研究生）进入 IBM 中国研究中心和中国发展中心及其主要分部进行实习。IBM 的"蓝色之路"计划为 400 多名实习生提供了暑期实习机会。为了进一步支持个人的职业发展，IBM 还向学生、教师和 IT

技术人员开放"Pioneer Tribe"系统。有关个人IT专业知识的生平信息都放入一个数据库，IBM及其合作伙伴和用户可以在世界任何地方进入这个数据库。这个系统与IBM的培训和认证系统相连接，因此当个人获得更多技能时，系统中的个人数据可以实时更新。在个人层面，IBM全体员工都参加了"在线辅导员"（Mentor Place）计划，这个计划将IBM的员工与高校学生联系在一起。IBM主要与中国大专院校合作，通过IBM教育学院（IBM Institute of Education）为改善和支持IT教育提供大量资源，包括为自学者提供在线辅导，为合作院校的教师和学生提供其他一些课程资源，从针对IBM软件（如Lotus、Tivoli、DB2、WebSphere等）的培训到更广泛的技术培训以及IT相关问题解决。IBM还同13所院校合作开设IBM认证课程和考试，与中国科技大学继续教育学院合作开设专业和职业培训课程。基础教育方面：超过7 000名小学老师接受了两个项目（小小探索者、基础教育创新教学项目）的免费培训，100 000多个孩子从中受益。小小探索者项目，自2001年启动以来，IBM在中国45个城市的430所幼儿园捐资建立了2 350个"小小探索者（Kid Smart）"计算机学习中心，在偏远地区也建有社区计算机中心。这些计算机完全符合3~7岁孩子的身高和喜好，并装有数学、科学和生物学方面的教学软件。此外，IBM还组织教师学习如何将这个项目融入自己的教学活动当中。IBM于2003年在北京、上海、广州和成都的20所小学启动"基础教育创新教学项目（Reinventing Education）"项目，为学校提供经验和资源，通过IT技术帮助学校提高教学效率。

在中国开展的其他项目。开放计算全策略与"蓝天"项目：从2005年开始，IBM与中国政府和学术机构合作建立一个针对中小学教育的开放计算基础教育社区。IBM以简单、可靠、低成本的Linux和网络计算机技术生成一个称为"蓝天"的教育平台。"超越时空的紫禁城"项目：该项目已在一组试点学校实施，并计划扩展开来，让100多万名学生从中受益。该项目IBM与北京故宫博物院合作开发了一个交互式项目，旨在将中国历史呈现给全世界，以此作为迎接2008年在中国举办奥运会的一项重要举措。"工程师周"活动：该活动于2006年首次在中国举行，来自IBM中国研究院与TBM中国开发中心的100多名志愿者与来自京沪两地的4 800名中小学生分享了他们的经验，帮助他们描绘未来。"爱心社区公益活动"：该计划2003年在大中华区开展，旨在鼓励IBM员工自愿参加社区工作，并为他们提供一个解决方案公共库，供他们在社区工作中加以运用。解决方案包括各类教育模块、IT工具以及其他网络资源，也用于支持其他IBM计划，如科技异彩夏令营、全球网格大同盟和小小探索者项目，从事志愿者工作超过一定水平的员工可以获得荣誉证书。五个月内在学校或非营利组织从事志愿者工作达40小时的员工可以要求IBM为志愿者服务所在地提供现金补助或所需设备。"放眼世界看科学"项目：IBM已向中国10个城市的11个科技馆捐赠了40 Try Science多媒体交互式信息亭。多媒体电脑终端与全球高速网络和服务器相连接，为访问者呈现丰富多彩的内容，例如生态考古、太空探索、极限运动以及海洋生物等。

参考文献

[1] 曾伟豪，李婷. 浅析卫龙辣条的怀旧营销模式[J]. 营销界，2019（24）：14-15.

[2] 王薇."卫龙"的借势营销策略研究[J]. 中国食品工业，2018（6）：51-53.

[3] 姚芳虹. 从战略管理视角分析卫龙辣条的崛起[J]. 中外企业家，2017（19）：99.

[4] 杨阳. 卫龙辣条的网红修炼手册[J]. 商业观察，2019（z1）：60-63.

[5] 雷家啸，葛健新，王华书，林苞. 创新创业管理学导论[M]. 北京：清华大学出版社，2014.

[6] 方志远. 商业模式创新战略[M]. 北京：清华大学出版社，2014.

[7] 司春林. 商业模式创新[M]. 北京：清华大学出版社，2013.

[8] 郭斌，王真. 商业模式创新[M]. 北京：中信出版社，2022.

[9] 李仕明. 构造产业链，推进工业化[J]. 电子科技大学学报（社科版），2002（3）：75-78.

[10] 张贵. 创新驱动与高新技术产业发展——产业链视角[M]. 北京：社会科学出版社，2014.

[11] 陈国权. 供应链管理[J]. 中国软科学，1999（10）.

[12] 马士华. 供应链管理[M]. 2版. 北京：机械工业出版社，2006.

[13] 中华人民共和国国家标准——物流术语（GB/T18354-2006）[M]. 北京：中国标准出版社，2006.

[14] 吴志华. 供应链管理：战略、策略与实施[M]. 重庆：重庆大学出版社，2008.

[15] 吴志华. 中小企业供应链管理创新：来自广泰源核动力5.0商业模式等研究[M]. 北京：北京大学出版社，2015.

[16] 员宁波. 商业模式的类别特征及创新演化研究[J]. 山西大同大学学报（社会科学版），2023，37（02）：140-144，150.

[17] 魏江，刘洋，应瑛. 商业模式内涵与研究框架建构[J]. 科研管理，2012，33（5）：107-114.

[18] 王晓辉. 关于商业模式基本概念的辨析[J]. 中国管理信息化（综合版），2006，（11）.26-27.

[19] 孙英辉. 关于企业商业模式创新的探讨[J]. 中国地质矿产经济, 2003（01）. 32-35.

[20] 程愚, 孙建国. 商业模式的理论模型：要素及其关系[J]. 中国工业经济, 2013（01）.

[21] 许辰宏, 于刘. 基于云计算的航空飞行试验数据中心任务调度优化架构设计[J]. 计算机测量与控制, 2024, 32（02）：168-173.

[22] 侯卓延. 大数据背景下推进黑龙江省数字经济发展研究[J]. 对外经贸, 2024（02）：30-32.

[23] 范炜, 曾蕾. AI新时代面向文化遗产活化利用的智慧数据生成路径探析[J/OL]. 中国图书馆学报, 1-27[2024-03-03].

[24] 许威广, 罗娜, 张倩等. 基于云计算技术的电路与电子技术教学模式研究[J]. 科技风, 2024（05）：130-132.

[25] 杨兵, 刘彭赓, 杨岢等. 一种基于云计算服务的智慧实验室管理系统设计[J]. 中国科技信息, 2024（04）：107-109.

[26] 王怡婷. 大数据背景下企业管理模式创新策略[J]. 产业创新研究, 2024（02）：151-153.

[27] 杨晴. 云计算技术应用对供应链绩效的影响机理研究[D]. 云南财经大学, 2023.

[28] 李帅恒. 浅谈宝丰汝瓷工艺的传承与创新[J]. 陶瓷科学与艺术, 2023, 57（05）：118-119.

[29] 丰海港. 开水机物联网监控系统及投放策略研究[D]. 浙江科技学院, 2023.

[30] 华晓炜. 面向时空大数据的NVMe全闪存存储系统的研究[D]. 华东师范大学, 2023.

[31] 张盼盼. 当代汝瓷的美学特征及其创新设计[J]. 美术教育研究, 2021（02）：25-27.

[32] 廖衡. 大数据背景下网络精准营销[J]. 营销界, 2020（44）：197-198.

[33] 刁翔. 基于大数据分析的财产保险地方支公司车险经营策略研究[D]. 对外经济贸易大学, 2019.

[34] 张立君. 物联网产业发展对产业结构优化的影响研究[D]. 山东财经大学, 2015.

[35] 曹晶. 浅谈云计算环境下的数字文化馆建设[J]. 艺术科技, 2015, 28（02）：93-94.

[36] 罗超, 涂晏然, 王志辉. 云计算下非物质文化遗产异构数据共享模型的研究[J]. 科技视界, 2014（28）：26, 67.

\ 商业模式创新

[37] 戴勇. 基于物联网技术的文化传播产业商业模式创新研究[J]. 社会科学, 2013（11）：46-53.

[38] 孟玉梅. 基于物联网技术的图书馆文化构建[J]. 农业图书情报学刊, 2012, 24（09）：57-60.

[39] 俞东进, 孙笑笑, 王东京. 大数据：基础、技术与应用[M]. 北京：科学出版社, 2022.

[40] 黄益军, 林剑, 苏康敏. 数字经济时代下非遗产业价值转移：运行模式、驱动机制与创新策略[J]. 未来与发展, 2024, 48（02）：31-38, 26.

[41] 李嘉楠, 陈立, 肖金利, 杨宇. 区域性税收优惠政策能够提升企业表现吗——基于集团内利润转移避税的研究[J/OL]. 国际金融研究：86-96[2024-05-11 15：59].

[42] 郑洪轩. 单边反避税政策对境内跨国公司利润转移的影响研究[D]. 浙江大学, 2023.

[43] 李赛男. 大数据税收征管对跨国公司利润转移的影响[D]. 山东财经大学, 2023.

[44] 冯晨, 周小昶, 曾艺. 集团公司内的利润转移与避税研究[J]. 中国工业经济, 2023（01）：151-170.

[45] 颜安. 企业动态能力对商业模式创新的影响研究——战略过程的中介作用[J]. 时代金融, 2020（33）：97-99, 105.

[46] 张志朋. 商业模式创新研究前沿与热点[J]. 社会科学家, 2020（04）：48-53.

[47] 李任一, 欧阳胜. 数字经济背景下企业商业模式创新研究[J]. 科技创业月刊, 2024, 37（04）：93-97.

[48] 秦丁. 市场导向对零售企业商业模式创新的影响——基于数字经济背景的分析[J]. 商业经济研究, 2024（08）：157-160.

[49] 王炳成, 孙玉馨, 黄瑶. 数字化转型背景下商业模式创新抗拒路径研究[J]. 科研管理, 2024, 45（04）：42-51.

[50] 张伟, 马妮娜, 马昭双. 数字技术、技术商业化能力与商业模式创新——环境不确定性的调节作用[J/OL]. 科技进步与对策：1-10.

[51] 王小霞. 动力电池回收：蓝海市场背后的难题与挑战[N]. 中国经济时报, 2024-04-17（006）.

[52] 杨洁, 彭思雨, 王婧涵. 低空经济"起飞"扇动万亿蓝海市场[N]. 中国证券报, 2024-03-22（A04）.

[53] 陈榕榕. 品牌出海如何选对国家区域, 蓝海市场在何方[J]. 国际品牌观察, 2023（Z1）: 72-74.

[54] 陈力丹, 霍仟. 互联网传播中的长尾理论与小众传播[J]. 西南民族大学学报（人文社会科学版）, 2013, 34（04）: 148-152, 246.

[55] 刘海燕. 基于长尾理论服装品种多元化及服装企业发展模式的分析与研究[D]. 青岛大学, 2013.

[56] 颜春龙. 从"丰饶经济学"到"长尾理论"——剖析Blurb自助出版的成功之道[J]. 西南民族大学学报: 人文社会科学版, 2007, 28（9）: 3.

[57] 袁丽梅. 丰饶经济时代C2B电子商务模式的发展研究[J]. 知识经济, 2015（08）: 93-94+96. DOI: 10.15880/j.cnki.zsjj.2015.08.066.

[58] 肖艺璇, 殷晓鹏. 规模经济还是范围经济: 不确定性下多产品出口企业的产品策略[J]. 财经科学, 2023（07）: 107-117.

[59] 卢晓霏. 通过国际市场角度浅析跨国公司[J]. 时代金融, 2016（08）: 208, 211.

[60] 吕宁. 规模经济和产品差异化贸易理论的不足及进一步探讨[J]. 商场现代化, 2023（19）: 45-47.

[61] 暴梦川. 中国在全球高端家电市场话语权提升[N]. 消费日报, 2023-12-20（A02）.

[62] 王凯, 艺应磊, 孙勇. 华缘新材料: 求专求精, 掌握市场话语权[J]. 宁波经济（财经视点）, 2022（08）: 56-57.

[63] 赵俭, 陈润权, 陈春霞. 浅谈企业标准在生活用纸行业的应用[J]. 中国标准化, 2020（01）: 114-117.

[64] 张洁, 窦慧敏. 商业画布视角下众包翻译平台商业模式研究——以Y网为例[J]. 商业观察, 2024, 10（12）: 85-88.

[65] 齐永翠. 平台企业商业模式对财务绩效的影响研究[J]. 现代商业, 2024,（05）: 185-188.

[66] 杨希. 基于多边市场理论的平台型企业的竞争机制研究[D]. 北京邮电大学, 2018.

[67] 蔡万刚. 基于大数据的互联网平台企业商业模式研究[D]. 东华大学, 2019.

[68] 张涛. 基于双边市场理论的车联网平台商业模式研究[D]. 重庆大学, 2018.

[69] 王旭娜, 谭清美. 互联网背景下平台型商业模式价值创造分析[J]. 科研管理, 2021, 42（11）: 34-42.

[70] 郝兴霖,张榉榍.平台型企业商业模式创新组态研究——基于共创生态视角[J].华东经济管理,2024,38（01）：37-47.

[71] 王杰,胡健.平台型企业的商业模式探究——以阿里巴巴集团为例[J].现代商业,2018,（06）：127-128.

[72] 聂明辉.基于虚拟化云平台技术的成人远教系统探索[J].电脑知识与技术,2016,12（06）：90-92.

[73] 史烈.集成商品虚拟展示的电子商务平台技术的研究[D].浙江大学,2004.

[74] 唐彬.跨界搜寻、大数据能力对平台企业商业模式创新的影响研究[D].吉林大学,2021.

[75] 杨心悦.互联网时代电商平台商业模式创新文献综述[J].山东纺织经济,2022,39（01）：26-29.

[76] 肖红军,张哲,阳镇.平台企业可持续性商业模式创新：合意性与形成机制[J].山东大学学报（哲学社会科学版）,2021（06）：62-75.

[77] 陈宇飞.数字化时代下企业商业模式的创新路径研究[J].全国流通经济,2023（22）：64-67.

[78] 简兆权,曾经莲.基于价值共创的"互联网+制造"商业模式及其创新[J].企业经济,2018,37（08）：70-77.

[79] 王静.价值主张下的商业模式创新：亚马逊转型的案例研究[J].沈阳工程学院学报（社会科学版）,2018,14（02）：195-198,279.

[80] 娄欣欣.互联网思维下商业模式创新问题研究——基于长尾理论[J].经济研究导刊,2019,（05）：117-118.

[81] 庞金兰.资源整合视角下零售业商业模式创新对企业绩效的影响研究[D].西南财经大学,2021.

[82] AFUAH, TUCCI. Internet business models and strategies: text and cases Boston[M]. Mc Graw-Hill/Irwin, 2001, 32-33: 196-201.

[83] SIRMON D, HITT M, IRELAND D. Managing firm resources in dynamic environments to create value: looking inside the black box [J]. The Academy of Management Review, 2007, 32（1）: 273-292.

[84] SIRMON D, HITT M. Contingencies within dynamic managerial capabilities: interdependent effects of resource investment and deployment on firm performance[J]. Strategic Management Journal, 2009, 30: 1375-1394.

[85] 饶扬德. 企业资源整合过程与能力分析[J]. 工业技术经济, 2006（09）: 72-74.

[86] 王炳成, 孙玉馨, 张士强, 等. 数字平台生态嵌入对商业模式创新的影响研究——基于资源编排理论的视角[J]. 研究与发展管理, 2024, 36（02）: 101-112.

[87] TOLSTOY D. Knowledge combination and knowledge creation in a foreign-market network [J]. Journal of Small Business Management, 2009, 47（2）: 202-220.

[88] 程愚, 谢雅萍. 商务模型与民营企业绩效[J]. 中国工业经济, 2005（06）: 120-127.

[89] 郭京京, 陈琦. 电子商务商业模式设计对企业绩效的影响机制研究[J]. 管理工程学报, 2014, 28（03）: 83-90.

[90] 刘晓敏, 刘其智. 整合的资源能力观——资源的战略管理[J]. 科学与科学技术管理, 2006（06）: 85-90.

[91] 伍勇, 魏泽龙. 知识探索, 资源整合方式与突破性创新[J]. 科研管理, 2017, 38（12）: 11-19.

[92] 王晓文, 张玉利, 李凯. 创业资源整合的战略选择和实现手段——基于租金创造机制视角[J]. 经济管理, 2009（01）: 61-66.

[93] 周旭. 资源拼凑视角下新创企业场景型商业模式创新路径的案例研究[D]. 西南科技大学, 2023.

[94] 梁强, 罗英光, 谢舜龙. 基于资源拼凑理论的创业资源价值实现研究与未来展望[J]. 外国经济与管理, 2013, 35（5）: 14-22.

[95] 吴亮, 赵兴庐. 资源拼凑影响制造企业组织敏捷性的机制研究: 组织分权的调节作用[J]. 管理现代化, 2024, 44（02）: 101-113.

[96] 胡树林, 李廷翰, 李秋艳. 基于经验曲线的虚拟企业知识治理研究[J]. 情报科学, 2010, 28（04）: 598-601.

[97] 郑浩, PARKINSON L F. 对金融业模块化组织中"微笑曲线"的实证性研究——知识的视角[J]. 情报杂志, 2012, 31（04）: 188-195.

[98] 丁凌, 徐珍妮, 陆琳慧, 等. 大学生知识付费平台消费现状及其商业模式创新研究——以南京财经大学为例[J]. 现代商业, 2022（12）: 6-9.

[99] 周方, 刘艺璇, 邱玉. 知识探索、商业模式创新与欠发达地区新创企业绩效[J]. 云南科技管理, 2022, 35（01）: 7-10.

[100] MAGRETTA J. Why business model matter[J]. Harvard Business Review, 2002, 80（5）: 86-92.

\ 商业模式创新

[101] KOSTOPOULOS K，PAPALEXANDRIS A，PAPACHRONI M，et al. Absorptive capacity，innovation and financial performance[J]. Journal of Business Research，2011，62（12）：1335-1343.

[102] 贾建忠,蔡浩健. 零售企业动态能力与商业模式创新的互动关系：基于探索式/利用式学习的中介作用[J]. 商业经济研究，2021，(23)：105-108.

[103] AMIT R，ZOTT C. Value creation in e-business[J]. Strategic Management Journal，2001，22（6）：493-520.

[104] ZOTT C，AMIT R. The fit between product market strategy and business model：implications for firm performance[J]. Strategic Management Journal，2008，29(1)：1-26.

[105] 迟考勋,薛鸿博,杨俊,等. 商业模式研究中的认知视角述评与研究框架构建[J]. 外国经济与管理，2016，38（5）：3-17.

[106] 贾竣云,陈寒松. VUCA环境下创业企业如何设计商业模式——基于意义建构视角的案例研究[J]. 管理评论，2022，34（10）：328-340.

[107] 黄明睿,张帆,侯永雄,等. 信息茧房调节下创业学习对商业模式设计的影响研究[J]. 管理评论，2024，36（03）：107-118.

[108] 王晓轩. 当代互联网数字商业模式与传统商业模式的特征差异、较量和展望[J]. 江苏商论，2024（04）：3-8.

[109] 冯锦丽. 基于经验曲线的企业财务风险与防范建议[J]. 财会学习，2020（23）：58-59.

[110] 姜铸,张冬梅,凌旭. 服务价值链视角下制造业企业商业模式创新方式[J]. 现代商贸工业，2017（03）：65-66.

[111] 郭伟光,王晨. 基于要素视角的农产品O2O电子商务商业模式创新研究[J]. 山西农经，2019（21）：4-6.

[112] 车国彩. 分享经济下农产品商业模式创新路径研究[J]. 经济研究导刊，2020（34）：25-27.

[113] 徐燕红,黄艳丹,徐载娟. "互联网+"背景商业模式创新影响因素研究——以农产品企业为例[J]. 现代企业文化，2022（31）：53-58.

[114] 黄芬芬,杨钰园,王哲纯,等. 农村电商商业模式创新途径浅析[J]. 现代营销（下旬刊），2020（03）：186-187.

[115] 李永旺，吴永强，尹子雯，等. 基于区块链的众筹定制农村电商模式创新[J]. 黑龙江粮食，2023（10）：95-97.

[116] 汪帆，韩炜. 制度嵌入的平台商业模式创新如何助力乡村治理？——基于农村电商平台的案例研究[J]. 西南政法大学学报，2023，25（01）：148-158.

[117] 但斌，郑开维，吴胜男，等. "互联网+"生鲜农产品供应链C2B商业模式的实现路径——基于拼好货的案例研究[J]. 经济与管理研究，2018，39（02）：65-78.

[118] 何嘉俐. 以毛戈平故宫彩妆看传统创新文创[J]. 流行色，2020（11）：21-24.

[119] 贾鹏. 探析文创品牌创新策略与实践——以山西博物院傅山文化系列文创产品为例[J]. 艺术博物馆，2023（05）：93-97.

[120] 王安琪，刘维尚，李然，等. 基于情景故事法的故宫数字文创App设计研究[J]. 家具与室内装饰，2023，30（02）：56-61.

[121] 周志民，林叙含，孙晓辉，张宁. 数字文化产品的消费特征与营销策略研究：基于自我决定理论[J]. 文化产业研究，2023（02）：70-86.

[122] 刘慧芳. 虚拟主播来"抢饭碗"了[N]. 山西日报，2023-12-20（011）.

[123] 沈秀梅，朱添驰. 新零售模式无人超市运营问题及对策[J]. 经济研究导刊，2022（36）：53-55.

[124] 张纹绮. 快速消费品B2B的商业模式、市场问题与市场对策[J]. 财富时代，2019（09）：194.

[125] 吴玥，刘玉博. 互联网背景下区域性快消B2B电商企业商业模式创新研究[J]. 中国管理信息化，2021，24（01）：129-132.

[126] 杨蕤，朱川徽. 新能源项目七种商业模式的法律风险识别与应对策略[J]. 应用法学评论，2023（01）：140-161.

[127] 吴川. 企业社会资本对商业模式创新的作用机理研究[D]. 山西大学，2012.

[128] 余丽. 数智化资源、供应链协同与零售企业商业模式创新[J]. 商业经济研究，2024（07）：156-159.

[129] 赵斌杰，王远乐，梁家栋. 先动型市场导向下服务主导逻辑对零售企业商业模式创新的影响[J]. 商业经济研究，2024（07）：148-151.

[130] 吕静. 数字化转型与企业资本市场增值：兼论市场竞争与政府输血[J]. 经济问题探索，2024（01）：168-190.

[131] TANG L, SHEN Q. Factors affecting effectiveness and efficiency of analyzing stakeholders' needs at the briefing stage of public private partnership projects[J]. International Journal of Project Management，2013，31（4）：513-521.

[132] 张新民, 郭瞳瞳, 杨道广, 等. 互联网商业模式的同群效应: 战略驱动还是概念迎合[J]. 吉林大学社会科学学报, 2023, 63 (05): 106-127+238.

[133] 吴艳, 尹灿, 任宇新, 等. 产业政策对半导体企业商业模式创新的影响及作用机制[J]. 中国软科学, 2023 (08): 121-133.

[134] 陈华, 吴美瑄. 金融科技商业模式、制约因素及应该处理好的几个关系: 一个蚂蚁集团案例[J]. 北方金融, 2021 (02): 7-13.

[135] 胡滨. 金融科技监管的挑战与趋势[J]. 中国金融, 2019 (06): 83-85.

[136] 马强, 秦琳贵, 代金辉. 中国金融科技: 面临障碍与发展路径[J]. 经济体制改革, 2020 (01): 170-175.

[137] BOSO N, ADELEYE I, DONBESUUR F, GYENSARE M. Do entrepreneurs always benefit from business failure experience[J]. Journal of Business Research, 2019, 98: 370-379.

[138] 张璇, 刘贝贝, 汪婷, 等. 信贷寻租、融资约束与企业创新[J]. 经济研究, 2017, 52 (5): 161-174.